Rubber Plantation and
the Social Reproduction of Akna People

民族与社会丛书

MINZU YU SHEHUI CONGSHU

麻国庆 主编

橡胶种植
与阿卡社会继替

欧阳洁 著

社会科学文献出版社

SOCIAL SCIENCES ACADEMIC PRESS (CHINA)

《民族与社会丛书》总序

麻国庆

　　记得 20 世纪 80 年代我读大学时，常常在西北大学的文科阅览室看一些非考古专业的著作，偶然中读到费孝通先生的《民族与社会》，书很薄，但里面所涉及的关于民族及其发展的思考，引发了我这个来自内蒙古的青年学生的浓厚兴趣。接着我以此书为契机，开始接触人类学、民族学的相关研究和介绍，并决定考这一领域的研究生。通过在中山大学跟我的硕士导师容观琼先生以及人类学其他老师三年的学习，我算是初步进入了人类学、民族学的学科领域。

　　之后我又很荣幸地成为了费先生的博士研究生。跟先生学习以后，我进一步理解了他的《民族与社会》的整体思考。我印象最深的是 1991 年我刚入北京大学一周后，先生就带我和泽奇兄到武陵山区考察。一上火车，他说给我们上第一课，当时正好是美国出现了黑人和白人的冲突，他说民族和宗教的问题将会成为 20 世纪末到 21 世纪相当一段时间内，国际问题的焦点之一。人类学在这一背景下如何面对这些问题，需要做很深入的调查和研究。通过近一个月的对土家族、苗族以及地方发展的考察，加上来自于先生对田野的真知灼见，使我对人类学的学科意识有了更加深刻的体验和领会。武陵山区的考察一直到今仍是我的一个学术情结。

　　非常巧的是当出版社同仁催我交这一序时，我正好从广西龙胜各族自治县的红瑶寨子里出来（1951 年，费先生曾代表中央到该县宣布成立中国第一个少数民族自治县），来到武陵山区的酉阳土家族苗族自治县做关于土家族的调查。两地虽然相隔千里，但都留下了费先生的调查足迹。此次来到酉阳，时隔近二十年沿着当时先生的足迹调查之余，来撰写本丛书的序，坐在电脑旁，当年先生的音容笑貌不时地浮现在我的眼前……好像先生在他的那个世界里告诉我辈，要把"民族与社会"的研究不断地推动，进入更高的层次。由此我更加坚信该丛书以此命名，于情、于理、于学、于实都有其特殊的学术和社会意义。同时这也是把先生的"文化自觉"与"从实求知"思想，延续、深化的阶段性成果。

费先生的学术遗产可以概括为"三篇文章",即汉民族社会、少数民族社会、全球化与地方化。在费先生的研究和思考中,社会、民族与国家、全球被置于相互联系、互为因果、部分与整体的方法论框架中进行研究,超越了西方人类学固有的学科分类,形成了自己的人类学方法论,扩展了人类学的学术视野。他是一位非常智慧的把学术研究和国家的整体发展、多民族共同繁荣的理念有机地结合起来,达到对中国社会认识的学者。面对当前复杂的国际问题国内化、国内问题国际化的现状,费先生留下的学术遗产还需要我们不断地继承和发扬。而"民族与社会"可以涵盖先生的思想,我们以此来纪念费先生诞辰百年。

针对一套可以长久出版下去的丛书,我想从如下几方面来展开对于"民族与社会"的理解和认识。

一　民族的国家话语

"民族"与"族群"最基本的含义都是指人们的共同体,是对不同人群的分类。但是,当学者将"民族"与"族群"这两个词纳入历史经验与社会现实中加以研究时,它们随着时空的变化而有不同的表述和意义。在学科史上,"民族"作为人类认识自我的关键概念之一见诸各门社会科学,被赋予了多重涵义,尤其是"民族—国家(nation-state)""民族主义(nationalism)"这些概念,将民族学、历史学、人类学、政治学、社会学、社会心理学、语言学、国际关系学甚至文学等学科牵连在一起,形成了一个庞大的跨学科研究领域。

近代以来,随着西学东渐,当基于西方社会经验建构的"民族"概念及相关理论与中国的历史及现实发生冲突时,中国人对"民族"及其相关理论涵义的理解、诠释与实践又形成了一套与国际背景、国内政治、社会文化的特点等相联系的社会思潮和历史事实。概括起来,"民族"概念的发展变化其实是一个历史过程,也是一适应的过程。

在现代人类学研究中,"民族"有着相对明确的定义,指具有相同文化属性的人们的共同体(ethnos),文化是界定"民族"的重要标准之一。人类学对人们的共同体本质及关系的理解是一个逐步深入的过程。古典人类学将非西方社会的整体作为"他者",以"异文化"为研究旨趣,热衷于跨文化比较研究,并没有将某个具体的人群作为研究对象。现代人类学建立之后,虽然马林诺斯基式的科学民族志将某个具体的民族体作为描述对象,但是学术研究的问题意识在于探寻社会或文化的运行机制，而对"民族"本身的概念并没有加以讨论。

直到 20 世纪 50 年代，在美国诞生了"族群"（ethnic group）概念，人类学开始将不同群体的关系等问题作为研究专题进行讨论，并形成了人类学研究的一个新的理论范式。一般来说，族群（ethnic group）指说同一语言，具有共同的风俗习惯，对于其他的人们具有称为"我们"意识的单位。不过，这个族群单位中的所有的人们并非都拥有共同的社会组织和政治组织。而"认同"是存在于个人与某特定族群间的一种关系，它属于某特定的族群，虽然族群中的成员可能散居在世界各地，但在认同上，他们却彼此分享着类似的文化与价值观。民族或族群认同是认同的典型表现。

中国的民族问题到今天为止变成了国际话语，可以从两个方面来解释国际话语。

一种方法是纯粹从人类学学理层面解释民族的特殊属性，如林耀华先生提出的经济文化类型，虽然他受到苏联民族学的影响，强调经济决定意识，但是这套思想划分了中国的民族经济文化生态，这一点是有很大贡献的。另一个思路是费先生提出的中华民族多元一体格局。面对西方民族国家的理论，中国这么多民族要放在国家框架下，用什么来解释它存在的合法性与合理性？多元一体就提供了解释框架。多元一体理论并非单纯是关于中华民族形成和发展的理论，也非单纯是费先生关于民族研究的理论总结，而是费先生对中国社会研究的集大成。正如费先生所说："我想利用这个机会，把一生中的一些学术成果提到国际上去讨论。这时又想到中华民族形成的问题。我自思年近 80，来日无几，如果错失时机，不能把这个课题向国际学术界提出来，对人对己都将造成不可补偿的遗憾。"[①] 因此，费先生事实上是从作为民族的社会来探讨它与国家整体的关系，这是他对社会和国家观的新的发展。中华民族的概念本身就是国家民族的概念，而 56 个民族及其所属的集团是社会构成的基本单位。这从另一个方面勾画出多元社会的结合和国家整合的关系，即多元和一体的关系。

这两大理论是中国民族研究的两大基础。

其实，费孝通先生对"民族"的理解随着其学术思想的变化有一个演变的过程。20 世纪 30 年代，费先生在清华研究院师从史禄国时主要接受欧洲大

---

① 费孝通：《中华民族研究的新探索》，中国社会科学出版社，1991，第 27 页。

陆人类学研究传统的学科训练，首先研习体质人类学。因而费先生在这一时期对民族问题的讨论集中在对中国人体质特征的讨论上，发表于1934年的《分析中华民族人种成分的方法和尝试》就是这一时期费先生讨论民族问题的代表作。在这篇文章中，费先生指出"中华民族，若是指现在版图之内的人民而言，是由各种体质上、文化上不同的成分所构成的"，而"要研究这巨流中各种成分的分合、盛衰、兴替、代谢、突变等作用，势必先明了各成分的情形"①。

20世纪50年代，费先生参与了中国的民族识别工作，积累了大量的研究经验。费先生回顾20世纪50年代民族识别时曾说，"民族这种人们共同体是历史的产物。虽然有它的稳定性，但也在历史过程中不断发展变化；有些互相融合了，有些又发生了分化。所以民族这张名单不可能永远固定不变，民族识别工作也将继续下去。"② 在此基础上，20世纪80年代初期，费先生又提出了"民族走廊"说，将历史、区域、群体作为整体，对专门研究单一民族的中国民族研究传统具有极大的启发意义。中国民族识别工作完成后，中国56个民族的格局最终确立，费先生也以《中华民族多元一体格局》一文系统总结了自己的民族学思想。

国外对中国民族的研究有几种观点。

第一种观点需要回顾1986年底《美国人类学家》杂志发表的澳大利亚学者巴博德与费先生的对话，对话的核心是讨论受意识形态影响的中国民族识别。巴博德批判受意识形态影响的民族学忽视了当地的文化体系，民族识别的国家主义色彩非常浓厚。但费先生的回答非常有意思。费先生说他们在做民族识别的时候并不是完全死板地套用斯大林的概念，而是进行了修正，有自己的特色。③ 在民族识别时期形成了中国民族学研究在特殊时期的特殊取向，这个遗产就是我们的研究如何结合中国特点和学理特点，不完全受意识形态制约。

与此相关的第二种质问是很多国外学者的核心观点，他们认为中国的民族都是在国家意识形态中"被创造的民族"。实际上，中国所有民族的构成与中国的历史和文明过程是有机地结合在一起的，这些民族不是分离的，而是有互

---

① 费孝通：《分析中华民族人种成分的方法和尝试》，载《费孝通全集》第1卷，内蒙古人民出版社，2009，第287页。

② 费孝通：《关于我国民族的识别问题》，载《费孝通文集》第七卷，群言出版社，1999，第202~203页。

③ 费孝通：《经历见解反思——费孝通教授答客问》，载《费孝通文集》第十一卷，群言出版社，1999，第143~205页。

动的关系。简单地以"创造""虚构"或"建构"的概念来讨论中国的民族问题是非常危险的。这里就回应了关于实体论和建构论的讨论如何在民族研究中进行分类并处理理论思考的问题。这可能会构成中国民族研究在国际对话中一个很重要的基础。

到今天为止，针对族群边界也好，针对民族问题也好，建构论和实体论是两个主要的方向。在中国的民族研究中，实体论和建构论会找到它们的结合点：实体中的建构与建构中的实体，有很多关系可以结合起来思考。在民族研究中，国家人类学（national anthro-pology）与自身社会人类学（native anthropology）在国际话语中完全有对话点。

1982 年，吉尔赫穆（Gerholm）和汉纳兹（Hannerz）发表了一篇名为《国家人类学的形成》的文章。作者在文中直言不讳地指出国家的国际处境与本国人类学的发展有莫大关系。在"宗主与附属""中心与边缘"的格局下，附属国家或者说边缘地区的人类学研究只不过是殖民主义的产物。以强权为前提，中心地区的出版物、语言乃至文化生活方式都在世界格局里占据主导地位，并大力侵入边缘地区。在这样的形势下，边缘地区人类学学科的发展、机构的设置、学员的训练等，都会带有中心的色彩，从而抹煞了本土文化研究的本真性[①]。

不过，在中国的情况却有所不同。特别是关于多民族社会的研究，体现出了自身的研究特点，在某种意义上恰恰反映了国家人类学所扮演的角色。而国家人类学是和全球不同国家处理多民族社会问题连在一起的，包括由此带来的福利主义、定居化、民族文化的再构等问题，这构成了中国人类学的一大特点。针对目前出现的民族问题，人类学需要重新反思国家话语与全球体系的关系。相信本套丛书会为此提供有力的实证研究实例。

二 民族存在于社会之中

我们知道，民族这个单位的存在尽管看上去很明显，然而，未必所有民族都拥有共同的社会组织和政治组织。而且，分散在不同地域上的族群甚至都不知道和自身同一的民族所居住的地理范围。另外，由于长期和相邻异民族的密切接触，某些民族中的一部分人采用了另一民族的风俗习惯，甚至连语言也随之发生了变化，但其社会组织常常不会发生很大的变化。与社会组织相比，语

---

① Gerholm, Tomas and Ulf Hannerz. Introduction: The Shaping of National An-thropologies. *Ethnos* 47, 1982: 1 (2).

言、风俗习惯的文化容易变化。因此，把文化作为研究单位，也未必是有效的手段。社会人类学之所以关注社会，是因为对于比较研究来说，希望以最难变化的社会组织为研究对象。客观上，作为民族是一个单位，然而作为社会它就未必是一个单位。因此，以民族为单位作为研究对象，如果离开对其所处社会的研究，并不能达到整体上的认识。

在多元一体格局中，汉族是一个凝聚的核心。在探讨汉族与少数民族的关系中，从历史、语言、文化等视角有了很多的研究积累。不过，以社会人类学的核心概念——社会结构为嵌入点来进行的研究，还不是很多。在中国多民族社会的研究中，正是由于这种多元一体格局的特点，作为多民族社会中的汉族社会的人类学研究，单单研究汉族是远远不够的，还必须要考虑汉族与周边的少数民族社会以及与受汉文化影响的东亚社会之间的互动关系。已故社会人类学家王崧兴教授将其升华为中华文明的周边与中心的理论，即"你看我"与"我看你"的问题。他的一个主题就是如何从周边来看汉族的社会与文化，这一周边的概念并不限于中国的少数民族地区，它事实上涵盖了中国的台湾、香港，以及日本、韩国、越南、冲绳等周边国家和地区。与此同时，少数民族的研究，离开汉族的参照体系，也很难达到研究的完整性。

在这一视角下，"中心"与"周边"在不同的历史和空间的背景下有着不同的含义。华南汉族聚居区相对于中原而言是周边，但却是华南这一区域内部的中心，特别是相对于周边山地少数民族时，又表现出华南区域内部的"中心"与"周边"的对应关系。此外，即使汉族内部，因为分属不同的民系，他们之间也存在着"周边"和"中心"的对应。这一点可以非常有效地衍生出在不同时空背景下"中心"和"周边"的转化。华南及其周边区域的族群分布和文化特征与秦汉以来汉人的不断南迁有着密切的联系，在某种程度上甚至可以说，华南地区的族群分布和文化特征是汉人和其他各个族群互动而导致的结果。

华南在历史上即为多族群活动的地域，瑶族、畲族、苗族等少数民族及汉族的各大民系（广府人、客家人、潮州人、水上居民）都在此繁衍生息，加上近代以来遍布于东南亚以及世界各国的华侨大多来自于这一地域，所以在对华南与东南亚社会及周边族群的研究中，应把从"中心"看"周边"的文化中心主义视角，依照上述个案中的表述那样，转为"你看我、我看你"的互动视角，同时强调从"周边"看"中心"的内在意义，即从汉人社会周边、与汉民族相接触和互动的"他者"观点，来审视汉民族的社会与文化。例如笔者通过在华北、华南的汉族、瑶族和蒙古族的研究以及对日本的家与社会结构的讨论，揭示了从周边的视角重新认识汉人社会的结构和文化的意义。这一研究在经验研究基础上，将历时性与共时性有机地结合起来，在社会、文化、民族、国家与世界体系的概念背景下，讨论了社会结构比较研究的可能性及其方法论意义。

关于民族问题，大多数国外学者没有抓到国家人类学的本质与根本问题。中国多民族社会应回应什么问题？我觉得有几个方面的问题值得关注。第一，中国民族的丰富多样性，涵盖了不同类型社会，这是静态的；第二，从动态的角度看，在民族流动性方面可以和西方人类学进行有效的对话；第三，关于文化取向，学者们常用文化类型来讨论"小民族"，却从作为问题域的民族来讨论"大民族"，这存在一定的问题。

从这个角度来看，海外的中国研究里面对于中国民族研究有两种取向。一种是偏文化取向，例如对西南民族的文化类型进行讨论。而另一种取向将藏族等大的民族放到作为问题域中的民族来讨论。这反映了人类学和民族学的两大取向：文化取向和政治取向。

但不论采取什么取向，我们首先要强调：任何民族研究应当是在民族的历史认同的基础上来展开讨论，不能先入为主地认为某个民族是作为政治的民族，而另一个民族则是作为文化的民族。相当多的研究者在讨论中国民族的时候，是站在一种疏离的倾向中来讨论问题，忽视了民族之间的互动性、有机联系性和共生性。也就是说，他们将每个民族作为单体来研究，而忘记了民族之间形成的关系体，即所有民族形成了互联网似的互动中的共生关系。这恰恰就是"多元一体"概念为什么重要的原因。多元不是强调分离，多元只是表述现象，其核心是强调多元中的有机联系体，是有机联系中的多元，是一种共生中的多元，而不是分离中的多元。

我以为，"多元一体"概念的核心事实上是同时强调民族文化的多元和共有的公民意识，这应当是多民族中国社会的主题。这也是本丛书着重强调"民族是在社会之中"的道理所在。因此，本丛书的"民族"并非仅仅是少数民族的"民族"，而是把汉族也纳入民族范畴来展开讨论。

三 民族的全球话语与世界单位

在全球化过程中，不同的文明之间如何共生，特别是作为世界体系中的中心和边缘，以及边缘中的中心与边缘的对话（如相对于世界体系西方中心的观点，中国这样的非西方社会处于边缘的位置。而在中国从历史上就存在着"华夷秩序"，形成了超越于现代国家意义上的"中心"和"边缘"），周边民族如何才能不成为"永远的边缘民族"的话题，越来越为人类学所关注。20世纪可以说是文化自觉被传承、被发现、被创造的世纪。这一文化也是近代以来"民族—国家"认同的一个重要源泉。在中国这样一个多民族社会中，不同文化之间的共生显得非常重要，事实上，在我们的理念中，又存在着一种有形无形的超越单一民族认同的家观念——中华民族大家庭，这个家乃是民族之间和睦相处的一种文化认同。

我记得2000年夏北京召开"国际人类学与民族学联合会（IU-AES）"中期会议前，费先生把我叫到家里，说他要在会上发言，他来口述，我来整理。在他的书房里，我备好了录音机，先生用了一个多小时，讲了他的发言内容。我回去整理完后发现，需要润色的地方很少，思路非常清晰。我拿去让先生再看一遍，当时还没有题目。先生看过稿后，用笔加上了题目，即《创造"和而不同"的全球社会》。由于当时先生年事已高，不能读完他的主题演讲的长文，他开了头，让我代他发言。

先生在主题发言中所强调的，正是多民族之间和平共处、继续发展的问题。如果不能和平共处，就会出现很多问题，甚至出现纷争。实际上这个问题已经发生过了。他指出，过去占主要地位的西方文明即欧美文明没有解决好的问题，就在于人类文化寻求取得共识的同时，大量的核武器出现、人口爆炸、粮食短缺、资源匮乏、民族纷争、地区冲突等一系列问题威胁着人类的生存。特别是冷战结束后，原有的但一直隐蔽起来的来自民族、宗教等文化的冲突愈演愈烈。从这个意义上说，人类社会正面临着一场社会的"危机"、文明的"危机"。这类全球性问题所隐含的危机，引起了人们的警觉。这个问题，原有的西方的学术思想还不能解决，而中国的传统经验以及当代的民族政策，都符合和平共处的逻辑，可以为解决这一问题提供有益的思路。

费先生在那次发言中还进一步指出，不同国家、不同民族、不同宗教、不同文化的人们，如何才能和平相处，共创人类的未来，这是摆在我们面前的课题。对于中国人来说，追求"天人合一"为一种理想的境界，而在"天人"之间的社会规范就是"和"。这一"和"的观念成为中国社会内部结构各种社会关系的基本出发点。在与异民族相处时，中国人把这种"和"的理念置于具体的民族关系之中，出现了"和而不同"的理念。这一点与西方的民族观念很不相同。这是历史发展的过程不同，历史的经验不一样。所以中国历史上所讲的"和而不同",也是费先生的多元一体理论的另外一种思想源流。承认不同,但是要"和",这是世界多元文化必走的一条道路,否则就要出现纷争。只强调"同"而不能"和",那只能是毁灭。"和而不同"就是人类共同生存的基本条件。

费先生把"和而不同"这一来源于中国先秦思想中的文化精神,从人类学的视角,理解全球化过程中的文明之间的对话和多元文化的共生,可以说是在建立全球社会的共同的理念。这一"和而不同"的理念也可以成为"文明间对话"以及处理不同文化之间关系的一条原则。

与这相关的研究是日本京都大学东南亚研究中心在20世纪90年代初就提出的"世界单位"的概念。所谓世界单位,就是跨越国家、跨越民族、跨越地域所形成的新的共同的认识体系。比如中山大学毕业的马强博士,研究哲玛提——流动的精神社区。来自非洲、阿拉伯、东南亚和广州本地的伊斯兰信徒在广州如何进行他们的宗教活动?他通过田野调查得出不同民族、不同语言、不同国家的人在广州形成了新的共同体和精神社区的结论。[①] 在全球化背景下跨界(跨越国家边界、跨越民族边界和跨越文化边界)的群体,当他们相遇的时候在某些方面有了认同,就结合成世界单位。项飚最近讨论近代中国人对世界认识的变化以及中国普通人的世界观等,都涉及中国人的世界认识体系的变化,不仅仅是精英层面的变化,事实上连老百姓都发生了变化。[②] 这就需要人类学进行田野调查,讲出这个特点。

流动、移民和世界单位这几个概念将会构成中国人类学走向世界的重要基础。这些年我一直在思考,到底中国人类学有什么东西可以出来?因为早期的人类学界,比方说非洲研究出了那么多大家,拉美研究有雷德菲尔德、列维-斯特劳斯,东南亚研究有格尔茨,印度研究有杜蒙,而中国研究在现代到底有何领域可进入国际人类学的叙述范畴?我们虽然说有很多中国研究的东西,但即使是弗里德曼的研究也还不能构成人类学的普适化理论。

我觉得这套理论有可能会出自中国研究与东南亚研究的过渡地带。在类似于云南这样的有跨界民族和民族结合的地带,很可能出经典。为什么?不要忽视社会主义意识形态。跨界民族在不同意识形态中的生存状态,回应了"冷

---

① 马强:《流动的精神社区——人类学视野下的广州穆斯林哲玛提研究》,中国社会科学出版社,2006。

② 项飚:《寻找一个新世界:中国近现代对"世界"的理解及其变化》,《开放时代》2009年第9期。

战"以后的人类学与意识形态的关联。许多人认为"冷战"结束后意识形态就会消失，但现实的结果却是意识形态反而会强化，这种强化的过程中造成同一个民族的分离，回应了"二战"后对全球体系的认知理论。同时，不同民族的结合地带，在中国国内也会成为人类学、民族学研究出新思想的地方。其实费孝通先生很早就注意到多民族结合地带的问题，倡导对民族走廊的研究。我们今天不仅仅要会用民族边界来讨论，也需要注意民族结合地带，例如中国的蒙汉结合地带、汉藏结合地带，挖掘其特殊的历史文化内涵。

此外，与中国的崛起和经济发展紧密相连，本丛书还会关注中国人类学如何进入海外研究的问题。

第一，海外研究本身应该放到中国对世界的理解体系当中，它是通过对世界现实的关心和第一手资料来认识世界的一种表述方式。第二，强调中国与世界整体的关系，这种关系是直接的。比如中国企业进入非洲，如何回应西方提出的中国在非洲的新殖民主义的问题？人类学如何来表达特殊的声音？第三，在对异文化的认识方面，如何从中国人的角度来认识世界？近代以来有这么多聪明的中国人，他们对世界的看法已经积累了一套经验。这套对海外的认知体系与我们今天人类学的海外社会研究如何来对接，也就是说，中国人固有的对海外的认知体系如何转化成人类学的学术话语体系。还有就是外交家的努力和判断如何转化成人类学的命题。第四，海外研究还要强调海外与中国的有机联系性，比如"文化中国"的概念，如何从人类学的角度来理解？5000多万华人在海外，华人世界的儒家传统落地生根之后的本地化过程，以及它与中国本土社会的联系，恰恰构成了中国经济腾飞的重要基础。我们可以设问，如果没有文化中国，中国经济能有今天吗？

在东南亚各国，华人通常借助各类组织从事经济活动。各国华人企业之间以及它们与华南社会、港台之间存在着一定的社会经济关系网络。共同的语言、共同的文化传统以及血缘、地缘关系的纽带，使得移居海外的人们很自然地与他们的同胞及中国本土保持联系。同时，他们在其社会内部保持和延续了祖居地的部分社会组织和文化传统。进入20世纪80年代后，人类学对于这一领域的研究兴趣聚焦于"传统的创造"。

对于"传统"的延续、复兴和创造以及文化生产的研究，是人类学以及相关社会科学的一个重要领域。这里的传统主要指与过去历史上静态的时间概念相比，更为关注动态的变化过程中所创造出来的"集团的记忆"。其他方面的研究还有海外华人的双重认同——既是中国人，也是东南亚人；城市中华人社区的资源、职业与经济活动、族群关系、华人社区结构与组织、领导与权威、学校与教育、宗教和巫术、家庭与亲属关系，进而提出关于社会与文化变迁的理论。

海外研究一定要重视跨界民族。这一部分研究的贡献在于与中国的互动性形成对接。此外，现在很大的问题就是中国人在海外，不同国家的新移民的问题，如贸易、市场体系的问题，新的海外移民在当地的生活状况亦值得关注。同时，不同国家的人在中国其实也是海外民族志研究的一部分。我觉得海外民族志应当是双向的。中国国内的朝鲜人、越南人、非洲人等，还有在中国的不具有公民身份的难民，也都应该构成海外民族志的一部分。这方面的研究一方面是海外的，另一方面又是国内的。海外是双向的，不局限于国家边界，海外民族志研究应该具有多样性。

四 民族的研究方法：社区调查与比较研究相结合

传统人类学的研究方法，是在一个村庄或一个社区通过参与观察，获得研究社区的详细材料，并对这一社区进行精致的雕琢，从中获得一个完整的社区报告。这样，人类学的发展本身为地方性的资料细节所困扰，忽视了一种整体的概览和思考。很多人类学者毕生的创造和智慧就在于描述一两个社区。这种研究招来了诸多的批判，但这些批判有的走得很远，甚至完全脱离人类学的田野来构筑自己的大厦。在笔者看来，人类学的研究并不仅仅是描述所调查对象的社会和文化生活，更应关注的是这一社区的社会和文化生活相关的思想，以及这一社会和文化在整体社会中的位置。同时，还要进入与不同社会文化的比较研究中去。因此，人类学者应该超越社区研究的界限，进入更广阔的视野。

笔者在研究方法上，是把汉族社会作为研究的一个参照系，从而认识受汉族文化影响的少数民族，从中也能窥得文化的分化和整合，这种研究方法最终是为了更好地反映包括少数民族在内的中国社会的结构特点。关于汉族的家观念与社会结构，可参看笔者的《家与中国社会结构》① 一书，在此不另赘述。

在中国的这样一个统一的多民族国家体制下，人们生活在这一国土上的多民族社会中，相当多的民族都在不同程度上接受了汉族的儒学规范，那么，其社会结构与汉族社会相比表现出那些异同？如我所调查的蒙古族，受到了汉族文化的强烈影响，这种影响导致他们的经济、社会、文化等发生了重大的变

---

① 麻国庆：《家与中国社会结构》，文物出版社，1999。

迁。因此，仅研究单一民族的问题，已显得远远不够，且不能反映社会的事实基础，需要我们从民族间关系、互动的角度来展开研究。

我写《作为方法的华南》时，很多人觉得这个标题有点怪，其实我有我的说理方式。一是区域的研究要有所关照，比如弗里德曼对宗族的研究成为东南汉人社会研究的范式①，他在后记里提到一个很重要的命题，就是中国社会的研究如何能超越社区，进入区域研究。有很多不同国别的学者来研究华南社会，华南研究在某种程度上形成了中国社会研究的方法论的基础，是很重要的基础，我是在这个意义上来讨论问题。并且，它又能把静态的、动态的不同范畴包含进来。在一定意义上，人类学传统的社区研究如何进入区域是一个方法论的扩展，用费先生的话来说就是扩展社会学的传统界限。人类学发展到一定程度后，如何来扩展研究视角，如何进入区域，是一个重要的问题。

与方法论相关的另一个问题是，作为民俗的概念如何转化成学术概念。在20世纪80年代，杨国枢和乔健先生就讨论中国人类学、心理学、行为科学的本土化，而本土化命题在今天还有意义。当时只是讨论到"关系""面子""人情"等概念，但在中国社会里还有很多人们离不开的民间概念，例如分家、娘家与婆家。还有像我们很常用的概念，说这人"懂礼"。那么，懂礼表现在哪些方面？背后的观念是什么？还比如说这人很"仁义"，又"义"在何处？这些都是中国研究中很重要的方面。藏族的房名与亲属关系相关，还通过骨系来反映亲属关系的远近。这些民俗概念还应该不断发掘。又比如日本社会强调"义理"，义理如何转换成学术概念？义理与我们的人情、关系、情面一样重要，但它体现了纵式社会的特点，本尼迪克特在她的书中也提到这一点。② 民俗概念和当地社会的概念完全可以上升为学理概念。

这也涉及跨文化研究的方法论的问题。就像费先生说的要"进得去"，还得"出得来"。一进一出如何理解？为什么跨文化研究和对他者的研究视角有它的道理，其实就是相当于井底之蛙的概念，在井里面就只能看到里面。还有"不识庐山真面目"的说法，都反映了这些问题。中国人这些传统智慧恰恰是和我们讨论的他者的眼光或跨文化研究是一体的，判断方式是一样的。

要达到对中国社会的认识，就要扩大田野。田野经验应该是多位的、多点的，这很重要。部分民族志之所以被人质疑，是因为民族志的个人色彩浓，无法被验证。但是如果回到刚才所讨论的人类学学理框架里面，回到人与问题域

---

① Freedman Maurice. *Lineage Organization in Southeastern China*. The Athlone Press，1958.

② 本尼迪克特：《菊与刀》，商务印书馆，1990。

的关系的状态里面，这些问题比较好解决。

本套丛书的意义，就是将民族研究在上述几个方面的取向以经验研究加以表现。行文至此，恩师费孝通先生在 2000 年夏天接受日本《东京新闻》记者采访时提到的"知识分子历史使命"的话语，又回响在我耳畔。费先生强调，"知识分子的本钱就是有知识，它的特点长处就是有知识，有了知识就要用出来，知识是由社会造出来的，不是由自己想出来的。从社会中得到的知识要回报于社会，帮助社会进步，这就是'学以致用'，这是中国的传统。"这也正是先生所倡导的"阅读无字社会之书"、行行重行行、从实求知、和而不同与文化自觉的人类学的真谛所在。在这条路上，我们任重而道远。

衔接：全球与地方交织下的橡胶种植

——欧阳洁《橡胶种植与阿卡社会继替》序

　　2010年，欧阳洁开始跟随我在中山大学攻读博士学位。在此之前，她先后在中央民族大学和中山大学完成了人类学的本科和硕士学位。考虑到她是云南人，而云南本身具有丰富多样的人类学资源，中山大学的人类学从杨成志、梁钊滔、江应樑先生开始就对云南滇西、滇南多个族群积累了丰富的学术成果。因此，在她博士第一年的课程学习时，我就将《滇西民族原始社会史调查资料》《滇西民族原始社会史论文集》交到她手上，希望中山大学人类学在云南的学术传统，通过一代又一代中山大学后辈的研究能够得到继承和发扬。

　　她在第一次田野踩点回来后，和我沟通了自己的想法，说她被在西双版纳田野中看到的"新奇"的物——橡胶深深吸引了。事实上，对我们这代和共和国共同成长起来的人而言，橡胶并不新奇，当时为了打破西方国家的经济封锁，解决国内战略物质和人民生活的需要，刚成立起来的共和国在海南和云南先后建立了多个国营农场种植橡胶。然而，正如她所说："橡胶，在我脑海中本该是与现代工业社会联系在一起的，意料之外地，却在中国西南边疆的漫山遍野第一次闯入我的视野，并且给当地传统社会带来了翻天覆地的变化。"对她来说，所见所闻确实是新奇的，她也产生了浓厚的研究兴趣。我尊重她的学术敏感度，并鼓励她对这一领域进行研究。最终，通过她扎实的田野调查和学术上的感悟思考，完成了《橡胶种植与阿卡社会继替》的博士学位论文，在答辩时受到了好评。本书，正是在这一博士学位论文基础上修改完成的。借此书出版之际，我想从学术上推介下该书。

　　我们知道物的研究是人类学的一大领域，本来传统的人类学也是将物和人的社会文化联系起来研究的，但在相当长的一段时间，这一传统被社会文化研究遮蔽。在近二十多年人类学的研究中，物的人类学研究的意义又成为人类学的一大热点。最近出版的《末日松茸》①，代表了传统的物的人类学研究的新的里程碑。这一研究通过多点民族志横跨日本、美国、中国以及芬兰的田野调查，把松茸纳入商品链条中，纳入人类学传统对于狩猎采集社会的现代性思考中，从经济、生态和人类学的多维视角，给我们展示了"人类世"时代处于不同链条中的群体的生活世界和价值观念。在此背景下，再看欧阳洁的研究，其意义集中体现在如下几个方面。

一　物与生产方式的衔接

物的变化和生产方式的特点联系在一起。松茸进入物流是通过采集的方式，但采集者所具有的文化特点，又赋予松茸以文化内涵。阿帕杜莱在他主编的《物的社会生命：文化视野中的商品》一书中指出："商品，一如人，拥有社会生命"。自此，物的研究越来越受到人类学的重视。其实，何止商品，地球上的大部分的物都与人类的生命历程发生瓜葛，也一样参与了人类社会的发展过程，并拥有了社会生命。物的人类学研究之所以有意义，在于物的背后站着的一个个活生生的人。因此，研究物，其实就是研究人类自身。

我一直强调物的流动性。我曾由海上丝绸之路讨论物的全球流动背后的人群与文化的交流和碰撞。当年，中国的瓷器、茶叶、丝绸和东南亚的香料、橡胶、锡、燕窝等物品在全球范围内开始流动，这条流动路线在历史上被称为茶叶之路、香料之路、瓷器之路、白银之路等，今天，我们将其统称为"海上丝绸之路"。这条海上丝绸之路反映的不只是中国的特色之物在全世界的传播，更反映中国人与世界各地的人群在经济、社会与文化上的交流。

当今，在全球化背景下，借助资本的力量，物的流动比以往更为迅速，以至于相互之间出现激烈的碰撞和竞争。其背后，往往折射出资本主义体系的全球扩张，以及在扩张过程中，全球与地方的调适乃至冲突。例如，人类学家华生曾主编过《金拱向东：麦当劳在东亚》一书，着重关注食物在全球市场中的流动。他邀请几位人类学家分别研究北京、香港、台北、首尔、东京的麦当劳。有意思的是，麦当劳在改变东亚社会的饮食习惯的同时，为了适应东亚市场也进行了很多本土化尝试。

由此不难看出，处于流动之中的物，让我们得以管中窥豹，认识资本的力量，认识市场经济的魔力，认识资本主义体系。政治经济学派的许多研究，已

---

① 〔美〕安娜·罗文豪普特·秦：《末日松茸》，谢孟璇译，台北八旗文化/远足文化事业股份有限公司，2018。

经用很多理论与方法对全球化下的物与资本等进行分析，其中包括沃尔夫和沃勒斯坦等人关于世界体系的讨论，但他们偏重于对宏观领域的研究。在我看来，人类学的研究要在微观分析的基础上，与宏观研究进行有机的结合，应当在对具体的地方与个案的探讨中，研究物与资本是如何呈现，以及如何影响地方社会。

多年前，我们在讨论马克思主义民族学理论时，就指出分析社会的生产方式，是认识马克思主义民族学的重要视角，同时，我强调这也是研究个案的重要的思路和视角。生产方式的衔接是马克思用来解释原始积累的一个重要概念，它体现在两个方面，一个是西欧进入资本主义时的社会转型，另一个是资本主义国家与殖民地的联系。马克思强调这条衔接纽带中的价值转移对资本主义的发展具有核心意义。①

当然，由于生产方式的不同，也造成经济生产方式勾连的不同，因此，其个案也必然与生产、生计等相关。新型经济作物在这些"世界"与"地方"衔接的地方生根、成长，其与地方作物的碰撞，也构成了对生产方式研讨的绝佳案例。西敏司的《甜蜜与权力》，就深刻揭示了作为生产方式结合纽带的糖是如何实现社会连接的。作者发现，蔗糖生产衔接的不仅是现代资本主义和传统种植园两种生产方式，更是将两种生产方式内部发生的早期资本主义原始积累、工人阶级的形成、宗主国和殖民地，以及奴隶化生产联系了起来。除了蔗糖，另一个在全球范围内衔接西方与非西方最具代表性的物就是橡胶。由于橡胶硫化法的发明，使得其可以像皮革一样焦化，但依然保持良好的可塑性和弹性，这一技术上的改进，使得橡胶在工业社会中得到最早的运用。从早期的亚马孙雨林的"橡胶热"，到后来的东南亚英帝国皇家种植园，橡胶都与资本主义殖民扩张和工业化进程息息相关。中国橡胶经济的发展虽有其特殊环境，但同样是全球工业扩张和中国谋求现代化发展的产物。

因此，欧阳洁笔下的"橡胶"，同样可视为由生产方式衔接考察阿卡社会的重要个案。阿卡人是刀耕火种的族群，从事着自给自足的农业生产。而橡胶像一个潘多拉的盒子，"掉"在了这片土地上。没有任何使用价值，唯有交换价值的橡胶，最初因为国家的战略需求而播种在西南边陲的土地上，此后由国家力量点燃的星星之火，很快在 20 世纪 90 年代市场经济浪潮中形成燎原之势，开启了与地方作物的竞争历史。而橡胶的背后是人，是资本，是市场，是

---

① 麻国庆、张少春：《生产方式及其衔接：西方马克思主义民族学评析与启示》，《民族研究》2014 年第 1 期。

全球化。我曾指出"在市场经济体系逐渐进入我国少数民族社会的过程中，一切问题都可以归结为市场经济与少数民族传统生产方式衔接过程中的问题。"正如欧阳洁在本书中呈现的，阿卡社会正经历着复杂的衔接、调适与重组。但是，众所周知，全球市场具有的高风险性，使生产方式的衔接过程也必然不会一帆风顺，而是一段充满竞争、博弈、妥协或反抗共同交织的复杂历程。

二 橡胶种植与社会继替

当欧阳洁已经做了近一年的田野之后，从对橡胶的关注出发，她大半夜跟着村民上山割胶到第二天收胶，跟着运输胶水的货车从村寨进入橡胶加工厂，掌握了橡胶生产、贸易的各个环节。同时，从对物的橡胶的关注，到对整个村落社会的认识，掌握了村落所有家庭详细的谱系和亲属关系、土地和生计变迁的过程、仪式和宇宙观念，以及整个区域社会族群互动的历史。她从一开始找到橡胶的兴奋，进入一种学术思考上的迷茫。在我和她一次论文的讨论中，她不断地絮叨着讲述了这种一种状态：一方面，由于橡胶的出现，导致当地人的日常生活发生了翻天覆地的变化，大规模、单一化的橡胶种植不仅导致生计变迁，其生活方式、社会关系及思想观念都发生了改变，橡胶带来的巨大财富，似乎让他们更快地接受了现代市场经济、货币观念和现代消费意识。这在她刚进入田野时所显而易见的，也正如此前的很多研究都已描述的，这是被橡胶卷入现代化的少数民族与传统之间的断裂。而另一方面，随着田野的深入，当地的阿卡人也并没有变得和她想象中的现代人一样，而是有着一套在科学种植和遵循市场交易原则之外，在作物橡胶的生产交换过程中，他们似乎并不具备现代的经济理性，他们并不倾心于带给他们丰厚财富的橡胶的种植和管理，对扩大再生产和增加收入也漠不关心，相比之下，他们更热衷狩猎、野炊和寻找各种罕见的山珍，以及借由各种理由来复兴各种封建的拴线和叫魂仪式，等等。她开始意识到人们各种匪夷所思，甚至相互矛盾的行为，是很难仅仅以一种外在的、客观的标准来把握，以"变"与"不变"将其化约为现代性是怎样"替换"了原有地方社会中的某些元素。

当她表达完自己的困惑之后，我对她说了一句："你开始找到感觉了"。事实上，学界大多数研究往往关注传统的变迁，尤其易将现代中国的剧烈变革作为一种割裂了传统的"现代"形态，但这些研究常常忽略了文化传统在现代化过程中的重要意义，即传统的继替。在一个激烈变动的社会中，如果说只有断裂，那么这个社会是不可能存在的。一个转型中的社会，其内在的活力，或者说社会本身的内在调节机制究竟在哪里？这是个非常值得讨论的问题。

费孝通先生在 20 世纪 90 年代末和李亦园教授的对话中，特别强调社会文化延续的问题。费孝通先生谈道："中国社会的活力在什么地方，中国文化的活力我想在世代之间……看来继承性是中国文化的一个特点，世界上还没有像中国文化继承性这么强的。继承性背后有个东西也许就是 kinship（亲属关系），亲亲而仁民。"费先生将"中国社会的活力在世代之间"的表述，抓住了中国社会动态结构变化的基础。中国文化和社会得以延续，就在世代之间的继承和传承关系中，这种继承和替代，就是社会继替。

社会继替是费先生早年提到的一个值得深入探讨的学术概念，我在谈到当下中国社会与文化的转型时，曾经重提了这个概念。如果简单地用社会的延续的概念或许容易引起很多歧义，因为"这种社会和文化的延续性，并非是不变的传统的延续，事实上，很多是互相交织的和把传统无意识地内化到现代性的层次上来……其特点又考虑到社会的继承性，同时也考虑到社会的替代性，但即使是替代也是在继承基础上的替代。在整体社会的层面上，我们会看到处于不同阶段的社会并存的现象。"① 在我和欧阳洁不断深入的讨论中，越发感觉到经由橡胶而卷入世界体系的阿卡社会，正是深入理解和诠释这一概念的一个很好的个案。

例如，她在书中所描绘的，尽管在生产方式上，由于橡胶的引入，打破了传统的生计模式，中断了人与人之间的传统交换，但这套传统社会关系，某种程度上却在村寨的橡胶贸易中得以再现。他们通过对橡胶的"干胶含量"这个原本科学、标准、客观的测量数据的操控，使得现代市场经济中价格机制难以发挥作用。人们的经济行为，主要依据传统社会在父子联名制基础上形成的以家族谱系为基本原则的亲属关系，包括其中的多层等级的网络。阿卡人在透过传统社会关系来理解并诠释市场经济的同时，也完成了市场经济体系的地方化运作过程。

沿着这一思路，她看到：在阿卡社会与借由橡胶带入的国家和市场的彼此互动中，无论在传统上还是现代性上都并非铁板一块，现代与传统在形式上断裂的同时，传统社会深层的文化机理仍然触手可及，传统社会中的结构性要素依然具有生命力。在橡胶及其背后的一套现代化体系与阿卡社会的衔接过程中，在那些已经"变"了的现象和实践中，却蕴含着"不变"的观念，看似

① 麻国庆：《家族伦理与延续的纵式社会：家族化公民社会的基础——人类学与儒学的对话》，《学术研究》2007 年第 8 期。

一成"不变"的传统也随着橡胶的进入而衍生新的意义。这套糅合了传统与现代的观念与实践，不仅作为生产方式与外部市场发生衔接，同时在橡胶经济的冲击下，也使得地方社会的日常生活得以维系，传统社会秩序得以延续。而这，就是一个转型社会的活力所在。

三 生产衔接与社会位育

正如我曾经开玩笑地对欧阳洁说，她的村寨是一个"半工半农""又土又洋"的地方。一个刀耕火种，靠山吃山的阿卡社会，在橡胶的引入后，生计模式发生前所未有的变化，生产方式相互衔接，与此同时，社会方方面面也同样不可避免地面临重组。在书中，处于衔接之中的阿卡社会是一个"模棱两可"的场域，呈现一套或多套知识体系互动的局面。这种新旧并存的局面，在每个个体和家庭身上，又并非均等分布，而是与其性别、年龄、教育、经历等密切相关。而且，可以预期的是这种模棱两可的局面，还将长期存在下去。不过，阿卡社会的韧性在于，他们能够在这种模棱两可之中，找到心态上的适应。欧阳洁的研究正是看到了这一点。虽然橡胶种植已经完全取代了刀耕火种时代的谷物种植，但他们并非按照科学的标准化种植，其仍然是具有阿卡人的文化特色。橡胶种植中的"管理粗放"，实则是刀耕火种传统生计策略的运用，其背后是一套权衡自然环境和社会文化后的"整体理性"逻辑。更为重要的是，在现代化橡胶种植中，将收益最大化作为生产的目的，使得生产与生活被割裂。而阿卡人通过搬演以往的惯习创造的"巡山""野炊"等新活动，实际上要抗争和恢复的正是一种作为人性的橡胶生产：尽管需要通过橡胶生产获取财富，但生产目的却是成全阿卡人对多方面生活的满足。换句话说，对物的研究，对生产方式和生计的关注，最终还需要回到理解人，以及理解人生活的期望和目标。

阿卡社会这种心态的调适过程，也就是潘光旦先生所谓的"社会位育"。潘光旦先生用位育来指涉 Adjustment 或 Adaptation，他说："一切生命的目的在求所谓'位育'。这是百年来演化论的哲学新发现的一个最基本最综合的概念。这概念的西文名词 Adjustment 或 Adaptation ，我们一向译作'适应'或'顺应'，但这一翻译，容易误导，把一种互相感应的过程看作一种片面感应的过程。"其实人与历史的关系，人与环境的关系，都是互相的，即彼此之间都会发生影响，引起变迁，而不是单向的。而"位育"观念强调的就是双方在博弈与互动中的相互妥协和改变，以寻求最佳相处之道。其实，欧阳洁笔下的阿卡社会，就是在尝试实现自身社会的"位育"。他们拥抱橡胶，也欢迎橡胶给他们带来的财富，他们用之购买更多的工业产品，他们喜好买车，修建房屋，改善生活。但是，与此同时，他们也并没有抛弃传统，他们试图将橡胶这种外来的工业物种"再嵌"到他们的生活中，变成"阿卡人的橡胶"。也就是说，他们通过一系列的传统实践，希望将橡胶贴上地方社会的文化标签。我们在欧阳洁的论述中随处可看到这方面的精彩呈现。

通过阿卡社会的场域实践，冷冰冰的工业产品——橡胶，被赋予了生命体征，有了温度。而这温度，其实正是一个社会在全球化之下衔接成功的重要标志。可以说，阿卡人至少从目前的状态来看，实现了"社会位育"。

事实上，阿卡社会的研究个案并非特例，生产、生活方式的衔接与社会位育，是中国很多少数民族乃至全球很多族群都面临的重大问题。在全球化时代，市场、社会、物质、资本及个人均处在不断的流动与变化之中。中国有多个少数民族也正在深度卷入全球市场的漩涡之中。其中，往往又是以生产方式的改变为突破口。但是，令这些少数民族族群意想不到的是，伴随生产方式改变的还有他们的日常生活，是他们赖以生存的社会、文化和传统。处于这种多米诺骨牌效应之中的社会其实是极度脆弱乃至危机重重的。他们必须小心翼翼地寻求生产、生活的衔接与调适。衔接，是一个相互协商、调整、博弈，甚至妥协的过程，其追求的目标就是社会位育的实现。

不过，这种衔接并不是一劳永逸的。由于作为基础的生产方式的衔接，其一头是市场，甚至往往是全球市场，其本身就包含高风险和不稳定的因素。阿卡社会也是这样。实际上，在欧阳洁完成田野调查后不久，全球天然橡胶价格就开始持续下跌，阿卡社会也开始出现骚动，同时，长期单一化种植对生态多样性的破坏效应也开始不断凸显。不得不说，这是阿卡社会融入全球市场所付出的不菲代价。在我2018年来到欧阳洁田野点的时候，这一区域仍然处于不断变化中，一方面，在外来资本、技术裹挟下不断更新的经济作物的种植，带来了更高的风险和不稳定性，另一方面，国家的作用也在不断凸显，与资本、市场一起成为形塑边境的重要力量。对阿卡人来说，更大的挑战才刚刚开始。

在市场的高风险和不稳定性的作用下，以及生态的多样性受到威胁的情境下，让心态秩序得以调适，以实现"社会位育"，这并非易事。1992年，在香港中文大学的"潘光旦纪念讲座"上，费孝通先生在发表的《中国城乡发展的道路——我一生的研究课题》中指出，人类"必须建立的新秩序不仅需要一个能保证人类继续生存下去的公正的生态格局，而且还需要一个所有人类均能遂生乐业，发扬人生价值的心态秩序。"① 现在看来，这个朴素的愿望，依然是中国少数民族社会孜孜以求的目标，也是当代中国社会的核心课题。

四　从橡胶看两个"共同体"

橡胶作为一种外来经济作物，不仅在经济与社会的多个层面对阿卡人产生了深刻影响，而且还深度"参与"了中国西南边疆的地域重塑，并由此实现两个"共同体"的构建与巩固。这里的"地域重塑"，至少有两层意思。第一层是指西南边境地州西双版纳的地域重塑，通过橡胶，西南边疆的各民族进一步实现民族交往、交流、交融，铸牢了中华民族共同体意识。第二层是指橡胶跨出国门，参与与老挝及缅甸等国的经济交往、交流，在经济、社会及文化等多个层面实现共赢，参与构建"人类命运共同体"的美好篇章。

第一层的"地域重塑"主要体现在以湖南人等内地移民为代表的农场社会与以阿卡人和傣族为代表的地方社会之间的社会与文化的融合，正是这种融合使得西南边疆社会得以重塑。从农场将橡胶带入西双版纳开始，融合与重塑便开启了。不过，这种融合并非戈登笔下的"同化"。② 而是更接近后来产生的"多元文化论"。哈里斯·卡伦（Horace kallen）在其 1915 年发表的《民主与熔炉》中最早提出了"族群多元文化主义"（ethnic cultural pluralism）的概念。多元文化主义认为，移民的融入并非必然的结果，移民的融入或同化会呈现一种多样化、差异化的特征。③ 不过，"多元文化论"虽然可以在一定程度上解释文化的边界，但是，却又同时忽略了不同文化交流过程中可能产生和碰撞出的"共同体意识"。

从某种角度看，湖南人在当地社会的融合过程，恰是以习近平总书记为中心的党中央所倡导的民族间的交往、交流与交融过程的真实写照。这里所谓的"交融"，显然并非"同化"，其结果应该是多元文化的共生状态。湖南人与阿卡等少数民族的融合历史，虽然只有 60 年左右，但是却很好地诠释了费孝通先生提出的"中华民族多元一体"的民族发展历程。湖南人与当地少数民族"交融"之后，依然保持多元的社会与文化特制，但是双方却都发生了较为深刻的变化，也已不再是过去的状态。我们甚至可以认为，西双版纳的湖南人是

---

① 费孝通：《中国城乡发展的道路——我一生的研究课题》，《中国社会科学》1993 年第 1 期。
② 〔美〕马丁·N. 麦格：《族群社会学：美国及全球视角下的种族和族群关系》，祖力亚提·司马义译，华夏出版社，2007，第 100 页。
③ 冯永利、王明进：《多元文化主义与欧洲移民治理》，《国际论坛》2013 年第 3 期。

某种意义上的"新湖南人"，他们周边的少数民族，也变成了"新傣族""新哈尼族"。而融合之后形成的更加牢固的中华民族共同体意识，恰是"新湖南人""新傣族""新阿卡人"等之"新"的基调和起点。

第二层的"地域重塑"则包含三个历史阶段。第一阶段是1980年前后，中国接受一批老挝苗族难民，将其主要安置在橡胶农场。至1994年左右，这些难民陆续回到老挝，他们带去了橡胶树的种子和橡胶树种植技术，开启了老挝种植橡胶的历史。第二阶段则是2000年前后，西双版纳的傣族和阿卡人跨出国门，借助跨境民族的语言和文化优势，与缅甸和老挝北部的少数民族进行全方位的橡胶生产合作。第三阶段，则是2005年前后开始的以西双版纳农业企业为主体的跨境橡胶投资实践。第三阶段的投资规模很大，最终大大提高了老挝北部和缅甸北部人民的经济和生活水平。

有人类学家曾考察该区域的长期的跨境橡胶生产，尤其是针对第二阶段阿卡人、傣族等跨境少数民族的个体投资实践，直接使用"地域化"（Regionalization）的学术概念对该区域的实践进行总结和分析。对于老挝北部和缅甸北部的少数民族而言，既然中国的阿卡人和傣族借助橡胶生产实现了现代化，他们也希望紧跟步伐，学习种植橡胶，实现现代化。而对于西双版纳的阿卡人和傣族而言，一方面是经济效益驱使他们跨出国门，另一方面则是他们认为自己有义务帮助与他们同源的老挝北部和缅甸北部的民族实现现代化。[1]实际上，"地域化"甚至可以被视为边境民族借助橡胶而参与构建"人类命运共同体"的成果之一。

由是观之，以橡胶为媒介，国门之内，西南边疆实现第一次地域重塑，进一步筑牢了边疆的中华民族共同体意识；跨出国门，西南边疆又迎来第二次地域重塑，切实参与构建人类命运共同体。通过欧阳洁的这部著作的呈现，我们不难发现，作为"物"的橡胶不是静止的，而是流动的。橡胶是"流动"的外来之物，也一直处于流动之中，并将流往老挝、缅甸等东南亚国家。伴随橡胶的流动而来的不仅仅是经济和财富的流动，还有大量的关系、社会与文化的流动与融合。对于中国西南边疆而言，这种社会与文化的流动与融合则生动反映了"铸牢中华民族共同体意识"和"人类命运共同体"的构建。

我想，正是因为橡胶背后所蕴含的错综复杂且丰富多样的"意义之网"，

---

[1] Sturgeon, Janet C. "Cross-border rubber cultivation between China and Laos: Regionalization by Akha and Tai rubber farmers" *Singapore Journal of Tropical Geography* 34（2013）: 70 - 85. https://doi.org/10.1111/sjtg.12014.

吸引了欧阳洁的兴趣和热情，让她得以完成这部优秀的民族志作品。实际上，人类学的"物"的研究之所以能够具有独特的魅力，也正是人类学家对"物"背后的"社会生命"的孜孜以求。

2018年7月，我带中央民族大学的一些同仁到西双版纳各地走访，欧阳洁的田野点自然成为一个重要探访地点。此时，橡胶价格已经持续多年下跌，当地人对橡胶的热情已不如欧阳洁书中所记载的那样高涨。不过，西双版纳丰富的自然条件依然是他们的天赋"资本"，他们正在尝试多元的农业实践，中药材、坚果、火龙果等热带水果的种植，不一而足。这对于西双版纳一带的生态而言，似乎不是坏事，使得发展单一作物的生态风险在一定程度上得以避免。对于当地人来说，虽然橡胶带来的利润有所降低，但是单一作物带来的巨大市场风险同样得以避免。总体而言，我当时所见的，是一个多元的生计模式。

除了生计的多元化之外，民族的多元共生也让我印象深刻，其中包括山区-坝区不同生态空间之间的共融，哈尼族、傣族、瑶族、汉族等不同民族的和谐共生。可以说，西双版纳地区的民族共生现象是我国民族团结的优秀典范。

正是这次走访，让我看到西双版纳的人类学有着独特且丰富的理论增长点。一方面，西双版纳具有丰富多元的民族共生现象，另一方面，西双版纳优越的自然条件，带来了大量高经济附加值作物的频繁更替。在这两个特点之上，我认为可以发展出一种以西双版纳的人类学研究为代表的"热区人类学"。我相信，热区人类学将在生态、作物、物种、民族等新兴的人类学交叉领域贡献自己的力量。欧阳洁的研究，就是热区人类学研究的典型代表，本书的出版，一定会成为中国民族学人类学研究领域关于物的民族志研究的重要代表性作品。

麻国庆，中央民族大学民族学与社会学学院教授。

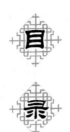

目录

图目录

表格目录

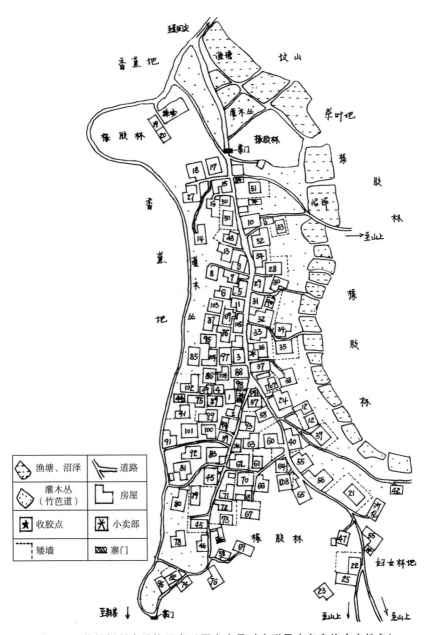

图 0-1　扎松板村寨结构示意（图中序号对应附录中各表格户主姓名）

第一章

研究背景

一 引言

本书是关于中国和老挝边界——西双版纳一个阿卡人村寨的橡胶种植和社会继替的民族志。说来惭愧，我出生在云南，但在为写博士学位论文进行田野调查之前，竟然从未到过著名的旅游胜地西双版纳。我的田野旅程始于我的无限幻想。

我不知道人们对于"西双版纳"这个名字有着怎样的联想？我的印象源自小时候风靡一时的电视剧《孽债》，里面讲述了一群插队到西双版纳的上海知青返乡所引发的故事，电视里还有首主题歌，第一句就是"美丽的西双版纳……"年幼的我对于电视剧情节的记忆已经模糊不清，但西双版纳的雨林风光和傣家竹楼留在脑海中。

在接受了人类学的专业训练后，西双版纳又显现出其特有的学科魅力，这里独特的地理区位下文化的丰富性和族群的多样性仿佛是一片天然的学术沃土，埃德蒙·利奇、查尔斯·凯恩斯等著名学者都是凭借他们对这一区域的研究而完成经典民族志并提出颇具世界影响力的理论。所以，当读博时的我准备进入田野调查阶段时，尽管西双版纳在我的想象中早已是一片富含文化意义的区域，但实际上，我对它的认知一片茫然。

我至今记得在调查选点时，第一次踏上西双版纳的土地，所到之处确实如我想象中一般满目苍绿，到处一片郁郁葱葱，这时当地人却告知这些并不是原始森林，绝大部分是人工栽种的橡胶林，过去以"动植物王国"而闻名的西双版纳如今是名副其实的"橡胶王国"；稻作文化悠久，地处具有"滇南谷仓"的傣族放弃水稻而种植橡胶，以刀耕火种和狩猎为生的阿卡等山地民族也种植橡胶，当我走进傣族、基诺族、布朗族以及阿卡人、克木人等不同族群的村寨，试图寻求体验多姿多彩的民风民俗时，却发现他们无不种植橡胶这单一物种，不仅集体林、自留地，就连村寨祭祀神灵的竜山以及每家房前屋后也变成了橡胶林；当我对处在中国与缅甸、老挝等东南亚国家的边界上，同时又是历史上中国向东南亚延伸的通道中的人们如何跨境交往感到好奇时，却发现他们出国也是为了种橡胶，人群流动往往是依附在更大规模的橡胶流动中……

人类学的魅力有时正在于你永远无法完全预料到田野中会遇到什么，至少我完全没有预料到自己的田野会因为遭遇到一个叫"橡胶"的物种而变得与想象中大相径庭。橡胶，在我脑海中本该是与现代工业社会联系在一起的，意料之外的，却在中国西南边疆的漫山遍野第一次闯入了自己的视野。

在这次调查结束后，我给导师发了一封邮件，谈及我在调查中的所见所闻，尤其橡胶在当地社会中的显著位置，导师鼓励我对其深入了解。此后，这个与西双版纳刻板印象格格不入的橡胶就成了我研究的关注点，在攻读博士学位期间，我有一年多的时间在这里的一个阿卡村寨度过，毕业之后我每年也都会往返于此，已持续近十年。

实际上，了解中国当代史的人都不会陌生，新中国成立后，为打破西方国家的经济封锁，满足国内战略物资及人民生活的需要，国家先后建立起多个国营农场种植橡胶。而在中国，橡胶这一热带植物能够生长的地方，只有海南岛和云南的西双版纳等地。

当年"上山下乡"来到西双版纳的知青中就有不少被安排到农场种植橡胶。当时种植橡胶以建立在大量外来汉族移民基础上的国营农场为主，由于生产方式要求产业化和集约化，土生土长的少数民族被隔绝在外。随后，虽有少量村寨在国营农场的指导下也开始种植橡胶，但规模很小。

20世纪90年代后，国家开放了天然橡胶的经营权和销售权，加之国际橡胶价格在2000年后大幅上涨，2004年以来涨幅不断创新高，到2007年橡胶收购价比1994年疯涨900%。利益的诱惑使当地少数民族的民营橡胶得到大规模发展，由国家政治力量点燃的星星之火很快在20世纪90年代后市场经济浪潮中形成燎原之势。至2007年，整个西双版纳的橡胶种植面积已经达到330多万亩，逼近当地生态承载的极限。在我做田野的2011年前后，橡胶种植又以替代种植和民间合作的方式被推向毗邻的缅甸、老挝等国。

橡胶本是原产于南美、盛产白色胶汁的一种特殊树种，在西双版纳的传统社会中，这样的胶汁并没有使用价值，而通过加工后，则具备了与更大背景下现代工业社会的交换价值。正是在全球工业扩张和中国谋求现代化发展的背景下，橡胶的流入使西双版纳这个曾经相对封闭隔绝的世外桃源得以见识了外面世界各种新奇事物，譬如当地人从未见过的砖混建筑、教授汉文的学校、可以根治瘴疠的医院，还有汽车、电影、电灯、自来水，等等。[①] 同时，大规模橡胶种植引发生计方式的改变，推动了传统社会生活的转型，曾经以自给自足的生产方式维系的社会经济体系被迫卷入现代国家文明和更广泛的世界体系中。

如今的西双版纳，除了作为国营农场种植橡胶工人而专门迁入的内地汉族移民，当地的傣族、布朗族、阿卡人、克木人等这些昔日以种植水稻和刀耕火种为生的少数民族已经变身成了种植橡胶的林业工人，过去曾经种植水稻、旱稻、玉米、土豆的土地上现在是一望无际的橡胶林。在整个西双版纳海拔 800 米以下的地带，适合种植橡胶的地方已经种满之后，橡胶林一再突破光热条件的禁忌，突破纬度和海拔的限制，在一些地区甚至蔓延到海拔 1200 米的山上。作为当地人最重要的经济来源，橡胶的种植不仅占据了他们的时间、空间，甚至可以说颠覆性地改变了他们的生活。在田野中，当地人曾问我生活的地方是否种植橡胶，当得知不种植的时候，他们非常诧异不解地问道："那你们每天能做什么？"尽管这样的村寨种植橡胶的历史不过 20 年，却无法回想过去没有种植橡胶的日子了。橡胶，已经成为他们日常生活的主题。

橡胶给这里带来了金钱，带来了外面的世界，与此同时，外界也越来越关注到橡胶几近疯狂的发展给当地带来的影响。除了新闻媒体对橡胶单一种植带来的生态效应和破坏热带雨林的报道外，近几年来从事该区域研究的人类学者也或多或少关注到了橡胶兴起对人的影响。还有几篇学术文章则专门以此为对象，[②] 其中一些研究着重从宏观层面勾勒传统文化体系和发展模式的转型过程：从傣族传统稻作文化体系以及山地民族的刀耕火种文化体系向现代化、工业化的"橡胶文化"的转变。[③] 还有一些研究则从微观视角出发，展现出橡胶带来了诸如市场、货币和财富等新事物和新观念的同时，也导致了传统生计方式、社会组织、文化观念的消逝。橡胶经济的迅速发展带来的文化变迁，显然成为西双版纳这样的地方社会在当下最显著和最值得关注的特点。

---

① 尹绍亭、〔日〕深尾叶子主编《雨林啊胶林》，云南教育出版社，2003，第 3 页。

② 主要包括杨筑慧《橡胶种植与西双版纳傣族社会文化的变迁——以景洪市勐罕镇为例》，尹绍亭、〔日〕深尾叶子主编《雨林啊胶林》，郭家骥《澜沧江下游的稻作文化及其变迁——以西双版纳州曼远村傣族为例》，吴振南《生态人类学视野中的西双版纳橡胶经济》，以及云南大学张雨龙的硕士学位论文《橡胶种植与社会文化变迁——以中老边境地区两个哈尼/阿卡人村寨为例》。

③ 郭家骥：《澜沧江下游的稻作文化及其变迁——以西双版纳州曼远村傣族为例》，《发展的反思——澜沧江流域少数民族变迁的人类学研究》，云南人民出版社，2008，第 279 页。

上述的研究无疑抓到了地方社会中"变"这一关键词，但并不是说进一步的研究就再无必要。恰恰相反的是，在那里一年的所见所闻和生活体验，让我意识到在对当下现象描述基础上还有更多值得探究的问题：除了"变"，当下的地方社会中又有哪些"不变"的？显然一个社会中传统性要素并不可能随着橡胶进入而完全消逝；如果抛开对是否"变"作出功能论式的解释，那么，"变"与"不变"背后的作用机制又是什么？再深入一步追问的话，"变"与"不变"是否就可以完整概括出当下社会的特征？除此之外，是否还有另外的可能？

二　问题意识：卷入世界体系的地方社会的发展

大致上讲，当下的人类学田野工作需要面对这样一个问题：作为研究对象，我们所面对的早已不是早期研究所预设的那般孤立与封闭的同质社会。绝大部分的社会已经受到资本主义经济全球扩张的影响，在不同程度上经历了一个现代化转型和传统文化变迁的过程。面对我的研究对象时，我不禁会问一个问题：这些人是农民，还是传统的山地民族？事实上，他们从事着经济作物——橡胶的种植，橡胶在当地并没有使用价值，无法在当地社会内部交换或者消费，而必须用于与外界更大的体系交换来获取金钱。可以说，他们远比内地很多农村更彻底地进入了现代市场经济中，而不再是自给自足的生计经济。正如西敏司笔下的甘蔗种植园孕育了最早期的资本主义世界体系，如今这一体系正在将我的田野点这样越来越多的地方社会纳入其中。

西方与非西方经济体系

早在马林诺夫斯基对库拉圈的交换的研究中，就隐含了这样一种观点：西方与非西方的经济行为观念存在根本区别，不能用资本主义经济学中追求最大利润的"经济人"理念来解释。其后他的学生弗斯对其质疑引发了经济人类学领域实质论与形式论的争论。[①] 其争论的核心就是：非西方与西方的经济行为差别是"实质性的"还是"形式上的"？形式论者认为所有的经济现象都可以用资本主义经济学观点来解释，只是需要在概念定义上做出修正；实质论者则把这种差别看作根本性的。

不过，真正把这个问题带入理论上的争辩的，要数卡尔·波兰尼。在《巨

---

① 黄应贵：《反景入深林》，台北三民书局，2008，第235页。

变——当代政治经济的起源》中，他从大量人类学著作中吸取灵感，意识到互惠（reciprocity）与再分配（redistribution）是早期文明生产与分配秩序得以进行的行为原则，其社会的经济制度仅仅是社会组织与功能，是"嵌入"（embedded）社会之中的，是从属于政治、宗教与社会关系的。而资本主义的市场经济则试图创造一个"脱嵌"（disembedding）的社会，让社会从属于市场，这是荒谬且危险的，并且会引起自发的社会自我保护机制。[①]

正如马克思将"原始社会"和"资本主义社会"视为两种最基本的社会类型，人类学也一直在"冷性社会"与"热性社会"之间做文章。在这一点上，马克思将商品看作资本主义社会最典型的表达；与此同时，莫斯的《礼物》在 20 世纪 70 年代重新得到重视，这在很大程度上在于该书的地位也被提升到与资本主义商品经济相对应的"礼物经济"层面，制约这两种类型社会的，就是使用价值和交换价值。最典型的代表就是格雷戈里（Christopher A. Gregory）的《礼物与商品》。[②] 这也使得对这一问题的讨论大体上形成了一种传统与现代、前资本主义与资本主义、礼物经济与商品经济、为使用而生产（使用价值）与为交换而生产（交换价值）的二元对立框架。

但学者们的争辩尚未明晰，资本主义经济全球扩张的步伐却不断加快，社会并没有按照波兰尼所希望的路径前行，而是依然故我地朝着危险的"脱嵌"征途上挺进，劳动力、土地、货币都得以变成商品，不断冲击传统经济体系。在此背景下，对非西方文化的经济变迁的关注日渐成为人类学的关注焦点之一。经典的例子便是洛林斯顿·夏普（Lauriston Sharp）所研究的澳大利亚采集狩猎民族野悠槟人（Yir Yoront）。他认为由西方传入当地社会的钢斧，仅仅由于替代了其传统石斧，便使当地整个社会结构与文化体系趋于崩溃。过去，每个男人至少要有一个永久性的贸易伙伴，通过这个伙伴男人用鱼叉交换到石斧。这种交换活动还伴有大规模的仪式庆典，其社会地位也建立在石斧的拥有权上。但随着现代钢斧分别通过贸易和传教士进入该社会后，与传教士关系好的女人和小孩得到了钢斧，不必通过传统渠道去借了。传统的贸易伙伴关系被削弱，交换物品时曾经举行的土著庆典仪式也随之衰落。同时，地方文化中的各个部分都有一个神话，以解释这个部分的存在和意义，因为没有人能给钢斧

---

① 这些保护机制在历史上甚至包括第一、二次世界大战，参见〔英〕卡尔·波兰尼《大转型：我们时代的政治与经济起源》，冯钢、刘阳译，浙江人民出版社，2007，第 50 页。

② 〔英〕C. A. 格雷戈里：《礼物与商品》，姚继德、杜杉杉、郭锐译，云南大学出版社，2001，第 20 页。

制造一个神话，因此它也无法被整合到传统文化中。过去由石斧所营造的社会结构、文化秩序与信仰体系都陷入了无法调适的困境，最终导致了传统文化的消失。[①] 诸如此类的民族志材料使我们不得不面对这样一个问题：以西方资本主义为主导的全球化和现代化是不是将成为世界发展的普遍模式，地方性文化是否终将被纳入这一世界体系中？或者换句话说，资本主义之外是否另有可能？大体上，对这一系列问题的回答从研究路数上可以粗略地归为三类。

世界体系

正是在世界范围内经济变迁和文化接触日益频繁的趋势，引发了弗兰克（Andre G. Frank）研究拉丁美洲发展出来的依附理论（dependency theory）以及沃勒斯坦（Wallerstein）的世界体系理论形成。尽管依附理论与世界体系理论的侧重点有所不同[②]，但两者都强有力地证明了：一旦资本主义作为一个体系形成和巩固起来后，资本主义本身运作的逻辑即追求利润最大化就会促使它不断地扩张。最终这种经济扩张会扩大到全球，以及由政治、文化等共同造就的一个世界格局，即"现代性"（modernity）。它不断冲击各个地方性的经济、文化和知识体系，追求与所有过去的社会体系和人的观念的断裂，任何国家、地区，任何民族、族群都无法避免被纳入这个体系中。[③] 沃勒斯坦主张，世界存在一个资本主义空间体系。发达的资本主义国家和"依附"国家都是全球性的，均是单一的资本主义经济的一部分，"依附"国家与发达的资本主义国家的关系，以及它们的发展途径都需要在一种世界经济动态的整体现象中来考察。

沃尔夫则将世界体系理论带入人类学研究的中心。他的论点是，人类世界是一个由诸多彼此关联的过程交织而成的整体，在这个网络中，有历史的欧洲和"没有历史"的非西方关联到了一起。受马克思主义政治经济学的影响，沃尔夫区分了资本主义生产模式和资本主义市场两个概念，认为资本主义生产模式通过世界性的市场机制，连接、渗透，最后破坏了各地不同的非资本主义

---

① Lauriston Sharp, Steel Axes for Stone-age Australians, *Human Organization*, Vol. 11, 1952: 17-22.

② 简单来说，依附理论强调的是发达的资本主义国家与世界上大部分依附国家之间不平等的关系，而世界体系理论则更强调这种不平等关系不仅是地区性的，而且是全球性的。

③ Andre G. Frank, *Capitalism and Underdevelopment in Latin America: Historical Studies of Chile and Brazil*. New York: Monthly Review Press, 1967; Immanuel Wallerstein, *The Capitalist Word-Economy: Essays*. Cambridge: Cambridge University Press, 1979.

生产模式。① 尽管沃尔夫声称，他使用世界史的视角并不是为了抹杀人类学传统中对地方性社会文化脉络的关注，但正如他所说："我希望能勾勒出商业发展和资本主义的一般过程，同时也关注这些过程对民族史家和人类学家研究的小群体究竟产生了怎样的影响。"② 对他而言，当地人更多的还是被视作在"受（资本主义）影响"的人，是一种"被动式"的过程。并且随着世界体系的确立与扩散，最终，所谓的非西方成为一个仅存在政治、经济影响而已无文化区分的整体。

现代化

不同于世界体系论者的宏大叙述框架，"二战"后，从新兴国家的经济重振中兴起的现代化理论，主要与自由主义的政治立场相关联，他们将视角投向社会内部的演变过程，倡导的是发展和变迁的内发模式。

福斯特（George M. Foster）在墨西哥村庄中发现，在当地农民的宇宙观里，所有的资源都是有限的，因此，只要村里有人赚钱，就表示他剥夺了其他人的资源，资源有限观限制了墨西哥农民对资本主义经济的认知和反应方式。之所以 20 世纪六七十年代的经济发展项目总是不断失败，正是在于：一个新技术被引入之后，当地人往往会顾虑是否剥削到其他人而造成内部的不平衡关系，因而放弃新的技术。③ 这也表明，当地人并不是像资本主义经济学所假定的那样，均为追求个人利益最大化的经济人，反而身陷道德义务的网络之中。尽管现代化理论对地方社会和文化投有更多关注，但它们强调的是原有的文化传统对实现现代化的阻碍作用，这成了当时最主要的研究模式。同时，这类研究也隐含着一种"同途同归"或"殊途同归"的命题，即无论各个社会发展的途径是否相同，最终的发展必将是传统的终结和具有"理性化"④ 的现代社会产生。

---

① 〔美〕埃里克·沃尔夫：《欧洲与没有历史的人民》，赵丙祥、刘传珠、杨玉静译，上海人民出版社，2006，第 349 页。

② 〔美〕埃里克·沃尔夫：《欧洲与没有历史的人民》，赵丙祥、刘传珠、杨玉静译，上海人民出版社，2006，第 32 页。

③ George M. Foster, *Tzintzuntzan: Mexican Peasants in a Changing World*. Boston: Little, Brown and Company, 1967.

④ 主要体现在韦伯对现代资本主义社会的描述中，一方面它包含了许多正面的事物，从有效率、可计算性和非神秘化散发出来；另一方面，他也深刻意识到理性化过程所伴随而生的非人性化。参见〔德〕马克斯·韦伯《新教伦理与资本主义精神》，康乐、简惠美译，广西师范大学出版社，2007。

这种观念更为突出地体现在格尔茨对印度尼西亚的现代化研究中。他以印度尼西亚两个小镇基于各自社会文化传统发展出独特的现代化途径，对当时以西方历史经验为现代化唯一路径的现代化理论提出了挑战。在他看来，虽然现代化在本质上都要经历一个经济理性化的过程，但理性化的过程会因其所处的社会和文化情境（context）不同而呈现出不同的形式。格尔茨追随韦伯对于"理性化是现代性的基本要求"的认识，强调"文化伦理"和"价值观"对经济发展的指导和规范作用。要实现现代化，不仅要完成经济的理性化，更重要的是要形成一种能够指导和规范经济理性的经济伦理和道德规范。① 也就是说，格尔茨认为传统对现代化的支持作用仅有助于其在前经济起飞（take-off）时的发展，最终现代化的实现必须冲破传统的束缚，建立起一种韦伯式的经济伦理。

但同时需要关注到的是，来自东南亚、东亚以及中南美洲，尤其是中国、印度等这些占据了世界上较大人口比例，却又是非西方的经济文化体系的本土研究，也成了反思这种单一性的现代化的基础。费孝通先生对于"技性与人性"，以及在"三级跳"背景下有关"文化自觉"和"心态秩序"的讨论，旨在当下建立"文明间的对话"以及"和而不同"的全球社会，② 为现代性和全球化的讨论提供更广阔的空间。包括杜蒙对印度种姓制度的研究、许烺光有关中国人的关系取向的面子研究、阎云翔的礼物研究以及杨美惠的关系学等，也都凸显了从自身地方性文化和社会结构的角度入手，以本土经验材料呈现了社会发展的更多可能性。

同样，20世纪70年代日本学者鹤见和子在费孝通和柳田国男影响下，更为旗帜鲜明地提出了"内发型发展"。对于内发型发展的特点，她表述为：内发型的发展是"适应于不同地域的生态体系，植根于文化遗产，按照历史的条件，参照外来的知识、技术、制度等，进行自律性的创造"③。内发型发展重视在地方社会积淀起来的社会结构（如家族、村落、都市、城乡之间的关系的结构）、意识观念（被继承下来的思考方式、信仰体系、价值观等）和技术，认为人们为了解决现代化的问题，对传统进行再造的过程是非常重要的。

麻国庆则秉承了这一研究脉络，在狩猎民族鄂伦春族的社会变迁，以及游

---

① Clifford Geertz, *Peddlers and Princes: Social Development and Economic Change in Two Indonesian Towns*, Chicago: The University of Chicago Press, 1968.
② 麻国庆：《费孝通先生的第三篇文章：全球化与地方社会》，《开放时代》2005年第4期。
③ 陈志勤：《费孝通的小城镇研究与日本的内发型发展论》，载李友梅主编《文化主体性与历史的主人》，上海人民出版社，2010。

牧民族定居化的研究中，他实际上讨论的是"有国家导向的原住民社会秩序的再生产"问题，即不同时期的国家政策如何对其社会结构文化产生重大的影响、开发的合理性以及在开发过程中狩猎民族的适应性的问题。[1] 事实上，在现代化理论中，一直所隐含的进化观念同样存在国家政策中，中国当代农村发展中的很多问题恰恰是源自现代性植入过程中，国家层面基于"进步"和"落后"的价值判断与地方社会和文化现象运行的内在逻辑之间的冲突。[2] 在这个角度上，西双版纳的阿卡人与鄂伦春的狩猎社会尽管在文化或者社会制度上千差万别，传统社会的断裂和文化系统的破坏带来的各种社会问题的特殊性，恰恰又体现出边缘社会在面对国家和市场主导的现代化进程中的共性，存在进一步对话的可能。

文化经济学

然而，无论是世界体系理论还是现代化理论，其在构筑框架理解当下资本主义与地方社会的关系时，又难免落入了西方与非西方二元对立的窠臼中。20世纪70年代后，更多的人类学家则以全球化为大背景，从微观层面的视角考察各族群的应对、适应、反抗与磨合的过程。他们有些继续秉承沃尔夫的市场体系研究传统，从"卷入"入手研究资本给当地带来的政治、社会、环境、生态等影响，这一派被冠以"人类学的政治经济学"的标签；另外一派则以陶西格（Michael Tanssig）、萨林斯为代表的"文化经济学"，也就是我要重点讨论的第三种研究路数。在他们看来，世界体系理论本身就是资本主义世界体系的自我意识。如果说当代真的出现了"世界体系"，那也绝不是一种在经济冲击和地方文化反应之间的摇摆过程。全球性物质力量的特定后果依赖于它们在不同地方性文化图式中进行调适的不同方式。[3] 不同的文化有其自主性，它们总以资本主义市场体系意想不到的方式方法对资本主义市场持拥护、漠视、敌对或对抗的态度。[4]

---

[1] 见麻国庆《全球化与文明对话中的周边的边缘民族：狩猎采集民的"自立"与"苦恼"》，载中国社会科学研究主编《全球化下的中国与日本：海内外学者的多元思考》，社会科学文献出版社，2003，第71~87页。麻国庆《开发、国家政策与狩猎采集民社会的生态与生计》，《学海》2007年第1期。

[2] 麻国庆、张亮：《进步与发展的当代表述：内蒙古阿拉善的草原生态与社会发展》，《开放时代》2011年第2期。

[3] 王铭铭主编《中国人类学评论（第15辑）》，世界图书出版公司，2010，第17页。

[4] Mashall Sahlins, "Cosmologies of Capitalism: The Trans-Pacific Sector of 'The World System'", in *Culture in Practice*: *Selected Essays*, New York: Zone Books, 2000.

陶西格于 1980 年出版的《南美洲的魔鬼与商品拜物教》(*The Devil and Commodity Fetishism in South America*) 被视为文化经济学的开端。这本书有两个考察对象:一是哥伦比亚考卡山谷种植园中的魔鬼信仰,二是玻利维亚锡矿中的矿神 (Tio) 信仰。陶西格在一开篇就提出对资本主义的批判不仅要在资本主义已经成熟的西方社会中,还要在那些资本主义逻辑尚不成熟的社会中理解。正是在这种社会中,西方人看来习以为常的那些现实会变得如此不自然,甚至成为邪恶的东西。受马克思的影响,陶西格认为在西方社会,人的本质及其产品都被转化成可以在市场上买卖的商品,已经完成了对自身存在合理性的证明。这些事物一旦被看作自然的而不是社会的产物,认识论自身就会掩盖对社会秩序的理解。因此,反而在那些资本主义起步比较晚,还没有完全接纳资本主义私有制生产关系的社会,更能凸显各种异化现象的本质。而这本书的目的就是在拉丁美洲的种植园和锡矿里,在工人的信仰世界里找到这些观念的社会源头,并找出在它们背后运作的政治经济力量。[1]

以陶西格重点考察的种植园中的魔鬼信仰为例,在甘蔗种植园中的农业工人被认为是与魔鬼签订了秘密契约来增加生产,从而增加收入。但据说这个契约是有条件的,得来的金钱必须用作消费而不能投入生产,因为这些工资本身是毫无意义的。同时,种植园里的甘蔗也是没有价值的,土地将会变贫瘠,牲畜也会死去,那些签订了契约的人也将在痛苦中死去。也就是说,短期利益(资本主义的工资)换来的是长期的贫瘠和死亡。陶西格认为,传统农村生活是一种高效而合理的生活方式,而种植园的商品生产是无止境的,并且不能用使用价值来衡量,当地人又无法看到商品的流向,因此在他们看来,这种生产方式是贫瘠的,只是提供了榨取剩余价值的方式而已。当地人很早就意识到了这一点,并且用这种魔鬼信仰的方式把它表述了出来。究其本质,这个魔鬼就是资本主义生产方式的物化,它是资本主义与当地自耕农业两种体系相碰撞产生的结果,魔鬼本身既导致(物的)增产又导致(人的)减产的两重性正是资本主义辩证属性的体现。[2]

陶西格在南美洲种植园里发现的这种魔鬼信仰,无论在经验材料本身还是理论视角上,对于我所关注的橡胶种植下的传统社会变迁都颇具启发性。在对

---

[1] Michael Taussig, *The Devil and Commodity Fetishism in South America*, Chapel Hill: The University of North Carolina Press, 1980: 10-14.

[2] 杨春宇:《鬼魅的渊薮,鬼魅的力量——从三本民族志看人类学鬼魅研究的特点》,《中国农业大学学报》(社会科学版) 2007 年第 2 期。

早期东南亚由于橡胶种植卷入世界体系的研究中，也发现原住民具有相似的观念。20世纪30年代，在婆罗洲部落内部流传着一个关于"橡胶吃掉米"①的神话，这给当地社会带来了恐慌，Dove也沿着陶西格的思路，试图阐释该传说与外来作物的发展，以及背后全球商品市场之间的关系，并将恐慌作为集体表象，是全球商品市场对当地传统过度威胁造成的。②在另一个研究中，Dove通过对原住民传统观念的分析，解释了为何种植过橡胶的土地被看作"死的"，无法可持续地发展。③类似地，割胶被看作"不可避免的罪恶"（a necessary evil）。④这样的观念普遍存在于卷入橡胶种植业的非西方社会的地方认知中。

在阿卡社会，尽管没有产生这样的信仰和观念，但人们强烈意识到橡胶种植污染了土地，使其种植出来的茶叶等传统作物的口感大不如前，橡胶的疯狂开发使他们失去了对生产和生活方式的控制，他们会抱怨橡胶破坏了人与人之间的关系，危及了村寨的伦理和道德规范等，甚至将村寨内频繁的非正常死亡归结于橡胶。在某种程度上，橡胶不仅代表了物质生活条件的变化，而且也代表着观念、存在标准的根本变化。

沿着这一脉络，不仅可以呈现出当地人认识具支配性的西方资本主义经济对他们的侵蚀方式，更发展出他们的对抗性信仰和活动。这样一来，马克思主义下的政治经济分析中就带入了文化的观点，在某种程度上调节了萨林斯所说的人类学理论中一直存在的物质论与象征论之间的冲突，更赋予文化以更积极、创造性的角色。

这套观念更为明确地出现在萨林斯的文化结构论中。他在用"马克思的经济决定论中的经济视角来思考石器时代的经济交换形式和内在经济原则"⑤的基

---

① 该神话流传在当地部落社会内部，源自一位老人做梦，梦境中人们传统作物谷子消失，直到有一天人们在砍柴的时候发现它们在一棵橡胶树的树洞中。相关的更多研究见下一节对橡胶研究的文献回顾。

② Michael R. Dove. Rice-Eating Rubber and People-Eating Governments：Peasant versus State Critiques of Rubber Development in Colonial Borneo. Ethnohistory，Vol. 43，No. 1（Winter，1996），pp. 33-63.

③ Michael R. Dove，Living Rubber，Dead Land，and Persisting Systems in Borneo：Indigenous Representations of Sustainability，Bijdragen tot de Taal-，Land- en Volkenkunde. 1998，1：20-54，http：//www. kitlv-journals. nl.

④ Campbell，Constance E. Forest，Field and Factory：Changing Livelihood Strategies in Two Extractive Reserves in the Brazilian Amazon，University of Florida，Gainesville，1996.

⑤〔美〕马歇尔·萨林斯：《石器时代经济学》，张经纬、郑少雄、张帆译，生活·读书·新知三联书店，2009，第10页。

础上，以文化的象征图示进一步表明了自己的观点：在更多的情况下，是文化决定了生产什么和如何生产。这种生产在使这个社会的人共享这一文化原则的同时，从深处满足人的情感需要。这种生产逻辑与马克思所讨论的资本主义生产原则在本质上是不同的。萨林斯认为，资本主义的功利主义、理性主义遵循启蒙之后的经济理性主义的逻辑，并以物质的占有丰富程度来界定一个社会的文明程度。这种建构逻辑对资本主义社会适用，但是对其他非西方社会和非资本主义社会并不适用。①

换句话说，橡胶是一种具有"文化属性"的物，与阿帕杜莱所说的一样，具有"社会生命"。作为工业化生产的橡胶种植，尽管有一套规范的种植管理技术和标准化的割制（见附录三），在其具体的生产实践中因特定的社会情景而有所差别，即便在西双版纳这样一个区域社会，不同族群、不同社会类型对橡胶有着不同的认知观念和文化逻辑，使阿卡人的橡胶生产过程也与周边农场的汉族、傣族有所不同。在我的田野点待过一段时间以后，我大体可以在经过一片橡胶地时通过橡胶的株距、修剪、除草和割胶面等外在形态辨别出这片土地的主人是农场汉族、傣族或阿卡人。同样地，与现代市场经济下一般商品贸易所依据的价格机制和市场交易原则不同，阿卡社会中的橡胶贸易在商品交换的背后依据并非物本身，而是交易双方之间作为人的更为复杂的社会关系。

从这点来看，文化经济学视角的研究更具方法论的意义。文化经济学所强调的是在地方性的文化观念系统（强调使用价值和互惠交换）中来理解工业资本主义经济，一旦从当地人的文化观念来看，实际上就质疑了世界经济过程的共同假定，在现代人看来非理性的经济行为才能从根本上得以解释。

如我刚进入田野时所见，当地人的日常生活由于橡胶发生的变化是突然而剧烈的，其间所产生的各种特殊的行为方式，有的甚至可以说是难以预料的，像杨筑慧描述的"寨子里有三个女人因为赌博输光了胶树而离了婚。我们在景洪还听到更好笑的事情，有人坐在胶树下面赌博，输了就舀胶水付账……"②，这些让人看来反常的举动在当下的西双版纳比比皆是，确实带给人很强的文化震撼。和大部分从事相关研究的学者一样，我很直观地将其归结为当地人遭遇橡胶后非常态化的文化变迁过程。前人的研究已经充分表明：无论是傣族或者包括阿卡在内的少数民族社会作为一个牵一发而动全身的整体，橡胶导致的生

---

① 〔美〕马歇尔·萨林斯：《文化与实践理性》，赵炳祥译，张宏明校，上海人民出版社，2002，第 15 页。

② 杨筑慧：《橡胶种植与西双版纳傣族社会文化的变迁：以景洪市勐罕镇为例》，《民族研究》2010 年第 5 期。

计方式改变，不仅引发了其生产生活方式及其相关文化事项的变迁，与此同时，他们有关环境、土地、财富以及集体互助的观念都在发生改变。他们更强调的是当下的情景与传统之间的断裂，而那些特殊反常的行为方式更多的是来自人们面对突如其来的现代化下的"无所适从"。

然而，随着田野的深入，我不得不面对这样一个问题：一方面，比起很多内地农村，当地人似乎更快地接受了现代市场经济和货币观念，尽管已经掌握了相当可观的现金收入，但他们喜好贷款（在我的田野点，没有贷款的家庭不到 5%），习惯用买卖转让土地获得的现金购买汽车或者到 KTV 这样的娱乐场所消费，似乎比资本主义社会更具有消费意识；另一方面，他们似乎并不关心带给他们丰厚财富的橡胶，他们并不倾心于橡胶园的种植和管理，对扩大再生产和增加收入漠不关心，似乎毫不具备资本主义精神中的经济理性，相比之下，他们更热衷狩猎、野炊和寻找各种罕见的山珍，以及用各种借口来举行拴线和叫魂仪式等。人们各种匪夷所思甚至相互矛盾的行为，是很难仅仅以一种外在的、客观的标准来把握，以"变"与"不变"化约为现代性怎样"替换"了原有地方社会中某些元素的过程。我们需要更深入地了解地方社会的历史和文化，并用由此形成的地方性观念和逻辑来理解他们如何面对橡胶及背后一套现代性体系，只有这样才会深刻地意识到：这些看似反常而矛盾的经济行为，其实恰恰契合了他们独特的文化逻辑和文化理性。在那些已经"变"了的现象和实践中，却蕴含着"不变"的观念，而看似一成"不变"的传统也随着橡胶的进入而衍生出新的意义。因此，若要想真正透彻地理解在橡胶经济作用下的当今阿卡社会，就必须观照到橡胶发展的地方性历史客观条件，以及当地人主观的文化视野，如何相互界定、发展出当下的橡胶实践，最终呈现出内外复杂因素在历史过程中的辩证性发展。

同时，本书的最终目的也不是呈现当下这个小地方的社会在橡胶、阿卡人的标签下具有怎样的独特性。正如萨林斯最终的学术洞见在于一种文化并置（juxtaposition of cultures）的认识论，即通过把非西方社会和西方放在相互映照的位置上，使原来处于文化格局被动地位的非西方文化成为反思西方支配性文化观念的"批评探针"①，进一步反思西方的文化逻辑。我更希望通过这种文化并置观，实现一个民族志研究的特殊性与普遍性意义的结合。一方面，从"以生制熟"入手，透过对橡胶对当地社会发生作用的特殊性来看当地的文化

① 王铭铭：《西方人类学思潮十讲》，广西师范大学出版社，2005，第 204 页。

观念是如何理解橡胶，以及其背后的一套现代性体系；另一方面，由彼观己，来反观我们看上去已经习以为常的现代性是如何"转熟为生"以一种突兀的方式植入地方社会。

实际上，在很多我们并不将其视作异文化的中国农村，例如费孝通先生笔下的江村，这一与更大体系接触转变的过程发生得更早一些，也以我们看来更为"自然正常"的形式进行。① 尽管在西双版纳，橡胶的催化作用加剧了这种转变的速率和效果，以至于显得夸张。但事实上，如果对西双版纳橡胶发展的历史回顾后可以看到，橡胶经济的兴起本身就是更大的中国经济体制改革和社会转型下的产物。也就是说，橡胶提供了一个窥探整个社会转型的契机，它使得一个人类学理想中的他者——一个传统封闭隔绝的地方社会在不到50年的时间迅速卷入世界体系的情况下，地方社会本身内在是如何调节，提供了一个极致的范例。

在这一脉络下，黄应贵的两篇以布农人作物变迁的研究②中，以"文化实践"为视角，从东埔社布农人作物的历史发展过程来探讨当地布农人如何透过原有的人观、土地或空间、工作、知识、hanitu、dehanin 等基本分类概念，以及经济过程的生产、分配与交易、消费等活动，对新作物进行理解并且创新的过程。同时这也是有关当地人借由原来的基本文化分类概念来理解外在的历史条件而创造新的生活方式与社会秩序的过程。每个不同经济时期的关键性象征，如刀耕火种时期的小米，水稻种植时期的水稻，国民政府统治时期的经济作物番茄与货币，到当代茶树经济发展下的茶树与汽车等，凸显不同的象征性沟通体系的性质，并反映出布农人社会的深层灵魂观念和"心性"的发展。

这不仅把我们的视野从文化与经济之间关系在宏大理论层面上的讨论拉回到更为务实的现实研究中，更具启发的是：通过将经济与生活方式及其背后心性结合起来，他进一步探究了"新的社会秩序如何可能"以及"人的创造性以及文化如何再创造"的问题上。

本书正是试图沿着这一脉络回应系列问题。我将通过重新扩展"社会继替"这一本土人类学概念，来进一步阐释阿卡社会的文化再创造以及新的社会秩序生成的过程，并与相关研究形成对话。所谓的社会继替，是费孝通在《生

---

① 事实上，有关中国当下的社会转型问题则涉及是一个更庞大、复杂的研究体系。在这里，篇幅有限，不做深入梳理和探讨。

② 分别为黄应贵《作物、经济与社会：东埔社布农人的例子》，《广西民族学院学报》（哲学社会科学版）2005 年第 6 期；及黄应贵《物的认识与创新：以东埔社布农人的新作物为例》，《物与物质文化》，中央研究院民族学研究所，2004，第 379~448 页。

育制度》的核心概念。他认为，社会和人一样，都有一个新陈代谢的过程，英文里叫 metabolism，为此他专门创制了一个名词，即"社会继替"。[①] 他在开篇就已明确交代，生育制度的功能就是完成社会新陈代谢作用的继替过程。"在人寿有限、生死无常的变动中，一个人的生活却依赖于一个完整的社会分工结构，所以社会不能不断地预备下新人物等着去接替旧人物死亡和退伍所发生的缺位。"[②] 所以，只有社会结构中有人空缺，后人才可以填补进去形成继替。而且为了防止社会秩序因为社会分子的变动而造成混乱，必须遵循一定的继替原则。在传统中国社会，社会的继替采取的是亲属原则，作为一种消极的保障性制度，它在确保社会按照亲疏程度有条不紊地发展下去的同时，也留下诸如单系偏重、以多继少时的箕豆相煎等漏洞和缺憾。

可以说，费孝通对社会继替的定义是从微观处入手，在个体层面上谈家庭、社会团体，以及在这团体中个分子之间的关系。此后，麻国庆在谈到当下中国社会与文化的延续性问题时，指出："这种社会和文化的延续性，并非不变的传统的延续，事实上，很多是互相交织的和把传统无意识地内化到现代性的层次上来。如果简单地用社会的延续性的概念或许容易引起很多歧义。"[③] 因此，他重提了费孝通"社会继替"一词，将社会继替的概念扩展到更为宏观的层面，指代作为整体性的社会发展变迁和社会结构的更新。"其特点又考虑到社会的继承性，同时也考虑到社会的替代性，但即使是替代也是在继承基础上的替代。在整体社会的层面上，我们会看到处于不同阶段的社会并存的现象。"[④]

在本书中，社会继替既是指在整个社会层面上传统与现代社会特征并存的现象，更是指橡胶带来的社会变迁的过程与机制。在阿卡社会与借由橡胶带入的国家、市场的互动中，无论传统还是现代性都并非铁板一块，我们在看到现代性与传统在形式上断裂的同时，传统社会深层的文化机制仍然触摸可及，传统社会中的结构性要素依然具有生命力。

本书正是试图展现橡胶及其背后的一套现代化体系如何与阿卡社会的"连接"过程，以及探究社会继替背后所隐藏的文化逻辑。更具体地说，一方面，我从当地社会文化的脉络中来理解橡胶，来看阿卡人如何通过原有的生计

---

① 费孝通：《费孝通文集》第十四卷，群言出版社，1999，第 373 页。
② 费孝通：《生育制度》，商务印书馆，2004，第 174 页。
③ 麻国庆：《家族伦理与延续的纵式社会：家族化公民社会的基础——人类学与儒学的对话》，《学术研究》2007 年第 8 期。
④ 麻国庆：《家族伦理与延续的纵式社会：家族化公民社会的基础——人类学与儒学的对话》，《学术研究》2007 年第 8 期。

方式、社会结构，以及土地、谱系、鬼神等观念理解橡胶，乃至于橡胶背后的新世界，并发展出橡胶有关的经济活动，从而凸显出深层的文化传统如何影响了他们认识橡胶与现代性并与之发生反应的独特方式；另一方面，通过橡胶来回到对阿卡人的生活方式和观念的讨论，呈现出由于橡胶而改变的新生活方式背后的文化观念的延续，他们如何利用传统创造出新的实践，最终实现了社会的再生产与文化再创造。

三　橡胶：作为物的社会生命史

橡胶作为重要的战略性工业原料，是原始热带雨林与现代工业文明和全球化进程完美结合的产物。天然橡胶是由橡胶树所产的胶汁加工制成的，其产生与早期的发展与资本主义的殖民扩张息息相关。三叶橡胶树原产于南美洲巴西亚马孙河流域的热带雨林，当地人早在 11 世纪就拥有了利用野生橡胶的知识，他们将树干砍开缺口后，就会有白色的乳汁从中流出，因此，在印第安语言中它被叫作"会哭的树"，他们用橡胶制成橡皮球用作游戏和祭品。[①]

但没有人能想到有朝一日这一神奇的液体会改变人类文明的进步，直到 1839 年美国人 Charles Goodyear 发明了橡胶的硫化法，使橡胶可以像皮革一样焦化但依然保持良好的可塑性和弹性。这一改进使橡胶在工业化世界中得到了最早的实际运用，也拉开了橡胶推动世界工业扩张和现代化进程的序幕。

亚马孙的橡胶热（rubber boom）

早期的橡胶发展史可谓一身黑，与资本主义的殖民扩张息息相关。从 19 世纪 60 年代开始，工业社会对橡胶的需求激增，价格大幅上涨。亚马孙地区作为世界野生橡胶的主产地被卷入一个橡胶热时期。在那个疯狂的时期，西方世界中的工业家、领事馆的贸易官员、政府官员、探险家、旅游者等蜂拥而至，他们沿着橡胶分布的亚马孙流域南部驻扎下来，在这一盆地中的主要港口城市贝伦、玛瑙斯、伊基托斯等建立起出口公司，像玛瑙斯这样过去破旧的河畔小镇一夜之间就变成了热闹的商业中心。短短几年，马瑙斯就拥有了巴西第一个电话系统，约 30 公里的电车道，尽管只有 4 万人却享用着可供 100 万人

---

① 柯佑鹏、过建春、张赛丽：《世界天然橡胶经济研究》，经济科学出版社，2010，第 2 页。

的城市电网。① 这样的全盛发展时期大约持续了 60 年。

如 Olive 所言，在南美洲的历史上再也没有哪个时期能像橡胶热时期引起如此多学者的想象与关注。② 早期的作品集中于描述在巴西的贝伦和玛瑙斯，以及秘鲁的伊基托斯这样的港口城市，橡胶带给橡胶大亨（rubber baron）的奢华糜烂的生活，"橡胶大亨们用百元美钞点着雪茄烟，用银桶盛满冷藏的法国香槟给他们的马匹解渴。他们的太太瞧不上亚马孙河的浑浊河水，把她们的亚麻布衣物送到葡萄牙洗熨……当时，马瑙斯城的居民是世界上人均消费钻石最多的市民"③。

与此形成强烈反差的是对割胶工人（rubber tapper）的残酷剥削。美国工程师 Walter Hardenburg、Collier 等都报道了从亚马孙河口一直绵延到雨林深处，野生的橡胶树下到处是胶碗、胶管，到处是散发着恶臭的生胶作坊的景象。④ 其中凯斯门特（Roger Casement）⑤ 在对普图马约（Putumayo）人权状况考察中揭露了橡胶经济相关联的各种暴行⑥：当地印第安土著在橡胶贸易中遭受的虐待和剥削。特别是有关英国树胶公司阿拉娜（Arana）和秘鲁的亚马孙公司，在广大的普图马约地区开采橡胶时，为提升产量，以各种残忍手段惩罚未达生产量的土著印第安人，包括以对其亲属的处罚为威胁，鞭打更是相当普遍的惩罚手段。这些殖民统治者，为了得到更多的劳动力，使用恐怖手段来获得并争夺印第安人。年轻的印第安姑娘被当作妓女卖掉，而年轻的印第安男子则被五花大绑，眼睛被蒙住，最后生殖器被砍掉。为了报复反叛及削弱对手的

---

① Bradford L. Barham and Oliver T. Coomes, Reinterpreting the Amazon Rubber Boom: Investment, the State, and Dutch Disease, Latin American Research Review, Vol. 29, No. 2 (1994), pp. 73-109.

② Oliver T. Coomes and Bradford L. Barham, The Amazon Rubber Boom: Labor Control, Resistance, and Failed Plantation Development, The Hispanic American Historical Review, Vol. 74, No. 2 (May, 1994), pp. 231-257.

③ C. E. Akers, Report on the Amazon Valley: Its Rubber Industry and Other Resources. London: Waterlow and Sons, 1912.

④ Hardenburg, W. E. The Devil's Paradise. London: T. F. Unwin, 1912. Collier, Richard. The River That God Forgot: The Story of the Amazon Rubber Boom. London: Collins.

⑤ 凯斯门特与《黑暗之心》（Heart of Darkness）的作者康拉德是朋友。和康拉德一样，他因为坚信欧洲的殖民会给非洲和南美洲带来道德和社会的进步而担任不列颠领事，在 1906 年被派遣到哥伦比亚考察橡胶种植园的工作环境，以此发表了引来群情激愤的普图马约（Putumayo）人权状况报告。

⑥ Casement Commission, "Correspondence Respecting the Treatment of British Colonial Subjects and Native Indians Employed in the Collection of Rubber in the Putumayo District," House of Commons Sessional Papers (Session Feb. 14, 1912-Mar. 7, 1913), Vol. 68, misc. No. 8.

生产力，甚至灭族。

正当印第安人大量死去的时候，橡胶生产量却飞速增长。在阿拉纳沿着哥伦比亚普图马约河开始橡胶生产的 12 年里，当地印第安人的人口数量从超过 3 万人锐减到不足 8000 人，而同期却输出超过 4000 吨的橡胶，获利 7500 万美元，制止这种大屠杀的唯一原因是后来巴西橡胶市场的衰落。

这一让西方世界震惊的丑闻不仅激发了西方从伦理道德角度对橡胶的开采过程中虐待割胶工人，尤其是当地土著居民的殖民批判，也引发了学术界对橡胶贸易对当地土著的社会文化影响的持续关注。[①] 同时更多学者则开始深入、细致地考察了橡胶工业的组织和运作过程，大部分研究展现了亚马孙的橡胶贸易的图景——橡胶被大公司所垄断，橡胶大亨通过债务关系强迫、奴役割胶工人为其收集亚马孙丛林中野生橡胶，并通过一系列的中介贸易链，最后到达欧洲和北美洲市场销售，来支持橡胶大亨的挥霍消费。[②] 对于橡胶大亨与当地的割胶工人之间的交易是一种完全不平等的义务。不仅价格低廉，而且割胶工人经常在称重的时候被欺骗。[③] 橡胶巨头从来不支付现金，所以割胶工人不得不在巨头手上高价换购食物和其他生活必需品。[④] 割胶工人的工作被描述为不断"自我奴役化"[⑤] 的过程。Howard Wolf 和 Ralph Wolf 将这种奴役归结为罪恶的借贷体系，它使得几乎每个割胶工人都身负债务。[⑥] 很多学者至今仍旧坚持这一观点，他们将债务关系看作"割胶者的鸦片"[⑦]，当胶价暴涨时，附近各地来的人都会涌向亚马孙，使自己深陷债务，沦为奴隶。而橡胶大亨则通过债务

---

① 例如：R. Murphy and J. Steward, "Tappers and Trappers: Parallel Process in Acculturation," Economic Development and Cultural Change 4: 4 (1956), 335 - 353; Eric B. Ross, "The Evolution of the Amazon Peasantry," Journal of Latin American Studies 10: 2 (1978), 193 - 218; John Hemming, Amazon Frontier: The Defeat of the Brazilian Indians (Cambridge: Harvard Univ. Press, 1987), 271-314。

② Richard Collier, The River That God Forgot: The Story of the Amazon Rubber Boom (London: Collins, 1968).

③ Weinstein. Barbara, The Amazon Rubber Boom: 1850 - 1920. Stanford, CA: Stanford University Press, 1983.

④ Burkhalter, S. Brian, and Robert F. Murphy, Tappers and Sappers: Rubber, Gold and Money Among the Mundurucú, American Ethnologist, 1989: 16 (1): 100-116.

⑤ Richard hood Wallace, The Effects of Wealth and Markets on Rubber Tapper Use and Knowledge of Forest Rrsources in Acre, Brazil, University of Florida, Gainesville, 2004: 13.

⑥ Howard Wolf and Ralph Wolf, Rubber: A Story of Glory and Greed (New York: Covici Friede, 1936).

⑦ Austin Coates. The Commerce in Rubber: The First 250 Years. New York: Oxford University Press, 1987: 95-96.

关系，占有了更多土地和橡胶树，又进一步实现橡胶的生产过程中不断地压迫和贸易过程中的剥削。

直到新近的研究才开始有学者开始对这一想象提出挑战，以《魔鬼与商品拜物教》而闻名的陶西格在其晚期的著作《萨满主义、殖民主义和野人：恐怖和治疗研究》（*Shamanism，Colonialism，and the Wild Man：A Study in Terror and Healing*）① 才开始深入探究这一现象背后的殖民者与割胶工人以及各种中介关系下所隐藏的逻辑。本书的一开始，陶西格就通过 Casement 和 Hardenburg 等人早期的报道，建构了当地人被殖民者虐待的"故事"。同样地，当时殖民统治的白人，也塑造出许多有关 Huitoto 印第安人食人及反叛的传说，造成白人对印第安人的恐惧，因而发展出各种因应措施。这不仅合法化了白人将印第安人视为奴隶，更滋长了依据殖民想象而生的各种暴力。这些措施又造成了当地印第安人对白人的恐惧。

虽然陶西格并不认为这些报告中摘得的段落真能反映出这段历史事实，但他认为这些史料本身就是彰显一种"恐怖文化"。② 事实上，双方对于他者的想象，几乎没有什么确实证据支持，却相互加强而使事实与幻想混合，并产生实际影响。因此，殖民统治时期想象的恐惧世界，成为双方可以行动乃至生活的唯一方式与依据，最终以残暴血腥的方式完成了地方社会的文明化或者说资本主义化。

Stanfield 则沿着陶西格的这一视角来理解在亚马孙地区橡胶热中的残酷开发，将其看作国际、国内以及地方社会等不同层面互动的结果。在国家层面，他考察了处于亚马孙西北部的巴西、哥伦比亚、厄瓜多尔和秘鲁不同国家政策对于橡胶热的回应；在当地，他考察了城市居民之间、城市居民与土著印第安人之间，以及土著内部的关系，以此来理解印第安人政治组织和当地人的世界。进而指出亚马孙橡胶经济中的劳动力问题并不仅仅是短缺，而且是劳动力的难以控制。由于不同的价值观和期望，不同群体之间最终发展成为不断的暴力与镇压。③

---

① Michael. Taussig, *Shamanism，Colonialism，and the Wild Man：A Study in Terror and Healing*. Chicago：The University of Chicago Press，1987.

② Taussig, Michael. Culture of terror-Space of Death. VICENT, Joan. （Ed.）. The Anthropology of Politics. A Reader in Ethnography, Theory and Critique. Malden/Oxford, Blackwell, 2002, pp. 172–186.

③ Michael Edward Stanfield, Red Rubber Bleeding Trees：Violence, Slavery, and Empire in Northwest Amazonia, 1850–1933, Albuquerque：University of New Mexico Press, 1998, 4.

随着 19 世纪 80 年代西方国家的第二次产业革命，充气轮胎的发明，橡胶用途进一步开发，橡胶作为工业原料和消费品具有越来越多样化的用途。相对应地，亚马孙野生橡胶的产量增长则明显滞后于需求。针对这一实际问题，不少的研究以经济视角来讨论亚马孙地区的野生橡胶的供应如何与欧洲工业需求相匹配，其中学者们普遍关注到橡胶供应机制的成本过高、缺乏反应弹性、劳动力短缺、橡胶长途运输中存在的各种不确定因素，以及没有替代产品，致使橡胶价格缺乏稳定性，总是交替性地暴涨暴跌。[①]

针对这些问题，研究者提出了提高橡胶供应的响应能力等各种可能的补救措施。尤其针对 1900 年后东南亚橡胶种植的兴起，亚马孙地区的劳动力短缺成为其工业合理化的主要障碍。很多研究[②]提出通过引入亚洲劳工，以及国家财政支持和技术援助来减少劳动力制约，鼓励橡胶工业的继续发展。虽然当地政府并没有支持大量的亚洲移民进入，但还是提供了各种发展激励措施，例如 1912 年巴西提出的"橡胶保卫计划"[③]。

尽管如此，亚马孙地区的野生橡胶年产 4 万吨已经达到自然极限，西方国家意识到仅仅依靠野生橡胶供应世界市场显然不能够满足欧洲工业革命带来的飞速发展的需要。他们开始将目光投向了更具发展前景的东南亚地区。至此，亚马孙的橡胶发展已经大势已去。直到现在，这一地区的橡胶工业依旧维持在当时的野生橡胶采集这一水平。

然而，亚马孙橡胶经济的凋敝并没有导致其作为研究对象的学术生命的终结，20 世纪 70~80 年代学术界对于亚马孙的发展研究出现了复兴，受第三世界殖民地现代化发展思潮的影响，对亚马孙地区更具可持续性的发展途径的探讨激发了人类学、政治学和经济学的学术兴趣。

学者们在追溯了早期外来开掘工业对亚马孙地区的影响[④]的基础上，开始

---

① Colonel Samuel Colt James，美国橡胶公司主席，对此形容"我们不是在应对一种商品，而是在应对一个炸药"。见 C. Lawrence, The World's Struggle with Rubber, 1905-1931 (New York: Harper Bros., 1931), 2。

② 例如 C. E. Akers, Report on the Amazon Valley: Its Rubber Industry and Other Resources. London: Waterlow and Sons, 1912; Joseph F. Woodroffe and Harold H. Smith. The Rubber Industry of the Amazon, and How Its Supremacy Can Be Maintained (London: J. Bale, Sons and Danielsson, 1915), 137-138.

③ Barbara Weinstein. The Amazon Rubber Boom, 1850-1920. Stanford: Stanford Univ. Press, 1983, 229.

④ 具体见 Stephen G. Bunker, Underdeveloping the Amazon: Extraction, Unequal Exchange, and the Failure of the Modern State, Chicago: The University of Chicago Press, 1988, 以及 Barbara Weinstein, The Amazon Rubber Boom 1850-1920. Stanford: Stanford University Press, 1983。

反思：亚马孙地区在经历了"橡胶热"（1860～1920）后，其经济已经被纳入了世界经济体系中。但为何半个世纪的引人注目的经济扩张并没有给亚马孙带来持续性发展？一直以来，围绕亚马孙的橡胶热失败的原因都是学术界集中讨论的热点，大体上形成了以下三个方面的解释因素：野生橡胶的供应机制；橡胶开发过程中的各种社会关系；以及种植业发展的失败。

对于野生橡胶的供应机制，早期研究中认为野生橡胶是一种效率低下的生产形式，进而将此归结为工业无法合理化，无法实现资本积累，最终导致发展的停滞。而这一时期的研究或多或少批判了这种认识，受依附理论的影响，他们认为西方的资本主义以及地方政府通过不平等的贸易榨取了当地的剩余价值，这使得当地缺乏足够的资本用于投资来进一步提高技术和经济发展。而当亚洲的橡胶享有更丰厚的利润时，他们便抛弃了亚马孙马上转向亚洲市场。[1]

对于橡胶开发中的各种社会关系，早期学者强调当地的这种"前资本主义"社会关系对橡胶开采和贸易的抑制作用。最近的观点则强调传统体系中的社会关系，尤其是出现了橡胶大亨和大贸易商通过债务—商品契约（debt-merchandise contract）对割胶工人的剥削。橡胶大亨和大贸易商处于特权地位，通过永久性债务控制了割胶工人，他们先以赊账的形式提供给他们生活所需品，然后从他们付给割胶工人的橡胶费用中抵扣，使得割胶工人赚取的仅够维持生活，以此实现了他们的垄断贸易。而这种垄断贸易关系则阻碍了新的社会关系模式和技术的进入。[2]

对社会关系的解释大都肯定了橡胶大亨和贸易商对于割胶工人而言的相对权力，而将割胶工人看作武力和高压下的被强制劳役还债的苦力、奴隶，尽管存在反抗和威胁。Barbara Weinstein 则对橡胶经济中的劳工关系提出一套相反的解释途径。她认为割胶工人的反抗，并非来自高压统治，而是为了更好地适应这种社会关系并使其更具持久性。在她看来，比起雇用工人，割胶工人更偏爱通过掌握野生橡胶割胶的自主权来实现高效管理，来抵制无产阶级化。他们的抵制主要得到两个重要工业因素的支持：第一，割胶的橡胶树，无论是从法律上还是实际上所有权都是属于割胶工人，而非公司所有。第二，监督割胶工

①　Bradford L. Barham and Oliver T. Coomes, Reinterpreting the Amazon Rubber Boom: Investment, the State, and Dutch Disease, Latin American Research Review, Vol. 29, No. 2（1994）, pp. 73–109.

②　Oliver T. Coomes and Bradford L. Barham, The Amazon Rubber Boom: Labor Control, Resistance, and Failed Plantation Development, The Hispanic American Historical Review, Vol. 74, No. 2（May, 1994）, pp. 231–257.

人的高额成本限制了巨头们事实上可以控制工人以及他们违法买卖的程度。同时，在巨头、贸易商和割胶工人之间则形成了一种持久的联盟形式。它主要基于双方兴趣的咬合作用（interlocking）——贸易商和巨头需要控制贸易，而割胶工人则需要展现自主权。割胶工人或是割胶拖沓，或是割胶有所遗漏，或是偷卖给流动商贩，他们的各自利益使之陷入僵局，割胶工人控制了产品但是不掌握买卖，而贸易商控制买卖但是无法掌握产品。因此，任何提高割胶工人的工作强度的努力都意味着伤害了他们的自主权，会激起他们的反抗。而割胶工人与贸易商之间的这一稳固联盟有效阻碍了试图将橡胶开采和贸易合理化的当地和外部压力。[①]

最后，Warren Dean 提供了种植园发展失败的根结：南美洲的枯疫病蔓延，大量的橡胶树死亡，幸存的产量也大幅缩减，这使得割胶成为无利可图的工作，大大挫伤了劳动力的积极性，同时工业生产中所需的竞争机制也由于这种环境因素而受限。他将巴西近 150 年来橡胶发展看作一场不断上演的与枯疫病持续斗争的过程，这一生态问题直到今天依然对亚马孙的橡胶种植产生严重阻碍。[②]

东南亚的橡胶扩张

当然，实际上早在亚马孙橡胶经济衰败之前，西方国家就开始计划在远东建立人工栽培橡胶树的基地。英国人首先将亚马孙地区的野生橡胶种子运回伦敦培育繁殖，此后又运往现在的斯里兰卡、马来亚、印度尼西亚等地种植，均获成功，并且在那里生产橡胶的成本只是巴西采集野生橡胶的成本的很小一部分。此外，新的革新技术不断提高效益，在新加坡，连续割胶法的发明纠正了亚马孙地区用斧头砍树取胶的割法，使橡胶树实现几十年连续割胶。东南亚高效、低成本的橡胶种植园飞速扩张，从锡兰到新加坡，从马来亚到马六甲海峡，遍及英帝国殖民地的皇家植物园使得橡胶产量每两年翻一番，将亚马孙这个野生橡胶的原产地和最大的市场远远甩出了橡胶工业发展的历史舞台。到 1910 年，巴西的橡胶生产下降到橡胶热时期的 50%。到 1914 年，巴西的市场更是降到了约 30%，1918 年则为 20%，1940 年仅为 1.3%。[③]

---

① Weinstein, "Persistence of Precapitalist Relations," 55-76, and "Capital Penetration," 121-40.

② Dean, Brazil and the Struggle for Rubber: A Study in Environmental History. New York: Cambridge University Press, 1987: 66.

③ 柯佑鹏、过建春、张赛丽：《世界天然橡胶经济研究》，经济科学出版社，2010，第 108 页。

全球橡胶种植业向东南亚的转移也激发对橡胶研究的学术转向：对亚马孙的"橡胶热"（尤其是后期）的研究，主要在第三世界国家独立和发展的背景下，受马克思影响，讨论大多置于反思资本主义和殖民主义的框架中。相比之下，对东南亚橡胶种植业的讨论则呈现多样化趋势。一些研究开始强调从当地社会文化的脉络中理解橡胶，来看它如何重塑当地的社会认同，生产中的社会关系，以及当地人的观念体系等。①

值得关注的是，Dove 在对婆罗洲岛原住民由橡胶种植卷入全球商品市场的两篇文章。第一篇文章从 20 世纪 30 年代同时发生的两个事件入手：一是国际橡胶管理协议（IRRA）的签订，这是一个表面上通过征税、等额销售以及禁止种植等手段，旨在稳定国际橡胶价格的协定；而实际上则是用来抵抗日益具有竞争力的小农橡胶经济，以保证西方资本对其统治地位。二是部落内部开始流传一个关于"橡胶吃掉米"② 的神话，给当地社会带来恐慌。他沿着陶西格探讨魔鬼想象与资本主义发展关系的思路，分析了官方和当地人在面对橡胶现象上所产生的观念，将其看作地方性文化与全球政经体系相互作用的结果，并试图连接当地（谷物）历史与世界（橡胶）历史。通过这一神话的流传事件，他将人类学的象征研究与政治经济分析融合，一方面阐述了外来的作物以及背后的商品经济体系如何进入当地人的观念结构；另一方面，神话成为当地部落的集体表象，再现了对于当地卷入商品经济的本土化评论。③

在他的第二篇文章中，则在更深入、系统地分析了原住民的宇宙观基础上，理解当地人如何看待橡胶。过去，在原住民的观念中，强调物的创造与破坏、财富的积累和分散之间的循环。土地正是由于一年一度的播种和收获完成了农作物的创造与破坏，又在粮食的生产和消费、交换和再分配中完成了财富的积累和分散之间的循环。但由于橡胶的生长节律跨越了年度限制，变成"无限"生长，物的创造与破坏循环无法完成；同时橡胶无法在当地消费使得财富不再分散，而是不停累积，因此，种植过橡胶的土地被看作"死的"，无法可

① Esteves, Benedita Maria Gomes. Mudança Social: O Deslocamento do Fazer Político, 转自 Richard Hood Wallace. The Effect of Wealth and Markets on Rubber Tapper Use and Knowledge of Forest Resources in Acre, Brazil. Doctor's Thesis. Gainesville: University of Florida。
② 该神话流传在当地部落社会内部，源自一位老人做梦，梦境中人们传统作物谷子消失，直到有一天人们在砍柴的时候发现它们在一个橡胶树的树洞中。
③ Michael R. Dove. Rice-Eating Rubber and People-Eating Governments: Peasant versus State Critiques of Rubber Development in Colonial Borneo. Ethnohistory, Vol. 43, No. 1 (Winter, 1996), pp. 33-63.

持续地发展。①

尽管 Dove 的研究仅以这两篇文章的形式呈现于我，但对本书思路颇具启发。橡胶在中国的引入无论从时间还是背景上来说都与之相差甚远，但在很多方面仍旧可以延续这一学术脉络的讨论。其中 Dove 对于橡胶生产方式与传统刀耕火种生产方式所涉及的不同社会规则的比较，为我对阿卡社会的传统生计变迁提供了对话空间。

国家和经济共同推动下的西双版纳橡胶发展史

正是在全球工业扩张和中国谋求现代化发展的历史背景之下，西双版纳的橡胶种植活动兴起了。东南亚迅速扩张的橡胶种植园很快就吸引了中国沿海城市的华工。1938 年，侨居泰国的爱国华侨钱仿舟等人从泰国运来一批橡胶种子到橄榄坝，在西双版纳开始了最早的橡胶种植。因马帮在途中耽误时间过长，种子霉烂，所播种子均未发芽。1947 年，钱仿舟率领李宗周等 6 名工人，集资 25 万泰铢，采购 2 万多株橡胶苗，将椰子壳捶成绒，与肥土搅和，把每株橡胶苗的根须包裹起来，集装在木箱里又通过马帮从泰国驮回，先种植在曼龙岱事先开好的林地上，后移栽至曼松卡。这是西双版纳最早的橡胶园——暹华胶园。后因时局动荡、经费无继、管理不善，胶林屡遭牛吃火烧。至 1953 年，300 亩胶林仅存 97 株，胶园基本废弃。中华人民共和国成立后，经中央林业部批准，云南垦殖局普洱特林工作站接管暹华胶园，并入云南省特林试验指导所景洪试验场。

20 世纪 50 年代初的中国正处于西方国家的经济封锁中，橡胶作为重要战略物资成为国家最紧缺的资源。由于天然橡胶大多只能生长在赤道两侧 $10° \sim 15°$ 的热带区域内，而世界上处于这一区域的陆地大多被沙漠所占据，适宜橡胶生长的地理空间极为有限。即使在今天，世界上的工业大国作为橡胶消费国，大多无法依靠自身国土生产橡胶。天然橡胶产量始终供不应求，有的国家甚至不惜重金到地处热带的国家租地建立自己的天然橡胶生产基地。而在当时，以美国为首的资本主义阵营和以苏联为首的社会主义阵营之间，为获取橡胶资源在全球范围内千方百计展开争夺。②

---

① Michael R. Dove, Living Rubber, Dead Land, and Persisting Systems in Borneo: Indigenous Representations of Sustainability, Bijdragen tot de Taal-, Land-en Volkenkunde. 1998, 1: 20 - 54, http: //www.kitlv-journals.nl 下载。

② 吴振南:《生态人类学视野中的西双版纳橡胶经济》,《广西民族研究》2012 年第 1 期。

1952 年 9 月，中苏两国签署了《中华人民共和国中央人民政府、苏维埃社会主义共和国联盟政府关于帮助中华人民共和国植胶、割胶、制胶及售与苏联橡胶的协定》。其内容主要包括两个方面：一方面，苏联在整个橡胶生产过程中给予中国农具、设备、油料和贷款等方面的帮助，向中国派遣专家顾问；另一方面，中国以生产的橡胶偿还贷款及其利息，并将每年所生产的橡胶大部出售给苏联。

文婷的研究认为，云南农垦系统的建立在很大程度上是正是在这一协议作用的结果。[①] 1956 年在中苏专家组成调查队的考察基础上，云南省成立热带作物局，正式布点建立了垦殖场，[②] 也就是今天的国营农场。橡胶种植业是劳动密集型产业，而 20 世纪五六十年代，云南边地人口十分稀少。以勐腊县为例，1951 年，全县总人口是 46220 人，每平方千米只有 6.74 人。[③] 解决劳动力问题最便捷的方法就是实施政策性移民，为支援国家橡胶业的发展，开始了持续近 30 年的大移民，先后有包括部队复转军人、湖南等地的支边移民、北京、上海等地的知识青年在内的 20 万人来到西双版纳。创业者们不断地在大片的原始森林里披荆斩棘，开辟出新的橡胶园。到 2017 年西双版纳已拥有 12 个大型国营农场，橡胶种植面积 104.38 万亩，农场职工 16.89 万人。[④]

与亚马孙的橡胶发展史的一身黑不同，作为 20 世纪 50 年代国家权力深入的象征，西双版纳橡胶近 50 年的发展历程折射出复杂多变的国家政策、话语表述及发展逻辑。最初，橡胶被视作重要的战略物资被置于国家安全的高度，1982 年，《人民日报》的头版头条刊登了"橡胶种植北移栽培成功"，[⑤] 同年，

---

① 文婷：《1952 年"中苏橡胶协定"与 20 世纪 50 年代的云南农垦》，《当代中国史研究》2011 年第 3 期。

② 《云南省志·农垦志》，云南人民出版社，1998，第 258 页。

③ 苍铭：《云南边地移民史》，民族出版社，2004，第 66 页。

④ 《西双版纳州农垦概况》，西双版纳州统计局网站，https://tjj.xsbn.gov.cn/303.news.detail.dhtml? news_ id=1161。

⑤ 作为经济作物，橡胶的种植范围局限在界限分明的赤道两侧狭窄区域内。世界上重要的橡胶种植区限于赤道以南 10°至赤道以北 15°。除中国以外的 41 个植胶国家和地区都分布在这一区域。这一区域外的其他地区，曾被国际权威断定为不可植胶的禁区。西双版纳位于北纬 21°08′~22°35′，东经 99°56′~101°50′，多为丘陵山地，海拔在 550~1000 米，正处在植胶"禁区"内。尽管如此，西双版纳独特地理条件营造了相对较为理想的宜胶小气候环境，加上国内外专家不断地栽培试验，经过一代人的探索与实践，终于总结出一套在高纬度地区栽培橡胶的技术，使橡胶栽培范围突破北纬 17°线，使西双版纳成为我国的第二个橡胶基地，同时也使我国成为世界上首先在"禁区"内大面积栽培橡胶，并获得高产的国家。见中国科学院机构知识库服务网络成果：海南岛三叶橡胶北移种植研究，http://www.irgrid.ac.cn。

作为中国第二个天然橡胶基地的西双版纳垦区被授予国家发明一等奖。在这背后，还有许许多多背井离乡的农垦人不畏艰险，与自然做斗争，支援国家和边疆建设的光荣故事。然而，国营农场所带来的大量的移民迁入、土地占用及农场—地方双重经济结构①等问题不断引发各种"场群矛盾"，尤其在民营橡胶发展的过程中成为当地资源的最大竞争者，逐渐成为影响当地社会和谐的不安定因素。而在 2011 年，国营农场由于管理僵化、政企不分、社企不分带来的矛盾日益突出，已经走到改制的道路上。在笔者进行田野的时候，改制带来的群体性事件还时有耳闻。而近几年国家立场则显得更为模糊，一方面，媒体和公众开始纷纷质疑这种植物的"原罪"，将其看作热带雨林遭蚕食的罪魁祸首；另一方面，在全球面临严峻的资源竞争背景下，橡胶无论在政治还是经济层面依旧具有诱惑力。仅仅几十年的时间，一种植物的话语表述从正面走到了反面，体现了一种"政策轮回"。②

相比，民营橡胶的发展则更经历了一波三折的过程。1964 年，由于"场群关系"日益紧张，国家从扩大橡胶发展、稳定边疆的角度考虑，开始了民营橡胶试点工作。国家农垦部部长王震在云南视察农垦工作时，首次提到在农垦协助下发展地方民营橡胶。他在向中共中南局和广东省委所做的"关于发展橡胶的汇报提纲"中，对于民营橡胶，"以全民所有制为主，同时在有条件的地区发展集体所有制的方针是正确的"。③ 采取集体经济的形式来发展民营橡胶是国家最初的一个政策思路。

同年，由云南省热带作物研究所负责技术指导，按照 450 元/公顷补助抚育管理费，分 6 年拨发，④ 种苗从农场调拨，当年定植了橡胶树 12 公顷，在当时的景洪县曼厅乡建成了第一个集体橡胶园——曼景兰集体橡胶园。几乎是同时，在靠近我田野点的勐腊的勐满农场与勐润之间的曼赛竜村寨也在勐满农场的带动和指导下率先开始种植橡胶。

随后 20 世纪 60 年代中期，国营农场在民族村寨设立了民族干事或成立民族工作组，通过示范操作、现场指导等形式帮助当地农村社队进行林地规划、开垦定植，提供种苗，并对定植的橡胶地进行补助，以村寨办场的形式开展集

---

① 杜玉亭：《超禁式应用研究——西双版纳橡胶种植业的双重经济结构问题》，《民族田野五十年——中国特色民族学的足迹》，云南教育出版社，2009，第 229 页。

② 周雷：《西双版纳的胶林危机：一种植物身上的政策轮回》，《生态经济》2008 年第 6 期。

③ 恽奉世、黄纪英、黄文成：《中国农垦天然橡胶四十三年纪事（1950-1993）》，1994，第 28 页。

④ 李一鲲：《云南民营橡胶的发展及对其的认识和建议》，《热带农业科技》2010 年第 1 期。

体橡胶种植。随后到来的"文革"和接连发生的自然灾害，村寨集体种植的橡胶大多丢荒、失管，很多社队把已种植的橡胶地转让给了农场，甚至有的把胶树砍了当柴烧。到1976年时整个版纳的民营橡胶只剩740公顷，不到最多时期的1/4。

十一届三中全会后，中国政府开始重视发展橡胶，放宽政策，鼓励农民在搞好粮食生产的同时发展橡胶，民营橡胶才真正进入发展的春天。为了扶持地方发展民营橡胶事业，"改善场群关系，加强民族团结"，1981年云南省委、省政府确定："七五"期间，农垦每年从盈利中提取6%（1986年后改为7%）的资金，留给地方扶持民营橡胶发展，以1981年为例，扶持款额高达333万元。此外在橡胶定植后，农垦按照750元/公顷提供无息贷款补助。[①] 加之，民族村寨老百姓也开始意识到橡胶带来的巨大经济效益，于是开始了大规模的橡胶种植。这一时期当地种植橡胶的热情高涨，植胶面积的迅速扩张，不断出现与农场争地，以及乱砍滥伐国有天然林的现象。

1992年西双版纳州人大常委会颁布实施了《西双版纳傣族自治州天然橡胶管理条例》，其中明确指出稳定橡胶种植面积。为了确保地球北回归线上最后一块天然雨林的持续存在，西双版纳的橡胶面积不能再扩大了。在新植橡胶面积稳定了两三年后，接踵而来的是国际胶价节节上升，橡胶种植带来的丰厚经济收益使这一条例成为一纸空文。橡胶种植面积以前所未有的势头持续扩大。至1995年全州的民营橡胶种植面积达到7.18万公顷，首次超过了国营农场的7.17万公顷。[②]

然而，1995年以来橡胶产量大增，不断积压了库存，加上亚洲金融危机的影响，1996年天然橡胶的价格下滑，至2000年达到最低点。2001年泰国、印度尼西亚、马来西亚共同达成协议，提出削减橡胶产量4%和降低10%的橡胶出口[③]，才阻止橡胶价格的继续下滑。以此为转机，几年内胶价一路上扬，2004年以来涨幅不断创新高，到2007年生胶收购价比1994年疯涨900%。

很多人不禁会问：为何橡胶具有如此大的诱惑力？作为工业生产的重要原料，橡胶最初在欧洲曾被称为"黑金"，其价值自然不低。可如果不明确橡胶与传统农业之间经济效益的差距，那么就无法理解它带给西双版纳这片土地的

---

① 云南省地方志编纂委员会：《云南省志·农垦志》，云南人民出版社，1998，第39页。

② 肖家坤：《云南农垦历年统计资料汇编——天然橡胶专辑 1955-2006》，云南省农垦集团有限责任公司，2007，第102页。

③ 唐仕华：《天然橡胶生产大国计划生产和出口限额》，《世界热带农业信息》2002年第1期；《世界三大天然橡胶生产国天然橡胶减产15万吨》，《世界热带农业信息》2002年第4期。

狂热。表1-1是以1990年橡胶价格尚处于低点的时候，西双版纳州经济作物成本调查情况而绘制的成本效益表，其中，橡胶的亩利润已经远远高于其他经济作物。

表1-1　1990年西双版纳经济作物成本效益

经济作物	亩产量（千克）	亩投入（元）	亩成本（元）	千克成本（元）	亩利润（元）
甘蔗	3191.00	392.00	247.22	0.08	143.73
茶叶	65.00	144.00	92.56	1.42	51.19
橡胶	398.00（胶乳）	477.00	161.30	0.41	299.00
砂仁	2.55	29.00	6.00	0.08	22.90
菠萝	851.00	256.00	69.80	0.08	129.00
养鱼	65.00	173.00	50.20	0.77	68.80

注：由于橡胶在2002年后价格不断上涨，故利润在此基础上已经成倍上升。以2010年国际干胶平均收购价23000元/吨计，开割4年后的橡胶亩利润可以突破2000元。

资料来源：西双版纳农业志。

更直观地看，在我田野调查的2012年，橡胶树的种植成本在每棵6元左右，每亩地可以种植33~50棵，成材期一般为5~8年。橡胶树成熟之后就可以开割，开割前4年产量较低，4年之后，胶量大增，平均每天每棵的收入至少1元钱，产胶量高的可以产出2元甚至更高。我的田野点本身又处于国内橡胶单株产量最高的地区，割胶期每亩橡胶每天都能收入40~60元，一户普通家庭每天收入在1000~2000元的不是少数，在勐腊县城上有这样的说法："正科、副科，不如橡胶树栽几棵。"并且，从每年的4月到10月有180天到200天的割胶期。橡胶树从开割到自然死亡，一般经时16~30年，在割胶技术好的情况甚至能达到40年，是一种长久产生高收入的经济作物。

在橡胶带来的丰厚收益的同时，拉大了当地社会经济发展的差距。由于种植橡胶需要技术，胶苗种下之后5~8年才能割胶，之前的这段时间精心养护需要大笔投资却没有丝毫产出。加上风害、寒害等自然灾害，早在胶价的上涨之前，很多少数民族已无能力持续投资，把自己的自留山、自留地以很低的价格变卖出去了。随着2007年胶价的暴涨，一时间橡胶投资开始狂热起来，倒卖胶园、出售胶林土地成了版纳的"风景线"。近十年橡胶种植的发展使得即使在同一个村寨内部，贫富差距也大大拉开——占有较多林地资源的家庭一夜暴富，甚至年收入已经超百万元，而在这场变革中失去土地的家庭只能依靠在别人胶林中捡橡胶籽或废胶艰难度日。

目前中国的橡胶消费已居世界第一，国际油价的高涨又影响了合成橡胶价格的剧烈波动，因此天然橡胶是中国大规模需求的不可替代工业原料。中国热区土地资源有限，几年来膨胀式的发展，境内可植胶的地方几乎已经无地可种。如果说20世纪西双版纳的橡胶是由泰国越过东南亚丛林来到西双版纳，那么现在沿着这条路线向东南亚丛林迁回了。

20世纪90年代末期，一些边境民族村寨通过与境外村寨的亲缘关系，以民间购买、合作种植的方式开始了零星的跨境种植。与此同时，在国家层面上更大规模的跨境种植是通过"金三角"地区推行绿色禁毒的"替代种植"行动推进的。事实上，除了老挝、缅甸、柬埔寨因政治和经济的原因一直没有橡胶种植外，包括中国、泰国、马来西亚、印度尼西亚等在内的环绕这一地带的东南亚国家都是世界级的橡胶生产大国，各国的企业都瞄准了这三个国家大片的未"开发"的土地。其中，中国企业显然是最大的一支队伍。在全球资源竞争日趋白热化的今天，打破国家界限全方位推进产业整合已经成了橡胶业拓展生存空间的出路。

图1-1是1964~2008年勐腊县历年植胶面积的变化，有关开割面积和产量等更详细的数据见附录。可以说，西双版纳橡胶发展既承接了全球工业扩张的历史，又是一部中国现代化发展的微缩史。图中线条的起伏变化对应着民营橡胶一波三折的发展过程，正是反映不同时期国家制度或政策、市场经济与地处中老边境的一个小县之间的密切联系。从直观上看，图中的每一个曲折显示了国家政治力量和市场经济利益的合力作用，但大起大落的背后折射出的却是地方社会中的个体对橡胶的理解，以及寄予橡胶寻求新生活的一次次的尝试与挫折，其间又蕴含了多少值得人类学所关注的地方性历史与故事，吸引着我走入其中。

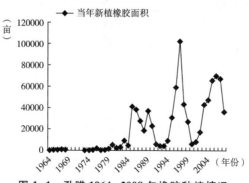

图1-1　勐腊1964~2008年橡胶种植情况

四 走入田野：中老边界崇山峻岭间的阿卡人

除了勐海的部分地区不适应种植橡胶外，在西双版纳，无论是农场还是地方，甚至是生活在县城中的"有单位的人"，每家每户或多或少种植着橡胶。尽管如此，在我最初以橡胶为题进行田野选点的时候，大部分人会向我推荐僾尼人，"现在日子最好过的就僾尼人了，橡胶地最多"。所谓的僾尼人，是西双版纳当地人的说法，更为专业和学术的称谓，是阿卡人。

密林中的游迁者——阿卡人

阿卡人，属于哈尼族的一大支系。作为跨境民族，在老挝、缅甸、泰国，阿卡人/阿卡族成为一个独立的民族称谓。但在当地，人们还是习惯用"僾尼人"的称谓，只有阿卡人在使用本族语言时才自称为"阿卡"。

尽管学习人类学，在此之前我并未深入了解阿卡这一族群，我耳熟能详的是广泛分布在红河流域的哈尼族及其著名的"哈尼梯田"。在中国，哈尼族主要分布在云南南部的哀牢山、无量山以及元江和澜沧江流域的山区和半山区。而聚居在澜沧江流域，包括中国的西双版纳傣族自治州、普洱市的澜沧县和孟连县，基本就是阿卡人。同时，绝大多数跨国界的哈尼族均为阿卡人，主要分布在缅甸的掸邦东部，泰国北部的清莱、清迈等府，老挝北部的丰沙里、乌隆赛、南塔、波乔等省以及越南，其总人口估计达到 68 万，占世界哈尼族总人口的 1/3。

阿卡人内部也有繁杂的分支，且由于部落演变和迁徙一直处于不断变化之中。对此学界尚未形成一个相对统一的共识。在 20 世纪 50 年代的社会历史调查中，出现的分支包括鸠为、吉坐、木达、阿克。[①] 20 世纪 80 年代以后出现的研究大多把阿卡内部的支系分为则围、则交、则边、玛热、吉麻、芒达、阿克[②]等。学者王建华通过详细考证了不同支系所操方言、风俗习惯、社会组织体制以及族源的基础上，将其划分为五大分支：阿围、阿交、

---

① 见西双版纳傣族自治州调查整理《西双版纳哈尼族社会历史调查》，载《哈尼族社会历史调查》，云南民族出版社，1982，第 100 页；以及宋恩常、岩大、罗格、阿海调查，宋恩常整理《勐海县哈尼族社会历史调查》，载《哈尼族社会历史调查》，云南民族出版社，1982，第 121 页等。

② 此外，名称主要采用音译，部分字词使用有所出入。

哈贝阿卡、芒达及奥玛。①

　　进入田野后，我才发现，阿卡人与我知晓的哈尼族之间可谓差别甚远。在生计方式上，元江南岸的哈尼族已经将连绵起伏的群山改造为巧夺天工直上云霄的梯田，而居住在西双版纳的阿卡人还保持着原始丛林中的刀耕火种；在语言上，世界少数民族语文研究院（SIL）甚至认为哈尼族及其分支——阿卡、豪尼、碧约、卡多都属于不同的语言，②同样，在20世纪50年代对哈尼族的社会历史调查中也指出不同地区的哈尼族社会发展极不平衡，西双版纳的阿卡人"处于傣族封建领主统治下，内部保留较多原始残余"，而元江一带的哈尼族则处在"封建领主制向地主制过渡，统治者是哈尼族土司"。③更不用提在日常生活中的宗教仪式、饮食习俗、房屋建筑、节日庆典等诸多不同。尽管如此，阿卡人之所以在民族识别中划为哈尼族的支系，是早期学者全面研究调查的结果。其中，所依据的最重要的佐证在于两者具有共同的族源，更确切地说，学者们发现这些哈尼族或阿卡人都是其共同的始祖"送米窝"的后裔，即他们共享了一套传承了十四代的谱系。④

　　作为哈尼族的阿卡人与之形态迥异的文化和千丝万缕的联系，也使学术界的阿卡研究处于一个比较混乱的局面。国际学术界一直把"阿卡"（Akha）作为独立族群进行研究，例如汉克斯夫妇对泰国北部边地部落的研究，⑤美国文化历史学家 F. V. 格朗菲尔德的《泰国密林中的游迁者——阿卡人》⑥等，以及白鸟芳郎编著的《东南亚山地民族志》⑦中也有提及，但主要涉及泰国等地

---

① 王建华认为此前划分存在一定混淆和不准确性。例如某些支系只是家族名，而某些支系已经在长期迁徙中消失或融入其他支系中等，具体如下。阿围含吴切、吴朵、吴边、吴掌、吴络、罗米等；阿交含则交、则边、热巴等；哈贝阿卡含窝拉哈贝、波切哈贝；芒达含中国的芒达以及老挝的努围和白肖。详见王建华《从谱系看哈尼族和阿卡人的形成》，载《第六届国际哈尼/阿卡文化学术讨论会论文集》，云南人民出版社，2010，第25页。

② 王建华：《从谱系看哈尼族和阿卡人的形成》，载《第六届国际哈尼/阿卡文化学术讨论会论文集》，云南人民出版社，2010，第25页。

③ 刘尧汉、严汝娴、黄惠焜、索文清、王尔松：《哈尼族简史》，云南人民出版社，1985，第2页。

④ 杨忠明：《西双版纳哈尼族简史》，西双版纳州政协提案法制委内部资料，2004，第45~48页；杨六金：《红河哈尼族谱牒》，民族出版社，2005。

⑤ 〔美〕珍妮·理查森·汉克斯：《文化的解读：美国及泰国部族文化研究》，刘晓红主译，云南大学出版社，2002。

⑥ 〔美〕F. V. 格朗菲尔德：《泰国密林中的游迁者——阿卡人》，载《民族研究译丛（5）》，云南民族研究所编印，1983。

⑦ 〔日〕白鸟芳郎编著《东南亚山地民族志》，黄来钧译，喻翔生校，云南省历史研究所东南亚研究室，1980。

的阿卡人。相比之下，国内学术界过去对此有多种表述，但近来也大多采取"哈尼/阿卡"的称谓①。对其研究也大多划属在哈尼族范畴中展开。

在早期的社会历史调查中，对金平县、红河州、墨江县、西双版纳州等地哈尼族的系统调查可谓国内阿卡研究的发端。其中对西双版纳景洪、勐海等地的不同阿卡人分支的社会经济、婚姻家庭、宗教习俗，以及与傣族土司制度之间的政治经济联系的调查，为我们提供了丰富的一手田野资料。此后，阿卡作为哈尼族研究的一部分，在一批研究机构和学术团体的推动下不断发展，并从刊物或以书代刊的形式出版了大量研究成果。特别是 1993 年开始由云南大学、云南省社会科学院、红河州民族研究所、红河学院等机构发起了"哈尼/阿卡国际学术首届研讨会"，第七届研讨会于 2012 年 11 月在元江落下帷幕。其中第一、四、五、六、七届出版了论文集。2018 年由红河学院国际哈尼/阿卡研究中心、云南省民族学会哈尼族研究委员会、红河哈尼族彝族自治州哈尼学会联合主办了"中国哈尼族文化研究暨红河学院国际哈尼/阿卡研究中心学术研讨会"也就哈尼族父子连名谱系前十四代共祖的汉字书写统一等问题进行讨论。上述成果中虽不乏以阿卡为对象的研究，但内容零散，且主要集中在民俗风情的描述上，尚未形成一定的规模和学理性。相对而言，受主流哈尼族研究的影响，形成学术专题且存在交流对话的主要集中在族属渊源和谱系领域。

对于族属渊源的探讨，早期国内外历史学家和民族学家主要有三种不同的说法：红河两岸土著说、东来说、北来说和二元文化融合说。② 目前大多数学者倾向于"氐羌系统"南迁的北来说，这一问题已少有争议。从汉魏到南北朝初期，南中大姓地方割据势力的跌宕起伏尤其是爨氏势力的崛起，促成了云南古代各民族的第一次大的分化、融合和迁徙。③ 在哈尼创世史诗"翁色咪色"和迁徙史诗"嘎章嘎"中，反映远古的时候，先民们来自遥远北方的"罗玛罗麦"（大江源头）地区。史诗大意是：远古时候"罗玛罗麦"地区洪水泛滥成灾，先民们的生活遭了难，从此南迁北移，寻找美好的居住地。④

---

① 国内学术界对此有多种表述，如哈尼族雅尼支系或僾尼人等，但都不够准确和规范。因为雅尼仅包含阿卡内部的阿围这一分支，而无法涵盖其他自称为阿卡的支系；僾尼主要是国内汉族对阿卡人的他称，有"兄弟民族"（小弟弟）的含义，现在学术界使用较少。本书按照这一学术惯例，采用"阿卡人"进行表述，当使用访谈资料时则遵照原文使用"僾尼族"。

② 毛佑全：《评哈尼族族源四说》，《思想战线》1992 年第 5 期。

③ 《云南各族古代史略》编写组：《云南各族古代史略》，云南人民出版社，1978。

④ 杨忠明：《西双版纳哈尼族简史》，西双版纳州政协提案法制委内部资料，2004，第 1 页。

目前，考古、语族归属等文献认为，现代哈尼族与其他彝语支的彝、拉祜、傈僳等民族都是从氐羌中分化出来的"西南夷"中的"叟"、"僰"和"昆明人"等族经过长期分化、融合和迁徙发展而来的。① 当时的昆明人，主要有三个分布区域，即长江以北的"邛都"部落，今云南境内的"滇部落"（分为南、北两个区域），范围北达川南，南达"礼社江上游"。② 进入礼社江上游的这支"昆明人"就是现代哈尼族的祖先。杨六金不仅在史料的基础上考察了历史源流和民族名称的演变过程，同时通过对民间传说的分析，展现了越南、老挝和缅甸等阿卡人的迁徙路线。③ 新近的一些研究则表现得更为细致深入，王建华的《从谱系看哈尼族和阿卡人的形成》，通过重新解读哈尼/阿卡人的谱系，剖析迁徙史诗尤其是加滇政权的口碑资料，与汉文史籍中有关云南少数民族的零星记载相对证，将史料考据与实证研究结合起来，深入细致地对哈尼族及阿卡人形成的时间、地点和过程提出了一种可能的解释。④

在父子联名制的基础上形成的谱系作为哈尼/阿卡文化的重要元素，也是学界关注较早、研究较深入的领域。其中，研究比较系统的包括杨忠明、杨六金、毛佑全等诸位学者。谱系研究从最初的各地谱系搜集、比较开始，逐渐对谱系进行分期划分，并结合语言、神话等探求其中蕴含的文化意义。

目前研究普遍认为送米窝是所有有谱系的哈尼和阿卡人的始祖，⑤ 在此之前是人鬼不分的"共居时代"。杨忠明将谱系划分为四部分：史前族谱（送米窝之前的谱系），元祖族谱（送米窝至尊唐盘的十四代单传谱系），胞族谱系（尊唐盘之后三个音节的谱系）以及家族谱系（两个音节的谱系）。⑥ 另有将其划为神谱、首领谱、父系谱的划分等。⑦ 早期的研究受到马克思关于社会历史分期思想的影响，偏重以谱系勾勒出一幅哈尼/阿卡人从母系氏族向父系氏族的简单进化图式，目前发掘的各地翔实的谱牒为进一步深入探究这一无文字民族的历史过程提供了保障。同时，如傅永寿、李元庆等学者都意识到这些谱系所描述的是哈尼/阿卡人的宇宙观并把始祖送米窝的诞生与自然界的宇宙万物

---

① 尤中：《中国西南民族史》，云南人民出版社，1985。
② 方国瑜：《方国瑜文集第二辑》，云南教育出版社，2003。
③ 杨六金：《国际哈尼/阿卡历史源流探究》，《红河学院学报》2011年第12期。
④ 王建华：《从谱系看哈尼族和阿卡人的形成》，载《第六届国际哈尼/阿卡文化学术讨论会论文集》，云南人民出版社，2010。
⑤ 杨六金：《红河哈尼族谱牒》，民族出版社，2005。
⑥ 杨忠明：《西双版纳哈尼族简史》，西双版纳州政协提案法制委内部资料，2004，第41页。
⑦ 王建华：《从谱系看哈尼族和阿卡人的形成》，载《第六届国际哈尼/阿卡文化学术讨论会论文集》，云南人民出版社，2010，第25页。

和超自然界的神灵以及部落首领联系起来，即确立了哈尼/阿卡人在世界中所处的位置，从而将谱系上升到哲学世界观和人生观的层面进行讨论。①

总体来说，一直以来学术界还是将阿卡人放在哈尼族研究的脉络中来理解，更多地强调了共性层面的讨论，以及对其谱系和民俗文化事项的记录，相对缺乏对其作为整体和动态的文化和社会深入细致的解读。直到最近，才零星出现了一些更具现代人类学意义，体现出学术关怀并试图与主要学科理论话题进行对话的研究，如多民族杂居背景下的阿卡人的族群认同②、当下国家意志与民族文化互动在阿卡人"嘎汤帕"节日中的展现③以及对阿卡医疗体系运作机制④的研究等。还有的研究着力于阿卡人跨境身份以及在不同国家社会文化发展的考察，如张雨龙基于博士学位论文研究的专著《从边境理解国家：哈尼/阿卡人橡胶种植的人类学研究》，⑤ 通过对阿卡人跨国境橡胶种植活动来解读他们对民族国家的认知、理解、想象以及融入国家的实践。随着建立在充分田野调查基础上的民族志研究的兴起，对阿卡的人类学研究体系开始日渐深入。

中老边界的历史地理与区域社会

我的田野点，地处中老边境的勐腊县。勐腊也是中国云南最南端的一个边境县。处在横断山纵谷南段，无量山南延的末梢，东、南部被老挝环绕，西南隅与缅甸隔着澜沧江相望。国境线长 740.8 公里，其中中老段 677.8 公里，中缅段 63 公里。总面积 7093 平方公里的土地上，群山莽莽，岭谷相间，沟壑纵横，形态各异的山间盆地如星星点缀其中，盆地边缘是连绵起伏的丘陵。其中山区、半山区面积占 95.6%，坝区面积仅占 4.4%。北热带潮湿的季风带来了充沛的降雨，使这里河流纵横，湖泊星罗棋布。

从勐腊县城出发到我的田野点有差不多 2 个小时的车程，沿途始终可见澜沧江在勐腊境内的支流南腊河，它从老挝缓缓而来，逢山便绕，遇涧则跳，拐了无数弯后，留下一条美丽弧线，又悠悠流回境外去了。这公路便随着河水一

---

① 李少军：《哈尼族连名谱系的哲学解读》，《中央民族大学学报》2006 年第 1 期。
② 郭静伟、吴昊：《多民族杂居背景下的西双版纳州阿卡人的族群认同》，《思想战线》2011 年人文社会科学专辑，第 37 页。
③ 何明、陶琳：《国家在民族民间仪式中的"出场"及效力——基于僾尼人"嘎汤帕"节个案的民族志分析》，《开放时代》2007 年第 4 期。
④ 王瑞静：《整合药礼：阿卡医疗体系的运作机制》，《社会》2020 年第 1 期。
⑤ 张雨龙：《从边境理解国家：哈尼/阿卡人橡胶种植的人类学研究》，社会科学文献出版社，2018。

样，弯弯曲曲行走在山谷之间。道路两边是密集分布的橡胶树，茂盛的枝叶已经将公路上方的天空遮蔽，只能投下片片斑驳的阳光。被南腊河隔开的远处，不时还能见到国家保护区内的原始丛林。那些木本植物高矮粗细，草本藤蔓缠绕垂吊，地下有树根矮草，半腰有灌木，空中有大小各异的树蕨和顺藤攀附竞开的各色野花，几层树冠的密叶和枝藤把整个林子编织得丰富多彩。

在橡胶进入这里之前，勐腊 80% 的地区是这样的景观。这片土地上最早的居民为克木人和补角人，后由于战乱、土地轮歇游耕等原因，包括傣族、基诺族、布朗族、彝族、瑶族、阿卡人等在内的少数民族开始迁入。南宋淳熙七年（1180 年，傣历 542 年），傣族首领帕雅真统一了西双版纳各部，以景洪为中心建立了"勐泐"地方政权，拥大理国王为"共主"，接受中央封建王朝封号。大理国王发给"虎头金印"，命其为"一方之主"。勐腊地隶属勐泐"景陇王国"。但对这一片区域的史料记载不多。最早的人口统计是在民国 2 年（1913 年），思普沿边行政局第五区、第六区（即今勐腊县范围）总计有 7728户、30498 人。

新中国成立以前，勐腊地区的人口状况除了民国时期有一些不详细的记载外，没有全面、系统的资料。但可根据零星的民族调查资料推断，在这一漫长的历史时期，该地区的人口数量一致处于较低水平，1949 年全县的人口密度仅为 6.23 人/平方千米。由于天灾、战乱等原因，加之现代民族国家的国界尚未形成，区域内外和民族之间的迁徙频繁，人口流动性很大。

随着橡胶的兴起和国家权力的深入，公路、医院、集镇市场的出现，昔日毫无人烟的蛮荒之地开始热闹起来了。班车在行驶一个小时左右后，在一路丛林风光背后，开始渐现越来越密集的楼房，四周的汽车、摩托占据了两旁道路，显得格外拥挤。终于驶过一个三岔路口后，车停下了，司机忙着招呼下车和下货，旁边的人告诉我："岔路口到了。"我向窗外望去，商铺毗邻，人声鼎沸，刚刚路过的三岔路中央竖立的红色花岗岩石碑上醒目的四个烫金大字——"勐捧农场"，也就是勐捧农场场部所在地，当地人俗称的"岔路口"或者十九团。所谓"团"，是沿用了 1970 年农场实行部队建制和军事化管理的称呼。1974 年根据当时的云南生产建设兵团的决定，勐满农场改建为一师二十团，下文的勐捧农场改建为一师十九团。只是很快一年不到昆明军区就作出撤销云南生产建设兵团的命令，恢复云南省农垦建制。然而，这一现代国家的军事术语却长久植根于边疆社会。

不仅如此，我之前田野选点去过勐腊的勐满、勐捧和尚勇几个乡镇的地方行政中心——镇政府所在地，大多不及这里热闹繁华。三岔路口中一条路去往勐捧方向，另一条路去往勐满方向。我们的车沿着勐满方向行驶不到 10 分钟，就到了勐满农场场部，当地人又称二十团。这儿不及三岔路口街面热闹，但沿途能看到英茂糖厂、勐满口岸医院、农业银行等现代化建筑。过了勐满农场，道路又一次分岔，一条是通向勐满镇的县道，另一条是勐润公路。这条公路全长 14 公里，按照县道标准，由勐满农场援建，连接了勐满农场下属的三个分场，也是前往勐润的必经之路。这一段路程不长，却需要近半个小时的车程，全程都是曲折盘旋的山路，即便两旁不时出现村寨店铺，却再也没有农场那样的地标性建筑了，待到平坦之处便进入了勐润坝子。

勐润系傣语地名。"润"，跨越之意，"勐润"即"跨越的地方"。相传佛祖释迦牟尼巡游到勐捧时，因妖魔污秽不愿进勐捧坝，从景洪回化山上的"塔庄匡"一步跨越勐捧到勐润坝子落脚，故得名。[1] 勐润自清初以来一直归勐捧土司管辖。1949 年建立镇越县人民政府（即勐腊）时为勐捧区辖地。1981 年从勐捧公社划出勐润、扎松板两个大队建立勐润公社。1988 年改区为乡，辖勐润、曼回庄、曼贺南、曼回尖 4 个村公所。1997 年改为勐润哈尼族自治乡，在 2005 年政府机构精简时将其并入勐捧镇。

勐润南北狭长，西边的崇山峻岭成为中国和老挝琅南塔省勐悻县的天然分界，东部山峦起伏，虽不如西边的险峻，但也以此为分隔，东北方为勐捧，东南方为勐满，勐润处在是一个相对封闭的盆地。在坝子中间，从老挝发端，如同玉带一般的南润河在其间蜿蜒缠绕，冲刷出大片的肥沃土地。整个勐润的傣族村寨都集中于南润河河谷的周围，"曼"字在傣语中即村寨之意。阿卡人、彝族、拉祜族等散布在高山、半山腰地带。汉族的情况则极为复杂，大部分的汉族是国营农场的工人。国营勐满农场的三、四、五分场将勐润地区一分为三，在交通便捷的要道上设立了场部，并将小队均匀地分散到盆地边缘的丘陵地带，这里的山势不是那么险峻陡峭，既符合橡胶生长的最佳条件又便于产品的运输。做生意的汉族商人大都聚集在勐润街。尽管并入勐捧镇管辖后，这里不再是一个独立的行政单位，但对于老百姓来说，这里保留了信用社、邮局、医院、学校、市集以及娱乐场所等，依然被看作一个相对独立的单位，当地人的日常生活仍旧围绕着这个距离他们只有五六公里的热闹的"勐润街子"。

过去，勐润坝子被称为"鱼米之乡"，后由于这里降水丰富，气候炎热潮

---

[1]　勐腊县志编纂委员会：《勐腊县志》，云南人民出版社，1994，第 59 页。

湿，日温差大的水热条件，宜于橡胶生产，所以这里是勐腊开展橡胶种植最早也是产量最高的地区。我曾听勐腊农场职工说，在中国橡胶亩产最高的地方就在这里。而当地人的说法更实际，"其他地方 1500 棵胶树割出来的胶水都不如这里的 1000 棵多"。随着橡胶价格的不断攀升，现在这里又被称为"小香港"。在车上，一个从湖南来此做生意的小老板和我说："这的人有钱，舍得花，尤其是那些傻尼人。"这似乎成为橡胶经济发展以后外界对这一区域和阿卡人迅速形成的一个新刻板印象。

勐润的扎松板，就是这一区域阿卡人的代表。在我到勐腊民宗局和哈尼学会调研的时候，他们都和我提到这里，扎松板是一个历史悠久、颇具阿卡文化传统，又深受橡胶种植影响的边境村寨。不仅如此，我和县里或者其他乡镇的人提到扎松板的时候，很多人听说过，他们说起那里橡胶地特别多，或者他们特别有钱等大同小异的内容。一个更加具体可信的说法是：2007 年胶价大涨的时候，几年内一个刚刚脱贫没几年的扎松板一下买进了 30 多辆小轿车，名震一时。后来，在田野中我曾与我的房东罗姐提起这件事，她也有同感。她是勐满农场三分场的汉族，父母分别是来自墨江和湖南的政策性移民。她是和农场朋友在外面玩时认识了现在已经成了行政村村主任的丈夫杨追。[①] 前两年她在县医院生孩子的时候，在产房里痛得迷迷糊糊的时候，就听见医生们谈论起扎松板，还和她说："你们那里那么有钱"，推荐她打了止疼泵来缓解剖腹产的疼痛。由于止疼泵 800 元的费用不在医疗报销范围内，在绝大部分农村这还是一项奢侈的开销，她都没听说其他村寨或者农场的人被推荐使用过。因此，在一开始我便意识到，我的田野点尽管仅是一个自然村，却颇具名气。

然而要想进入扎松板却还费番周折，因为到了勐润街，也就走到公路的尽头。连接街子与村寨及各个村寨之间的道路是一条条凸凹不平的砂石路。人们往返于村寨和勐润之间大多会骑摩托车，尽管寨子里大部分家庭有小车，但是若想在这条路上和摩托车跑得一样快，就要忍受不断擦碰汽车底盘，以及坐车格外的颠簸。因此，只有在下雨天或者要去到更远的岔路口或勐腊，村寨里的人才会开车。这样的小道在整个坝区纵横交错，当地人的交通如同人体内的微血管网络一般发达。直到 2015 年，随着国家兴边富民和扶贫政策的大举推进，包括扎松板在内几乎所有的自然村寨都铺通了柏油路或者水泥路。

---

① 杨主任在勐腊读过高中，毕业后又在当时勐润农机站工作过，算是当时扎松板有文化、有见识的人。他现在用的名字是上高中时自己改的。他也成了扎松板唯一一个拥有真正意义上汉名的人。

扎松板是整个勐润最大，也是历史最长的阿卡人村寨。据熟悉寨子历史的老人扎帕讲，当时的勐润这一片除了几个大的傣族寨子外，扎松板就是最早出现的阿卡村寨。他家最早是从勐捧会安迁徙过来的，还有一支从老挝边界附近迁来，由于那里有大象出没，因此他们也叫"呀高阿谷"（"呀么"在阿卡语中意为大象，"呀高"就是大象踩出来的路，"阿谷"是家族之意）。当时政府动员他们不要游耕，搬迁到坝区种田，因此他们就搬到了现在曼贺南傣族寨子的位置。"大跃进"时期，极"左"的政策使很多边民举家外逃，曼贺南整个寨子都搬到老挝去了。他们就取而代之，在旧址上搭建新寨，称作国防大寨。只是每年雨季南润河湍急的水流汹涌扑岸，地势低洼的田地和村寨就会被淹没其中，加上传统山地民族"住不惯坝子"，生产生活都不适应，在那里住了两三年后，就又搬到现在寨子所在的半山位置，也才开始叫"扎松板"的。因为当时寨子里最大的家族是邦郭阿谷，领导整个村寨的就是这个家族中的梭捌（见邦郭家族谱系），阿卡语中依傣语把头人叫作"老扎"①，故为"老扎梭捌"。因此，村寨的命名正是来源于此音译，在地方档案资料中有时也用"查松板"。

寨子里除了老人外，很少有人记得这段迁徙的历史，但是很多中年人还会自豪地提到"国防大寨"，他们不断和我强调，"国防大寨"当年远近闻名，现在在勐润也有一个名字叫国防寨的阿卡人村寨，但是和他们并没有关系。20世纪80年代，扎松板人口不断增加，加之村寨内家族间冲突，当时普的家族就分寨迁出，由老寨向大山深处延伸不到5公里处，成立了扎松板新寨。

现在的寨子地处海拔1080米的傍山坡地，一半环山，漫山遍野都是橡胶；另一半绵延坡地接平坦的水田，一望无际的全是承包给外地公司租种的香蕉。村寨的竹楼错落有致的分散在村寨主路的两旁。远望过去，仿佛依山傍水，如诗如画，不失为一幅人造美景。目前全村有116户、人口501人，耕地1005亩（其中水田320亩，旱地685亩）、林地8385亩，最主要的收入来源就是背后一座座的山地。由于扎松板地处勐润坝子的边缘与勐满镇的交汇处，背后广袤的橡胶林一直绵延到勐满地界，使得扎松板成为整个勐腊胶林最多的村寨之一。

新中国成立时，勐润乡的行政管辖范围主要涵盖坝区傣族村落，当时的扎

---

① 严格意义上来说，"老扎"其实是傣语"老鲊"之意。在傣族土司制度中，村寨一级的头人有四等，大寨子的头人称为"叭竜"，中等的寨子称为"叭"，小寨子的为"鲊"，最小的为"先"。

松板隶属坝腊乡，同属一个大队的还有另一个阿卡人村寨坝腊。当时的坝腊就在现扎松板老寨背后的一座低山丘陵，他们在游耕几年后就翻过这座山，迁徙到现在勐满境内，而坝腊大队在坝腊小队迁入勐满后就更名为扎松板大队。如今坝腊旧址已经成了扎松板老寨的橡胶林地，仍被叫作"老坝腊"。在我的田野调查中发现，寨子里很多女性就是那个时候从坝腊嫁过来的，这种通婚关系一直维持到现在。现在寨子里无论丧事、喜事，摆宴拴线都经常可以见到从勐满坝腊赶过来的亲戚。连我这个外来者在一年中都跟着去到坝腊做过两次客。

在1988年区改乡后，勐捧公社管辖的勐润、扎松板两个大队被划出，新建立勐润乡。将所属范围重新划为勐润、曼回尖、曼贺南、曼回庄4个行政村，扎松板老寨就划为曼回尖管辖。直到近几年的区划调整后，又隶属曼贺南行政村。现在在扎松板老寨周围，隶属于同一行政下面包括了11个自然村：其中阿卡人村寨还有扎松板新寨、小新寨、春光寨；傣族村寨——曼贺南、曼回尖、曼勒囡、曼勒龙、曼纳龙，还有一些橡胶经济发展后吸引外来移民形成的村寨：一个哈尼族和汉族的混居村寨新联，由于大多数人是从澜沧县迁移过来的，当地人俗称"澜沧队"；还有一个主要以汉族为主，杂居了少量拉祜族的村寨，因为迁入时间是20世纪80年代，故称捌零寨。

除此之外，和西双版纳的很多地方一样，在交通最闭塞的大山深处隐匿着一个个新汉族聚落——办场。他们大多是在1979年后知青大量返城，为了解决劳动力短缺的情况，农场和地方在墨江、镇沅等地以招工形式或者自发迁入的移民。如果说农场和地方村寨算是享有编制的"正式工"的话，他们就类似于在国家编制体系之外的"合同工"，他们的身份得不到政府的认可，无法拥有当地的户籍，这意味着享受不到医保、社保，以及国家的各项惠农补贴和基础设施投入。最重要的是，他们没有土地，只能通过租种当地村寨的集体林地或者打工割胶维持他们不稳定的生活。在曼贺南行政村范围内，就有5个办场，除了曼贺南办厂是作为整个行政村一级的办场外，剩下的办场都是租种林地较多的阿卡人村寨，即扎松板老寨办场、扎松板新寨办场、春光寨办场和小新寨办场。

大体来说，这就是我对田野初印象的一幅速写。我如同一个初生的婴儿般瞪着好奇的双眼，发动着身心所有的感官贪婪地体验着这个新世界。我时常和我房东女主人一道，在寨子中心的小卖部一边卖东西，一边做个小报记者，听着大家对村寨里的新闻和家常评头论足；我又借房东男主人的"职务之便"，跑遍了周边大大小小的村寨办场，在更广阔的层面上感受到汉族、傣族等不同族群间互动所构成的地域社会。我时而从接近扎松板阿卡人自身的生活和观念世界跳到周围其他村寨所共同构成的地方社会，时而从他者的眼光切换到内部视角，正是如此，我才开始越来越感兴趣于阿卡人与周围的群体在生态环境与思想观念之间有何关联和差异，进而对橡胶的认识又如何不同，最终这些观念如何与外界实现连接；同时，橡胶的流入，对阿卡与其他族群间的关系，以及作为一个整体区域的社会生活与文化互动的影响。最终才能获得橡胶对于扎松板阿卡人来说真正的、完全的意义。

直到某一天，我从勐润街子返回村寨的途中，发现沿途遇上的人，不管是开车的还是骑摩托的，不管是扎松板的还是其他村寨的，在擦肩而过的瞬间，大多会与我默契地鸣笛打招呼时，我突然意识到：这里于我而言，在某种程度上说，也变成了一个"熟人社会"。我，已经真正地进入了田野。

第二章

攫取、生产与橡胶种植

在橡胶这一作物尚未进入扎松板之前，作为山地民族，阿卡人主要从事传统的刀耕火种、自给自足的生计活动，同时狩猎、采集的攫取经济几乎也占据着同等重要的位置。随着橡胶这一单一经济作物的大规模扩张，阿卡人的传统生计方式发生了中断：作为经济作物的橡胶与传统农业有着截然不同的种植技术，形成了一套特殊的生产节律和现代性时间观念，生产关系出现商品化，人们必须依赖货币和外部市场交换才能包括粮食、蔬菜肉食及其他生活必需品。但与此同时，通过"野炊""巡山"等新活动，人们传统生计惯习被嵌入当下的橡胶种植中，创造出一个不同于产业化、标准化的阿卡特色橡胶种植的实践。

一 从刀耕火种到橡胶种植

刀耕火种

刀耕火种，也被称为轮歇农业，当地人叫"种懒活地"。是一种暂时性清除森林而短期种植作物后休耕的森林农耕系统。[1] 在人类发展的历史长河中，尤其是对热带和亚热带森林的人类来说，刀耕火种曾是普遍存在的农业方式。

据寨中的老人回忆，在扎松板还没有从山上搬下来之前，是没有水田的。土地都是山地，即除了种植旱谷外，一般还种植荞子、棉花、茶叶，在新中国成立前，甚至到 20 世纪 50~60 年代种鸦片也很普遍。

刀耕火种自有一套知识体系和操作流程。耕种前首先是选地。一般是看地里植物种类和长势，像竹林茂盛的地方土地都很肥沃；土层也要够深才能保持

---

① 许建初、裴盛基、陈三阳等：《西双版纳轮歇农业生态系统的分类·生物多样性研究论文报告集》，云南教育出版社，1997，第 19 页。

地力不减；此外，对海拔、坡度、坡向都有要求：一般会选择在山腰海拔1000米左右坡度小、向阳的地方。地点选好以后就开始耕作了。耕作过程包括：砍树除草、烧荒、翻挖、晒土、整地、播种、除草、收割。备耕一般在每年的2月，每年根据需要砍几大片，砍坝①、耕地主要是每家单独进行。烧坝一般在砍坝结束后一两个月，草木都已经晒干的时候，全寨同一天进行。对于没有完全烧尽的树木，村民会去捡来做柴火或堆积起来再次焚烧。这已是家庭工作，小孩也会边摸黑玩边帮忙。烧完地清理好后，大伙会在地边、中间和去往水源的地方修路。男人一般在接近水源的地方盖上一间茅草棚，女人则在周围随意种上点蔬菜、佐料和水果，以后种地就在此休息。

耕作上采用轮种，用点播棒点播，无须盖土。在整个播种期间，全寨实行换工和帮工。至于具体作物的选择，则根据地力、种植年限和与村寨距离来选择。一般第一年种棉花，第二年种旱谷，第三年土地丢荒，如果还有肥力就继续种棉花或旱谷，最多可以种到第五年。间种也很普遍，如在旱稻和棉花地边缘或间隙点种玉米、瓜豆、苏子花生等。每年全寨不能少于砍烧两大片地，沿着村落四周轮换。不施肥，谷子出苗后一年薅两次草。不用牛耕，也没有犁、耙等工具。尽管饲养水牛，但自己不会用，主要用途是出租给坝区的傣族犁田。

除了旱稻种植技术外，阿卡人还采用合理的农耕轮歇、轮作、间作套种技术。根据地势、地力，每种植2~5年轮歇一次。轮歇休闲的时间一般为5~8年，在此期间，任草和灌木自然生长。在西双版纳这样的亚热带地区，这一时间足够植被和自然地力得到恢复。他们通常在旱谷地、苞谷地的地边、地间火灰塘上，套种黄瓜、南瓜、茄类、苤菜、豆类等作物，有时还间种棉花、高粱等。而轮种作物的选择，则根据地力、种植年限和与村寨距离来选择。一般第一年种旱谷的耐肥品种，第二年种次耐肥品种，第三年种耐贫瘠的糯谷等品种，有的还有肥力就继续种棉花或旱谷，最多可以种到第四年。然后种一两年豆科作物，最让土地轮歇休闲，恢复植被（见表2-1）。

阿卡人在长期农耕实践中，培育出适合当地生长的作物品种以及轮作经验。一般来说，在地势较高的旱地轮作的常见搭配是：

第一年：卡路来；

第二年：涅边；

---

① 在西双版纳，习惯将砍树除草称为"砍坝"。可能是由于傣族称山林为"岜"之故。同样，烧荒也称为"烧坝"。

第三年：米秀千；

第四年：喝鸟沙（糯米类）；

在地势比较低，保水量高的地方轮作的常见搭配则是：

第一年：切摆；

第二年：呀麻千；

第三年：涅边；

第四年：切须/或含阿切（可再种一年）。

表 2-1 扎松板阿卡人阿卡传统作物品种

名称	说明
卡路来	小谷壳的旱谷，颜色泛黄黑，一般是头一两年种
涅边	一般的旱谷，一般是头两年种
米秀千	不太好的旱谷，碾出来米粒泛黑红色，像糠，一般种了两三年地力不肥时候套种
呀麻千	最好吃的软米，意为大象谷，谷壳饱满，长，谷粒颜色泛黄黑，一般第一年种
切须	旱谷，谷壳颜色黄，谷粒短，谷秆高，不需要地力太肥
千那	旱谷，谷壳颜色黑，谷粒有点短
含阿切	一般的旱谷，需要单独碾，谷壳颜色黄，谷粒偏大、偏长，一般三四年的地可以种
切摆	一般的旱谷，当年砍坝后当年就可以种并收割
切木	比较好的旱谷，谷粒短而粗，一般第一年种
切帕	旱谷，谷秆高，一般是地不肥了以后才种
喝鸟	白糯米，谷壳又大又白，谷秆高，地肥不肥都可以种
喝麻那	汉族叫结糯谷，谷粒黑色，谷壳大，谷秆高，碾碎以后米粒会结起来，草药医生会用来治骨折，地肥不肥都可以种
喝鸟阿扫	香糯米，谷壳黄黄的，碾碎以后米粒泛红色，成熟期长，比其他旱谷要晚两个星期，地肥不肥都可以种
喝鸟秀	黄糯米，谷壳大，不需要水，在地势高的地方种反而结得饱满
喝鸟内	红糯米，不需要水，同上在地势高的地方种反而结得饱满
阿都秀	黄苞谷
阿都内	红苞谷
阿都鸟	糯苞谷，白色，籽小
阿都标	黑花苞谷，黑苞谷

搬到现在的位置定居后，扎松板开始挖沟开田种水稻，在当时人均水田面积能达到两亩以上，这对世代居住在山区的阿卡人来说已经来之不易了。耕种技术也从凿眼点播提高到用牛犁耙。在合作社时期扎松板还有两台拖拉机，现在扎松板附近有一地名阿卡语叫"拖拉机干旦"，"干旦"即河水浅的地方，意为拖拉机刚能过的小水沟，据说就是刚有拖拉机那时取的名字。山地上主要种植旱谷、玉米、瓜豆等作物，仍然延续过去刀耕火种的方式，轮歇耕种，广种薄收。扎松板村寨附近的一个地名叫"海说样伞"，其中"海说"是人名，是寨子里说通的爸爸，"样伞"就是指"干过劳动后荒了的地"。自从1985年普遍种植橡胶开始，随着此后几次较大的土地开发，扎松板轮歇地的面积不断缩小，人们逐渐放弃了山地粮食生产，传统的谷物品种也基本消失了，人们主要以橡胶种植为主，同时种植水稻。大体与橡胶种植同一时期，政府还推广过一段时间的甘蔗种植，现在扎松板寨子旁边很近的一片地——嘛伞样，"嘛伞"是黄竹，"样"是土地，最初漫山遍野都是黄竹，后来就种植甘蔗，所以寨子里很多人还是管那里叫"甘蔗山"。寨子里的人现在回忆起来，都还觉得种甘蔗比橡胶"麻烦得多"，一年四季起早贪黑都要在甘蔗地里做"干不完的活"。由于甘蔗种植管理费工费时，加上糖价涨跌不定影响甘蔗的价格，随着橡胶效益初显后，甘蔗种植被很快被人们放弃了。

如今，除了水源林和坟山林外，所有山地已经种上了橡胶。这不仅在扎松板，在勐润，甚至勐腊、景洪，除了不适宜植胶的勐海外，整个西双版纳曾经多样化的山地景观都被一带带绿油油的橡胶林所吞噬。同样地，原来种植着水稻、西瓜、蔬菜等多种作物的水田，如今也逐渐被专业化种植的香蕉园所垄断。这些香蕉园和人们的生计没有丝毫关系，都是外地老板来租种的，如今水田在人们生活中的作用仅仅体现在提供给人们租金收益。如扎松板村寨结构图（图0-2和图2-1）所见，橡胶和香蕉两种热带经济作物已经覆盖了村寨周围所有可利用的土地，土地使用类型越来越单一化，橡胶种植成为村寨的单一化经济来源，彻底改变了人们的农业生产。

传统生产节律的转变

随着生计方式的变迁，传统的时间节律也发生了转变。过去阿卡社会也是以自然韵律和生产活动为衡量一天和一年活动的主要依据。阿卡人每天的作息时间，并不需要依据时钟这种精确计算时间的工具，日夜更替循环、动物的叫声以及个体生理时钟就是活动的依据。一般每日吃两顿饭，早饭是在天亮之

图 2-1　山地种橡胶 坝子种香蕉

后。帕尤说："过去早上天还不亮鸡刚叫就开始搞菜吃，家里的女人、媳妇先去水井打水，回来还要舂谷子。僾尼族不像傣族（把谷子碾成大米备用），以前都是现吃现舂，整个寨子家家都传出来舂谷子的声音。那个时候都勤快，哪家起来晚了去水井打水都害羞。"晚饭则要太阳落山后。勐润地区作为版纳较热的地区，夏季的温度都能到 38℃ 以上，不过早晚温差大，所以当地人都说："太阳不下山咽不下饭。"在农忙期间，尤其是种甘蔗的那几年，早、晚饭中间一般还多加一餐。在非农忙的时候，女人们都聚到一起做针线活，男人则串寨聊天。到傍晚的时候，小孩以及男人们都成群结伴地到南润河里摸鱼蟹、抓麻拐（青蛙），有时候就在河边烤了吃。晚上则是男女青年一帮伙伴相聚约会唱歌的时候。

随着橡胶的发展，人们则逐渐从过去的传统自然节律和农作活动中抽离出来，尤其在 2007 年后，橡胶成为一项单一化的产业主宰了扎松板阿卡人的日常活动和时间体验见表 2-2。

表 2-2　扎松板阿卡人不同时期生产节律变化

时间	橡胶种植前（1985 年前）	橡胶种植后（1985~2007 年）	胶价大幅上涨后（2007 年后）
1 月	砍坝；男性砍木材、扎草排，盖房子；同时男性比较集中在这段时间狩猎、竹编；女性则织布、染布	盖房子；橡胶地砍坝；翻新橡胶带；部分人种二季稻，也有部分种植甘蔗的开植蔗沟、施基肥	盖房子、橡胶地砍坝、翻新橡胶带

时间	橡胶种植前（1985 年前）	橡胶种植后（1985~2007 年）	胶价大幅上涨后（2007 年后）
2 月	烧坝备耕；拾枯枝作柴	甘蔗浸种（用清水或石灰水浸泡一两天）；种植玉米；砍橡胶树枯枝作柴	砍橡胶树枯枝作柴
3 月	烧除，即把烧地残留的树枝重新焚烧干净；过"洪西洪米"节	准备割胶事宜，温习割胶技术，一般中旬开始割胶	准备割胶事宜，温习割胶技术，一般中旬开始割胶
4 月	翻挖，将已焚烧过的土地挖松；晒土；整地，准备种地；过"拉康度"节，重修寨门后才可以开播	割胶；管理二季稻；给甘蔗施提苗肥	割胶
5 月	点播，即点谷子，一般男性用操钗操出小穴，女子将粒谷种撒入穴中；强调男女配合，因此也是谈情说爱的好时机	割胶；犁田、割二季稻；管理甘蔗，培土、施生长肥、灌水等，一年培土三四次	割胶
6 月	薅草，谷子出苗后，一般一年薅两次草；过"耶苦扎"节，祭祀"谷魂"	割胶；育秧苗；管理甘蔗，施肥，定苗	割胶
7 月		割胶；栽秧；管理甘蔗，施叶面肥和平衡肥	割胶
8 月	薅草	割胶；管理甘蔗，给甘蔗剥叶	割胶
9 月	过"欧拉"节、"和开耶"节；开始准备收割	割胶；部分会砍坝、翻新橡胶带	割胶；部分会砍坝、翻新橡胶带
10 月	为来年谷物选种，过"和西扎"，即新米节；过完之后才可以开始割谷子，最早是踩谷子，即用脚踩使谷穗上的谷子脱粒	割胶；割稻谷；脱粒，并拉回家；砍甘蔗	割胶
11 月	晒谷子，将脱粒后的谷子散开在竹席上，随风除去干瘪的谷粒；堆谷子；背谷子回家入仓	一般至中旬割胶，开始休息	一般至中旬割胶，开始休息
12 月	过"嘎汤帕"节，舂粑粑；男性狩猎；走亲访友	停割期，过"嘎汤帕"节；部分男性狩猎；走亲访友	停割期，过"嘎汤帕"节；部分男性狩猎；走亲访友

资料来源：该表和前面表内容均来自田野调查。

现在，由于割胶成为最重要的劳作，橡胶在夜里温差急剧下降的时候产胶量最高，各家根据林地的远近、割胶的株树决定时间，一般一个熟练的割胶工一小时可以割100~150棵胶树，割胶的时间通常都在凌晨1点以后到太阳出来之前。一般来说，大部分人是晚上吃过晚饭后八九点就睡觉了，然后等闹钟响了就去割胶；有时候，他们还会吃过饭就去山上临时搭建的茅草房睡上一觉直接起来割胶；还有些年轻人，晚上在寨子里喝酒、吃烧烤或者去勐润唱歌跳舞，凌晨玩回来就直接上山割胶。无论怎样，带给我最切身的感受就是：从夜深后本该宁静的小村寨反而喧闹起来，摩托车的轰鸣声和着人们的喧哗声此起彼伏，车灯常常从房屋木板的缝隙中投影出一道道刺眼的强光，让人感到恍若白昼。

割好胶后人们或者在茅草屋补上一觉或者煮把面条充充饥，等待胶汁盛满胶碗的时间。离村寨近的则回到家里，或者直接在小卖部门口吃上碗米线、米干作早点，三五成群地聊天。九十点人们又到橡胶地将胶碗中的胶汁倒入胶桶中，送到各个收购点直接兑换成现金，或者签单后一次性结算。到中午11点左右，村寨中大部分人一天的节奏高度紧凑一致的农作就结束了，人们开始各自丰富多彩的个性生活。有的人回家倒头就睡，一觉要到太阳西斜才起；有的匆匆赶到干飘家小卖部或者小争攀家竹楼下（寨子里固定的赌博地点）打牌去了，有时手气来了要一战到下午五六点，中间只能吃上方便面或者小零食填饱肚子，忙得不亦乐乎；还有些年轻姑娘、小伙裤下已经被胶水弄的污渍斑斑的迷彩服或劳动装，戴上墨镜，换上时尚的服装到勐润玩去了；有时作为家庭聚会，同一个家族内的几家亲戚还会带上几件啤酒、鸡和米去橡胶地野炊。只有不割胶的老人们，还依然守着传统的时间节律，按部就班地放牛、喂猪、采野菜、做竹编和纺织。

图2-2　夜间割胶、清晨收胶

橡胶通常是隔一天割一刀，一般在一个月内还能连割两三刀。有的橡胶多或者橡胶地分散的家庭会每天割一半，这样就天天割。这样的日子基本上要从每年的 3 月持续到 11 月，依据当年的天气、降雨以及胶树割胶年限等变化情况，该停割的时候如果一味强行去割，不仅没有胶水，还伤胶树。具体的时间不同年份、不同的胶树都不一样。附近农场作为一个标准化管理下的割胶单位，则有着明确、统一的停割期限，而这也成为村寨的参照标准。在一年的这八九个月中，割胶是整个日常生活的重心。过去，在这段时间内围绕着农业耕作的节日庆典在扎松板已经荡然无存，形成强烈反差的是在停割期间的新年嘎汤帕节则越发隆重，这当然也与国家对少数民族节日的建构有着密切关系，但确实契合了西双版纳当下很多阿卡村寨的新时间观念。同样，像建新房、结婚这样的大事会尽量避免安排在这段时间。实在无法改期的生日、满月等要早些通知赴宴和帮忙的亲朋好友，各家通过调整连割以错开摆宴的时间。

总之，与何翠萍对景颇与载瓦人的雨季"做活"和旱季"做人"的时间架构[1]类似，过去，阿卡人传统的时间是建立在日夜交替、春夏秋冬的自然节奏之上，通过生产与再生产的区分和转换，以及仪式庆典的交替与循环来理解时间。时间是循环的、发展的，同时也强调时序性。跨越了年度限制的橡胶种植，成为一种无法循环的无限生产，使得人们的日常生活逐渐脱离了自然基础上所强调的循环的、不断演进的时序性时间观，赋予时间抽象化思考的可能。人们对自然韵律的感知显得不再那么重要，建立在谷物生产节律基础上的祭祀和禁忌已经消失殆尽。时间被精确化的时间点切割为两个完全不同的区域：割胶期和停割期。现代化、标准化的时间系统随着橡胶种植知识系统渗透到当地，割胶制度建构出了抽象、可计算的时间，而橡胶作为商品的交易则要求与外部市场时间的统一化。在这一过程中，国家力量代表下的农场成为掌握着橡胶知识的权威，支配和主导了当地新的生产观念。

同时，何翠萍在他们的时间建构中也强调了"找钱"，[2] 也就是说，虽然根据自然的规律而过的日子主宰了人们生活的绝大多数时刻，但无论是过去还是现在，大部分的山地民族存在"找钱"的活动。但这种"找钱"的活动在过去一直是一种补充，为的是要成全"做人"的理想。而到 20 世纪 80 年代后

---

① 何翠萍：《生命、季节和不朽社会的建立：论景颇、载瓦时间的建构与价值》，《时间、历史与记忆》，"中央研究院"民族学研究所，1999，第 157~176 页。

② 何翠萍：《生命、季节和不朽社会的建立：论景颇、载瓦时间的建构与价值》，《时间、历史与记忆》，"中央研究院"民族学研究所，1999，第 157~176 页。

中国经济开放后"找钱"的活动开始挑战了原有"做人""做活"的时间价值。橡胶种植带来的大量现金流彻底改变了扎松板阿卡人的"做活"——农业耕作时期自给自足的生存状态，阿卡人手中的橡胶必须通过市场赋予其价值，而他们没有了粮食生产，生活所需也依赖于外部市场提供，"找钱"在这里得到了前所未有的凸显。

劳动关系的商品化

与此同时，人们的劳动关系也开始出现商品化。传统的阿卡社会是以大家庭为生产单位。早期的民族调查中对这种大家庭内的财产占有和劳动分工曾有过详细描述。以一户4代人、23个成员的荣碑家为例。

> 大房子叫拥玛，小房子叫拥扎，他们在大房子周围盖九个小房子……因为荣碑家人口多，所以他们吃饭男女分开吃。他们的生产，由父亲或大儿子负责，家内生活由母亲或长嫂负责。当家者有分配家庭成员从事各种劳动的权力。家长分男女两性，女性家长叫牛沙阿妈，男家长叫牛沙阿答。在家庭里，辈分高和年龄大者享有威望。在他们家中所生产的稻谷、玉米、黄豆、芝麻、黄瓜、葵花籽、香瓜、辣子、茄子、青菜、萝卜、豌豆和蚕豆，第一口都要由当家人吃，杀猪、杀鸡，首先也由当家人吃。

> 猪、鸡、牛、马由全家统一养，但结婚的男子，父母分给一只母鸡，但母鸡仍由母亲或长嫂喂，所发展的小鸡仍由母亲或大嫂支配，归全家吃，住在地里的小房子的夫妻可以养猪、养鸡，猪要带到家里共同吃，而鸡可以在地里自己杀吃。

> 家庭劳动，一般第一个起来的媳妇先煮饭或舂碓，第二个起来的媳妇，要烧热水供男人们起床后洗脸。大嫂后起来负责煮猪食、煮菜、背水，吃饭父母和大嫂后吃。柴米油盐归父母或老大支配，金钱由父母或老大保管，买卖牛、马、猪、鸡权归父母或老大，必须时由全家商量。交门户由父亲或老大去交。老二以下的儿子、兄弟，仅有权在地里支配鸡，杀鸡吃，卖鸡。

> 荣碑家七对夫妻，分住七个地方，从种到收都实行包干制，但播种全家共同进行，从种耕管理到收由每对夫妻负责。每对夫妻在地上的房屋叫"牙航"。在"牙航"旁盖个小仓库"切吉"。生产的粮食由家长负责处理、调剂乃至出售。家长负责供给生产工具、衣服，如买棉花则按人口多

少分给儿媳。每对夫妻有权出售鸡和生产的青菜，收入所得，可以由每个"牙航"支配。他们在农闲季节、节日才回到大家庭里。①

大体上，家庭内的分工协作维持了日常生产生活，但在耕作和收获时，地里的劳动量增加，单个家庭就难以应付这些工作。此外，碰到建房等这些大工程时，就需要更大范围的互助形式。具体还有差别，其中：像建房、修路这样的大工程，以及碰到家里举行各种仪式摆宴时候，就需要帮工，阿卡语称为"阿嘎"（"阿"是"力气"之意），即每家都有义务帮助，"每家都有碰着的时候，不存在一个借一个的说法"；在农业互助中比较常见的是换工、借工，即"阿阿"，"你家帮我家一天，我家就帮你家一天，有借有还"，这一直是传统阿卡社会互助的主要形式，直到合作社时期；随着橡胶经济发展，出现的越来越多的是雇工，即"阿牟"，最早是开始种水稻的时候出现的，打比方说，要打谷子了，家里面劳力不够就要算着买几个工，那哈不有钱，大多是打谷子么就给谷子。给钱是搞个体经济（橡胶）时候才兴呢。而无论哪种方式，劳动完后主人家会请吃顿饭。在互助的过程中，也加强了村寨内部亲属联系和社会网络的运作。

而橡胶种植的生产和管理方式则使生产方式和劳动分工迅速向着各具形态的货币化雇佣分化。村寨经济的商品化，使生产关系从一种在熟人社会、非货币化的长期性关系，逐渐改变为脱离人身的、短期性市场关系。目前，在扎松板橡胶种植的管理方式主要分为以下几种：完全的家庭经营、以家庭经营为主，与短工经营相结合、雇用长工以及承包经营。如上文所提到的，阿卡人对于橡胶施肥、除草、杀虫等的管理比较粗放，他们的时间和精力主要都集中于割胶这一环节。因此，如果按照农场每个人管理 400～500 棵胶树的衡量标准，大体上采取何种方式主要依据已经开割的橡胶树数量和家庭劳动力之间的关系决定的。

完全的家庭经营是指在橡胶种植管理和割胶过程中，以家庭为主要单位，这里的家庭既可以是核心家庭，也可能是扩大家庭，橡胶种植业的所有环节都由家庭内部分工完成，不依靠家庭外的其他人参与。因此，这种经营方式不需要支付雇用劳动力的报酬，家庭内部的资金支出主要是购买橡胶苗，购买生产工具，包括锄头、砍刀、胶碗、割胶刀、磨刀石、割胶灯等，以及购买农药、

---

① 宋恩常、岩大、罗格、阿海调查，宋恩常整理《勐海县哈尼族社会调查》，《哈尼族社会历史调查》，云南民族出版社，1982，第 122 页。

肥料等。

以家庭经营为主，与短工经营相结合的经营方式与完全的家庭经营区别在于：家庭经营和短工经营同时进行，主要是指翻新橡胶带、砍坝等这种短期密集劳动采取雇用短工的方式尽快完成生产任务，雇用的对象大多是老挝的亲戚或附近村寨的阿卡人。

橡胶管理的经营方式并非固定不变。在扎松板，由于大量的土地流转出去，目前村寨里开割1000棵以上橡胶树的家庭数量较少，所以目前大部分的农户采取以家庭为主的管理方式。一般是夫妻两人一同割胶、收胶，有的家庭会让还未结婚的小伙子去收胶，因为寨子里大人们认为："现在年轻小伙子就认得天天勐润跑（去玩），外面喝酒在，一样都不会搞，就认得要钱。胶树拿给他们割死掉，只能让他们收收胶水，起码干点活。"相比起割胶，翻新橡胶带、砍坝等这种短期劳动则更加灵活：可能是由于这种劳动更类似过去锄耕的农作方式，有时人们会回归传统，采取亲戚间换工的方式，甚至带上冷饭、佐料和生肉，半工半玩，在橡胶地来一场野炊；有时"懒得去搞（翻新橡胶带、砍坝）这种费工、费力"似乎又见不到太多收益的活计时，则会采取雇用短工的方式。他们认为，"老挝来的干劳动凶得很（厉害的意思）"，老挝穷，一般一个人干一天50元，管顿饭即可。寨子里的车龙告诉我：最早请老挝人来干活的时候只要管饭他们就来了，都不用给工钱，那时候老挝太穷，过来的人连豆腐都没有见过，给他们吃炒豆腐，他们还以为是炒鸡蛋，说中国生活好，天天得吃蛋。这两年，雇工的价格越来越高，而且砍坝一天要砍多少（橡胶）带等衡量标准越来越细化。

雇用长工和承包经营的管理方式主要适用于家庭内劳动力无法满足已经开割的橡胶树对劳动力的需求。通常在这种情况下，家庭会相对独立地负责一部分已开割的橡胶树，而超过家庭劳动力负荷的橡胶树则让雇用长工来管理或者短期承包出去。雇用长工的经营方式是指家庭作为橡胶林的拥有者，实质上是雇主，主要负责雇用工人，监督管理工人的生产活动，同时为工人发放工资或者橡胶收益的提成。除此之外，还需要提供诸如胶刀、头灯等生产工具，以及摩托车、四轮车等交通工具。在扎松板，雇用长工作为一套比较成熟的经营方式，大概占到总户数的1/5。

受雇用的长工报酬获得大体有两种形式：一种是固定工资的形式，一个工人一天可以割胶400～500棵树的劳动量，以此为一刀来计算，寨子里的标准大多在100～150元/刀。因为割胶为隔一天割一刀，一个月可以出现连割两次。如果一个工人每天都割胶，一个月有两天会很辛苦的需要通宵割胶，那么可以管理 800~1000 棵胶树，如此劳动强度下一个月的报酬在 3400~4400 元。这种工资形式的收入大多稳定，不必承担橡胶价格波动或者雨季频繁下雨带来的各种风险，但相应收益较低。另一种是按照橡胶收益获取提成。由于不同树龄的橡胶树产量差异较大，大体是按照橡胶收益的 25%~30% 提成。这种情况下雇用工人必须和雇主共同承担橡胶种植业中的经营风险。按照 2012 年 8 月比较中等的胶价水平（每吨干胶 1.6 万~1.7 万元），在大体相同的劳动量下，两种形式的报酬大体相当。一般长工大多是夫妻，这样在整个割胶期都生活在山里橡胶林中临时搭建的茅草棚才"在得住"，他们在胶林里放养上几只鸡，种上些蔬菜，偶尔会到寨子里或是去勐润赶集。

具体的雇用协议略有差别，有的长工仅负责割胶工作，相应的，家庭还承担翻新橡胶带、砍坝等短期劳动，这主要由于长工大多是红河、墨江、镇沅等外来人，他们有的是季节性劳工，割胶期结束就会离开，待到第二年开割才来。所以无法完成大量集中于停割期的砍坝等短期劳动；有的长工则已经定居下来或是附近办场的，除了被雇用割胶外，自己还租种了橡胶地，所以可以完成全年的橡胶生产管理的各个环节。此外，有的家庭采取自己负责胶乳的销售环节，即家庭成员将胶乳从山上橡胶地拖运到收胶点出售或自行加工；有的家庭则将销售环节也全权交由长工负责。

长期、稳定的雇用关系大多数情况下具有乡村社会的浪漫化的温情脉脉，更类似于斯科特所谓的"道义经济"①。协议干多少活是可以临时调整的，报酬的多少随着胶价变化也是灵活可商榷的，家庭内杀鸡摆宴长工也会来帮忙，甚至像其他亲戚朋友一样走动来往。而近一两年来新建立的雇用关系则随着商品化而变得更为苛刻，不仅很多互惠性礼节消逝了，劳动关系也不断恶化：有的长工背着雇主私藏了部分胶乳偷卖从中获益；有的长工为了增加短期出胶量，揠苗助长，割胶时候刀口过深，损伤了树皮，甚至加大剂量使用刺激性的药等。

最新的经营方式则是短期承包管理，据寨子里的人说，"勐满种植场、勐捧农场那边好多都这种搞了"，目前寨子里仅有一家，还是 2012 年承包出去的。这样的承包期较短，通常为一年，承包的金额是固定的，承包双方事前约定详细的合同内容，包括割胶耗皮量上限、出现死皮如何罚款等。这样，家庭

① 〔美〕斯科特：《农民的道义经济学：东南亚的反叛与生存》，程立显等译，译林出版社，2001。

不再在橡胶的生产管理中投入时间、精力，也不再投入生产工具和交通工具，橡胶林全权由承包方管理。更重要的是，家庭不再承担胶价波动带来的风险。相应地，家庭在橡胶经营中获得的收益也较前几种方式少。在这种新型经营关系中，家庭和承包方之间的联系仅仅是一纸契约合同，而没有社会交往和情感交流。这与黄宗智对华北农村社会中雇用关系的转变过程的描述很类似①，脱离人身关系的定额租制的出现，使地主可以减少介入农耕过程所需的时间，同时实现外在市场环境不稳定的情况下对地主更为有利。而佃户与地主少有直接人身接触，意味着经济关系的苛刻性，不再隐藏在亲属、朋友或邻居的人身关系外衣之下，劳动关系沿着高度商品化的方向发展。

农业祭祀仪式和禁忌的消逝

阿卡人一年的认知则是基于谷物生长的自然节律，人们将农业耕作中的各个劳动环节依照一定的时序进行安排。在整个过程中，每一项活动开始的具体时间都由阿卡社会中地位最高的人——追玛也就是寨主决定，例如开播这样的大日子还需要占卜。坎坝一般忌龙、蛇两日，常选择在马、羊两日，结束后还要举行重修寨门的仪式；烧坝的日子则讲究牛、猪、鸡三个属日。进入种植后，一系列的节日、祭祀和禁忌都将围绕农事展开。20世纪50年代社会历史调查时期曾对扎松板的相关农业祭祀有过简短描述：

> 查松板寨哈尼族僾尼人，每年播种旱地时，从所播种的土地选择到生产的每个环节乃至农作物的每个生长过程，都要进行祭鬼，按不同生产过程，杀猪、鸡祭。祭祀情况如下。
>
> 选择今年耕种的土地（山地）时，要杀鸡并用酒肉祭鬼。每年于新选的山地上播种之前，要砍树、割草、烧火，谓之"砍地烧地"，砍地时，先要在所选择的山地中选出一棵树作鬼树，祭过鬼树后即进行砍地烧地。每年进行砍地烧地，出发前，必须吃饱肚子，否则，据说将来谷子会长不好；在去砍地烧地的途中，一路上要吹响牛角号，表示请求"风婆"在烧地时给予助威，使地烧得快。下种前，全寨人要去栽"竜巴"（即由寨外进入寨内处的鬼门或寨门），同时要杀猪祭鬼。谷子抽穗时，要杀猪祭鬼，表示防止野兽、雀鸟糟蹋庄稼。收割庄稼时，不能说话，否则会吓

---

① 〔美〕黄宗智：《华北的小农经济与社会变迁》，中华书局，2000，第218~222页。

跑谷子的灵魂。①

这里的"鬼"既包括阿卡观念中的"神",所以他们采取的态度是讨好、祈求的"敬神",而非凶恶地撵走的"驱鬼"。

在阿卡人祭祀中,大体可以划分为三大部分:一种是敬神以祈求幸福的"阿培捞尔"仪式,即求神保佑;一种是招魂以确保健康的"散拉枯尔"仪式,即招魂求安;以及驱鬼辟邪的"涅帖尔",即驱鬼送灾。其中,敬神与驱鬼仪式大多与生产息息相关,以全寨为单位,并配合着农业生产的节律,往往固定下来成为一个个特定的节日(见表2-3),以实现人畜兴旺、五谷丰登。

表2-3 扎松板老寨祭典节日

名称	时间节期	节日含义	具体过程
洪西洪米	三月间的一个属牛日开始,四天	"洪"是用山芦苇扎的火把,"西"是新,"米"是夜,指新的一年的农事和祭祀开始	洪西为一个阶段,从专门祭祀用的水井(阿培罗读)中打的水清洗祭器,然后盛放米、鸡蛋、茶叶、姜、盐和酒。中午,在供奉祖先灵魂的地方(阿培朱格),由男性家长手持祭鸡生祭。完成后女人淘米煮饭,同时把祭品也放入同煮。晚上,在进行熟祭(阿培楼扎),意为请祖先和我们一同吃,保佑今年获得丰收。洪米阶段中用阿培罗读中打的水洗糯米,舂糯米面,煮汤圆。煮好后,再重复洪西仪式中的生祭、熟祭
拉康度	在洪西洪米后的第十三天	指立寨门(竜巴门)、修寨门。他们认为立了新门,任何鬼怪就不能进入村寨。除一年一次的立寨门外,如果村中发生不祥的事②,同样需要更换寨门,并举行隆重祭祀	传统村寨有三道寨门,人出入的前寨门、抬死人的后寨门和侧寨门。寨门为一个四方形门,两边立柱,上搭横梁,门楣上用木炭图画各种鱼虫鸟兽的花纹。门楣中央装置一只木雕小鸟,两边各悬挂一个用竹皮编制的竹片。寨门的制作、挖洞、竖立等工作都必须由追玛安排,然后大家动手施工。寨门立好后,先由追玛在门的两边侧柱各插一个雕有花纹的男女木人。立完正门,再去立后门和侧门

① 摘自"哈尼族社会历史调查资料"。调查:云南省委检查团思茅分团勐腊县工作组,整理:李国文,调查时间:1958年6月。"哈尼族社会历史调查资料",云南省社会科学院内部资料,1990年6月。

② 主要指寨中出生六指、双胞胎和缺嘴的婴儿等现象。

续表

名称	时间节期	节日含义	具体过程
耶苦扎	六月间一个属牛的日子，三天	说法各异。有的认为"耶"即雨水季节，"枯"是枯萎、瘦的意思。大意是指这一时期雨水频繁，是段艰苦的日子。另有传说指阿培明艳帮阿卡人消灭了一次可怕的虫害，人们为了纪念他按父子联名的习俗，取了"耶"字开头，定下这一节日。其意义主要表达是人们在青黄不接的时候祈求谷物丰收的愿望①	第一日清早，各家到阿培罗读中打的水清洗祭器，敲鸡，杀猪，由家中老人主持祭祀祖先；年轻人去山上砍栎树和红山藤等用作秋千。第二天开始，在"拉车"（青年男女玩耍之所）处架秋千，由追玛主持祭祀秋千架。完成后，由追玛甩动秋千三次，并登上秋千打玩几下，然后村寨成员才能开始打秋千。晚上举行传统篝火晚会，青年男女欢聚唱歌、跳竹竿舞。三日后，盛宴结束，追玛主持把秋千绳绕系在架上的仪式，停止打秋千，直到第二年
欧拉	九月间一个属猪的日子，祭二天	"欧"是粮食。指开门节，"把天上的老人喊下来吃粮食"之意。稻谷变黄后，先将鬼神、祖先接到寨子里献祭	各家从阿培罗读中打的水清洗祭器，然后盛放米、鸡蛋、茶叶、姜、盐和酒。同一家族的家庭凑钱买一头猪，组织年轻人去寨门外挖地，意为将自己家的祖先接回来。将部分肉献祭鬼神和祖先
和开耶	在过完欧拉后的十二天	也称为"涅帖阿培"，"涅"，鬼的意思。指鬼节、关门节。通过欧拉祭祀完鬼神、祖先后，需要赶出寨子	全寨举行赶鬼活动，每个成年男性着花衣，手持两把刀，挥舞刀作砍杀状，由自己家里的房屋追赶到村寨门口。边挥舞刀，边大声呼叫，表示驱赶各种鬼出家、出寨。结束后才能开始准备吃新米和收割稻谷
和西扎	和开耶之后某一天，即谷子成熟时。各家选择吉日进行	"扎"吃，意为吃新米。为了庆贺丰收并祈福来年丰收	各家尾随追玛，到地里摘一些已经成熟的谷穗，其中三穗挂在供奉祖先灵魂的地方（阿培朱格），其余的暴晒或炒干后舂米饭吃。同时要把地里所栽种的其他作物，如玉米、瓜豆、作料以及山上的野菜等都做成菜，也作为祭品。吃前要由老人在阿培朱格前祭祀，口诵感激祖先保佑之恩，祈愿来年丰收。还要杀猪用猪肝卜，预测来年收成好坏，人畜凶吉。结束后所有食物都可任人尽情而食，亲朋好友也要品尝，连家里的婴儿和牲畜都要尝一些

① 马翀炜、潘春梅：《仪式嬗变与妇女角色——元阳县箐口村哈尼族"苦扎扎"仪式的人类学考察》，《民族研究》2007 年第 5 期。

续表

名称	时间节期	节日含义	具体过程
嘎汤帕	从每年十月的第一个属牛日举庆，属龙日结束	指阿卡的新年。传说阿卡人始祖送米窝的儿子窝腿雷创立，为期十五天。至尊唐盘时，将过节的时间定为四天。有两种说法：一种认为"汤"，数量词，表示万，"帕"意为更换，即过年，万物更新；另一种说法认为"嘎"的意思为"思念"，"汤帕"为祖先尊唐盘的名字，意为思念祖先，即祭祀祖先①	第一天一早，由追玛带头到阿培罗读中打水，接着各家相继去打。同于上面，各家老人将米、鸡蛋、茶叶、姜、盐和酒盛放于祭器中，同时敲鸡祭祀祖先。第二天，女人开始要舂糯米团子和糯米粑粑，有的人家会酿酒。旧时老人会结算一年内的各种开支负担和门户杂派账务。一年的账目必须在这一天算清楚。第三天天一亮，就要用糯米粑粑和酒祭祀祖先。然后几家分杀猪，有钱人家杀牛，宴请周围其他村寨和民族的老根一同欢度节日

资料来源：除注明外，均来自笔者根据田野调查资料整理。

  事实上，表2-3中详细列出的节日除了嘎汤帕成为国家法定的民族节日得以保留外，剩下的在近20年内橡胶经济发展带来的文化变迁中消失殆尽了。很多老人回忆说原来还有更多，如在"和西扎"之后，在收割过程中还要祭谷王，收割完成后还要祭谷堆、地神等，否则谷物就会生长不良或者歉收。在过去，这些敬神、驱鬼仪式与阿卡人的农业生产密切相关，在农业生产的不同阶段，都要举行特定的祭祀活动。一个特定的节日，就完成了一次农业祭典。随着一年一度的农事结束，一年当中最重要的宗教祭祀也就完成了。

  在这些仪式活动期间，人们除了要进行祭祀，还要遵守一系列的禁忌，即"拉当头"。如年轻男女不准谈情说爱；夫妻不可同床；全寨人不可以出寨门，外来的人不能进入寨门；女性不准纺纱织布，男性不可上山打猎、下地种田；等等。此外，过去在他们日常生产生活中也存在大量的禁忌，例如猪产仔不能在家中，只能在野外。如果生在家中，则要把大小猪一起丢弃；如果母猪小产，必须丢弃母猪；如果母猪在山上生的小猪被豹子叼走，那么母猪也必须丢弃；等等。

  这些仪式和禁忌不仅耗费巨大，而且占用大量时间。按照阿卡传统，一旦

---

① 勐海县民族事务委员会编《西双版纳哈尼族民间故事集成》，云南少年儿童出版社，1989，第478页。

碰到祭祀的日子，即"竜日"，就要停止劳动。除了上述固定的节日祭典外，还包括：

1. 生双胞或五官四肢不全的小孩，即为阿卡社会中最大的不祥灾祸。全寨停止劳动三天，孩子被敲死，父母被赶出村寨，一辈子不得参与宗教祭祀，男性不得父子联名。有时严重的话整寨都需要重立寨门甚至搬迁。

2. 家里祭祀祖先、人病请尼帕唱鬼跳病后要视情况停止劳动一天到三天，有时整个家族都必须停止劳动。

3. 寨子内着火烧到房子要停止劳动三天，其他村寨着火停止劳动一天。

4. 野兽进寨叼食牲畜要停止劳动一天。

5. 母猪生双胞或有缺陷的小猪，停止劳动一天，并举行祭祀，小猪杀死，母猪拖到寨外打死，全寨分食。

6. 水牛角烂掉、出血或者黄牛尾巴断掉都要杀掉，全寨停止劳动一天，并把牛丢弃。

7. 树枝掉到身上者也要停止劳动一天。

8. 寨内死人要停止劳动三天。

9. 每年第一次听到打雷声、看见下冰雹要停止劳动一天。

10. 在田地旁边发现老虎等野兽脚印要祭祀，停止劳动一天。

11. 每十二天内，属虎和属羊的两天，禁止在地里干活，不得砍柴和舂米。

12. 看到穿山甲在地里打洞、野鸡飞过村寨、麂子跑入村寨等都为不吉，需要停止劳动祭祀寨门，以求消灾解祸。

13. 村头寨尾的老树倒下全寨停止劳动一天。

14. 寨内有新户迁入停止劳动一天。

15. 听到有人非正常死亡的停止劳动一天。

在过去，每年固定的节日加上不固定的"竜天"将近100天。据20世纪50年代小勐宋的一项统计，由于禁忌而不劳作的时间一度占到全年时间的30%。① 民族社会历史调查时期几乎所有调查阿卡地区的报告都一再强调他们仪式的频繁和禁忌的琐碎，指出"每年至少祭鬼十二次"，"他们过年过节要杀牛杀猪，并且要杀好的"，这些耗费了大量的人力、物力，"对他们经济生

---

① 陈观胜、庄孔韶：《哈尼族支系爱尼人的社会与风俗》，《中央民族学院学报》1984年第3期。

活有相当的影响"①,"严重延缓和阻碍山区生产的发展"②。

作为农业祭典,这些仪式按照传统谷物的生长节律来安排时间,围绕谷物的生长过程规划内容,通过祭祀包括祖先在内的各种神,实现人和神之间的互惠交换,以祈求五谷丰登、六畜兴旺。在过去传统的阿卡社会,这些信仰观念和仪式活动本身就是作为一种生产、生活的手段来实践和发展的,它们本身就是生产和生活的一部分。

随着橡胶经济的发展,越来越多种植传统作物的土地被橡胶林取代,直至2006年村寨里最后一次土地划分结束后,几乎所有的土地都种上了橡胶。正是在大致相当的时间,人们彻底放弃了这些仪式,专门祭祀用的水井"阿培罗读"荒弃了,象征寨神的寨门随着国家新农村建设规划成统一的水泥门面,一系列相关的仪式逐渐消落了。"过完鸡年(2005年)的耶苦扎以后,村干部们就和寨子里面的商量说以后不过啦,秋千架子也撤掉啦,那哈周围的傻尼族寨子都不有过好几年了,扎松板是最后不过的。"尽管说到这些仪式活动的时候,人们常常会说"那哈比现在好玩多了",流露出怀念之情,当我问及他们为何不搞了,有的说:"以前种谷子,搞迷信都是农闲的时候,现在天天要割胶忙不过来了。"有的说:"现在寨子里面某的那哈团结,自己家就割自己家那点胶树,搞不起来了。"确实,人们刀耕火种时期形成的伙耕和共耕也被橡胶的家庭经营模式所瓦解,各自橡胶生产状况的不同使得大规模的集体行动很难被动员和组织。橡胶生产使得人们逐渐从过去的传统自然节律和农作活动中抽离出来,形成了一套与传统仪式无法配合的现代时间观。在传统时间观中,作为全寨的仪式权威,追玛所具有的与神沟通的灵性就成为象征性资本,使其通过占卜规律化全寨的生产活动。尽管农业耕作中的各项活动是根据自然规律以及农作物的生长规律来做选择,而非追玛掌握一套独特的生产的知识体系。但人们之所以跟随他,源于人们认为他对于村寨内生产的兴旺所具有的掌控能力。而橡胶生产不仅改变了时间观,更为本质的是,因为人们意识到决定橡胶生产是否"丰收"并不在于他们的祖先和诸神,更多地在于橡胶价格以及其背后那个他们看不到的国际市场,所以他们无法通过祭祀和与神的沟通实现互惠。甚至,他们开始感觉到神已经从他们生活中离开了。

---

① 中央访问团二分团调查,宋文治整理《车佛南三县阿卡人(哈尼族)》,《哈尼族社会历史调查》,云南民族出版社,1982,第66页。
② 中央民委会西南民族工作视察组:《西双版纳傣族自治区(州)农业生产情况》,《傣族社会历史调查(西双版纳之一)》,云南民族出版社,1983,第85页。

在田野中，为了给寨子中过世的老人砍棺木，我和寨子里的人们去到了距离村寨较远的水源林，这也是周围漫山橡胶包围下唯一一块天然林。在这片山林中，我们途经一棵有十多米高的青树，周围依据山势藤萝缠绕又绵延出十多米，远远看去格外引人注目。同行的攀黑告诉我这棵树上过去住着鬼。他的解释与阿卡史诗《雅尼雅嘎赞嘎》所说"血藤缠绕的地方，人看不见的地方，都算鬼的地盘"类似：

> 攀黑："以前每座山上都有这种一棵树，住着鬼。这种树上有七八十个蜜蜂窝子，它们和鬼住得一起。（鬼）平时看不见，天气不好的时候就能听见呼——呼——的。"
>
> 我："现在没有啦？"
>
> 攀黑："不有啦，七八年前就不在了。"
>
> 我："你怎么知道不在了的？"
>
> 攀黑："现在到处都是种的橡胶，认不得鬼哪点在。以前我们人在山上打招呼，会喊'呼——嚓——'，如果另外山上的人听见就会回给你'呼——嚓——'，但是鬼就是'呼——呼——'。现在都听不到啦。"

可以说，过去人们熟悉的有关鬼神的习性已经无法适用于橡胶发展后的新环境，已经与当下阿卡生产的重心——橡胶种植相分离，彻底失去了曾经作为阿卡生活一部分的活力。

值得注意的是，在扎松板这些祭祀消逝的过程中，发生过一次关键性的事件，即1995年全寨规模的驱鬼祭祖的送灾仪式。首先，仪式起因于寨子中多起集中的死亡，并且大多"死法不好，会变鬼的"，其中益海酒精中毒，标窝做完手术后碰上亲戚家杀猪去喝酒发炎而死，"酒鬼"窝张老婆受不了他天天喝酒跑回老挝后，他在家上吊而死，还有一家小孩在大河边玩被水冲走。全寨陷入前所未有的恐慌当中。和传统采集狩猎民族鄂伦春相似，鄂伦春受国家政策等外力作用下，迅速从狩猎经济转变为农牧经济，在此过程中出现了各种疾病、酗酒等社会文化上的不适应。[①] 阿卡人历来"性嗜酒"[②]，但从未成为一种社会问题。随着橡胶种植带来经济和文化上的冲击，在版纳少数民族中酗酒情

---

① 麻国庆等：《中国非正规经济》（下），《开放时代》2011年第2期。

② 《雍正景东府志·夷民种类》（抄本）卷三。

况越发凸显①，而在当地人的观念中也将酗酒的原因归结于橡胶，"橡胶不是好东西啊，有钱了喝酒要把傻尼族喝废掉……"这样的话寨子里的人经常挂在嘴边。这样的观念和陶西格所关注的南美洲农民面对工业资本主义时所形成的魔鬼崇拜②相似，他们一方面崇拜橡胶带来的财富，另一方面也认为它是非自然的，他们相信橡胶破坏了他们与赖以生存的自然之间的和谐关系，破坏了村寨中人与人的和睦关系，最终就是以酗酒而亡这样极端的方式导致生活的毁灭。这次仪式的来由即可以看作人们对于他们失去了对生产、生活方式控制的集体恐惧。

对此，阿卡人的应对之法是举行驱鬼祭祖的送灾仪式。由于当时寨子里已经没有专门的神职人员——贝玛了，寨子里的人就从老挝勐醒找来"最厉害"的贝玛，贝玛将这场灾难归结为"耶苦散合麻合"，即指由于过去过"耶苦扎"这一节日的时候全寨会凑钱共同买一头猪交给追玛③，追玛要给全寨分食猪肉，现在不再分猪肉而得罪了神鬼因此导致了村寨的不幸。为了化解灾难，之后扎松板又恢复了之前的传统，虽然攀扎家和俄师家老人作为最后的追玛已经过世，但每年全寨仍凑钱给他们两家买猪分食。由于猪肉是全寨凑钱购买的，这一行为从经济上算不得互惠行为，但在象征意义上，经由追玛分食的猪肉成为连接世俗和神圣的媒介，其本身就具备了其他猪肉没有的神圣性，追玛在仪式主持的过程中又不断强化其权威。同时，分食猪肉这一集体行为也把全寨的人结合到一起，不断巩固传统的社会秩序。在某种程度上，贝玛给出的化解之法反映出人们的生产和生活逐渐地被橡胶种植所占据，一个小民族的生活及其劳动产品看上去被国家和全球化市场顺其自然地吸纳同时，他们的文化却抵制这种合理化过程。橡胶种植意味着传统的基于互惠和交换生产和生活方式被一套资本主义体系下的个体化生产和生活方式所取代，人的本质和生产都被物化为商品。这在发达的商品社会中，已经变成了自然而然的事，但在资本主义起步比较晚或者边缘的社会，在非资本主义的生产关系中就能凸显出各种异化现象的本质。可以说，强调追玛分食猪肉的传统恢复可以看作在信仰和意识形态层面对各种资本主义的异化的抵抗和斗争。然而，没过几年，

---

① 尤其以阿卡、基诺等山地民族为主，杜玉亭将其称为"原始酒文化的现代迷失性文化错位"，见杜玉亭《柔性应用研究——原始酒文化的现代迷失性错位》，《民族田野五十年——中国特色民族学的足迹》，云南教育出版社，2009，第242~251页。

② Michael Taussig. The Devil and Commodity Fetishism in South America. Chapel Hill: University of North Carolina Press, 1980.

③ 追玛是寨主，贝玛是神职人员，是负责占卜测算出灾难原因，而分食猪肉是由寨追玛。

兴起的仪式还是慢慢衰落了。社会经济带来的极速变迁使自身文化尚未来得及修复，或者说"自立"起来，他们又不断被卷入橡胶经济制造出的一波波幻象中。

二　狩猎与采集——从攫取到乐趣

对于阿卡人这样的山地民族来说，狩猎和采集的重要性并不亚于农业。尽管刀耕火种作为主要的农业生产，看上去更像稳定的经济来源。但在阿卡人看来，粮食生产与狩猎采集很难说何为主业、何为副业。

生计变迁中的狩猎与采集

过去男性在山上耕作劳动都随身带着猎具，不管在山间途中还是劳作时，一旦发现猎物就会趁机捉捕。女性也一样，随身背着竹背箩或者大挎包，劳动之余顺便挖掘采集，食材的获取既丰富又便利，收工回家时候已满载而归。

对寨子里的老人来说，以前他们长到四五岁以后，父亲或者舅舅就会给他制作一张弓，让他用弹弓打鸟。现在扎松板几乎每家人都还有自制的土火药枪，用木制枪把熟铁制枪管，身管很长。直到现在每年政府都派人下到村寨来收缴枪支，8 月的时候我在寨子护林员呀飘家就见到了准备上缴的六七支土枪。呀飘告诉我每年寨子里的人都自愿上缴几支，但做工最好的都还自己留着用。尽管我偶尔还会在人们橡胶林边搭建的小屋里看到土枪，但他们告诉我，自从种上橡胶以后四周都打不到什么猎物。真正的打猎，得等到橡胶停割后去老挝山上打。过去，他们经常能打到马鹿、麂子、野猪、野牛，甚至是老虎、豹子、老熊等大型动物。现在最多也就能打到竹鼠和些野鸟，山乌龟也偶尔抓到。

过去，采集所得是绝大部分阿卡家庭最主要的食材。据早期人类学者们[①]对西双版纳地区在 20 世纪 90 年代以前当地少数民族采集食物的统计，包括六大类近 200 种，其中块根类 10 余种，野菜类 50 余种，竹笋类 10 余种，菌类 10 余种，果类 40 余种，虫类 10 余种。但是种了橡胶，用上农药以后，现在很多找不到了。现在人们还在采集的主要包括以下几大类：野菜、佐料、笋类。据老人说这样的野菜过去村寨周围能找到的有六七十种，它们大多生长在山箐

---

① 包括杜玉亭、尹绍亭等对基诺山等地的调查，详见尹绍亭《人与森林——生态人类学视野中的刀耕火种》，云南教育出版社，2000。

溪流和阴湿沟谷中的湿润之地，阿卡人大多只采摘其幼嫩尖叶，他们偏爱吃味苦的野菜，大多有清热解毒功效。而菌类和虫类主要依靠老挝人的供应，果类则基本被人工种植的水果所取代了。目前村寨周围分布较多，或者阿卡家庭中还能经常吃到野菜，见表2-4。

表2-4　常见野菜种类以及获取、烹饪方式

类	阿卡名称	汉语名称	备注
野菜类	达列哦虐	蕨菜	草本，舂①佐料生吃、包烧②或炒，傣族、市场有卖
	窝过	水芹菜	草本，舂佐料生吃或炒，老挝阿卡、傣族有卖
	哦列哦虐	苦凉菜	草本，味苦，做汤或舂佐料生吃，傣族、市场上有卖
	阿皮呀末	革命菜	草本，"文化大革命"时候能吃的东西少，常吃故得名
	拉沙	鱼腥草	草本，有特殊味道，舂佐料生吃，傣族、市场有卖
	朗朗扭	未知	草本，炒吃，老挝阿卡、傣族有卖
	主朵	刺五加	草本，带刺，味苦，舂佐料生吃，傣族有卖
	哦祖哦虐	焊菜	草本，带刺，味苦，做汤。老挝阿卡、傣族有卖
	汤布哦虐	臭菜	草本，有特殊味道，蛋煎炒或做汤，傣族、市场有卖
	朗吵	水薄荷	草本，舂佐料生吃，傣族有卖
	答考末切波弄	木瓜尖	草本，味苦，煮熟后舂佐料，老挝阿卡、傣族有卖
	耶汤耶玛阿白	海船	木本，豆荚状果实，味苦，烧后将外表焦黑部分去除后舂佐料吃或炒吃，还可晒干后泡水。傣族有卖
	阿吉哦巴	未知	草本，舂佐料生吃，老挝阿卡有卖
	阿吉哦撒	未知	草本，舂佐料生吃，老挝阿卡有卖
	呐都	芭蕉花	野芭蕉和粉芭蕉花朵，炒吃或做汤，老挝阿卡有卖
	呀飘阿都	扫把花	草本，花抽穗后可制作扫把，煮吃，老挝阿卡有卖
	草子之都	姜巴花	姜的花带嫩茎部分，舂佐料生吃，老挝阿卡有卖
	呐罗	芭蕉心	食用幼嫩茎心，腌渍或包烧，村寨周围很常见
	其嘎拉过	苦果	木本，玻璃弹大小的果实，炒吃或煮后和苦笋舂吃
	麻和	野茄子	草本，分为三种：麻和斯，小的，圆的，多凉拌；麻和追，长的，煮后舂吃；麻和的，圆的，炒吃

① 指把菜或肉等食物放在石臼或乳钵里捣掉皮壳或捣碎，是西双版纳地区常用的烹饪方式。常见的有舂干巴、舂干鱼、舂黄瓜等。阿卡人喜欢用舂的方法制作各种蘸料来配生菜或煮熟的菜，如青辣椒舂制芫荽、青辣椒舂鲜姜与鲜蒜、青辣椒舂苤菜根、青辣椒舂蕌头等。这些舂佐料的舂制，只需先把青辣椒烧煳，揭去表皮与拟舂的佐料切碎加食盐、味精舂烂即可。

② 包烧是西双版纳地区民族特殊的烹饪方式，首先用菜或肉里加入适量烧热的青辣椒末或煳辣椒粉、蒜末、姜末、芫荽、苤菜等佐料，用几片野芭蕉叶反复包裹严实后放到火炭上烤，在这过程中有时需要将烤焦的芭蕉叶换掉直至里面的菜、肉熟透。由于有外面的叶片包裹，既有烧烤的香味又色泽鲜艳，原味醇厚。

续表

类	阿卡名称	汉语名称	备注
野菜类	谷其	荎菜根	草本，食用根部，腌渍或包烧、舂干巴，市场有卖
	几要	野魔芋	草本，球形块根，微麻，制凉粉吃，老挝阿卡有卖
	律玛白勺	野香芋	草本，柱形块根，煮吃，老挝阿卡有卖
	律玛	野芋头	草本，柱形块根，煮吃，老挝阿卡有卖
佐料类	呀勺	小芫荽	草本，舂蘸水时用，傣族、市场有卖，自家会种
	达布罗勺	缅芫荽	草本，舂蘸水时用，傣族、市场有卖，自家会种
	阿吉叨	薄荷	草本，舂蘸水时用，傣族、市场有卖，自家会种
	阿吉切	辣料	草本，包烧、剁生、撒撒时用，自家会种
	呀谷苗	荆芥	草本，和香茅草配合煮鱼时用，自家会种
	坡皮	香茅草	草本，烤、煮鱼、舂蘸水时用，自家会种
	沙干	麻根	木本，根及根茎，和牛肉炖食，老挝阿卡偶尔有卖
	巴切	未知	草本，煮、包烧黄鳝或者杂菜汤时用，老挝阿卡有卖
笋类	阿哈阿别	苦笋	冬季出产，味苦，手臂粗细，烧、煮熟后舂佐料或和苦果舂食，老挝阿卡有卖
	呀曲阿别	甜笋	雨季后出，粗大实心，做汤，老挝阿卡、市场有卖
	呀梭阿别	京竹笋	雨季后出，手指粗细，炒或做汤
	呀卡阿别	刨竹笋	雨季后出，空心，手臂粗细，制作酸笋或煮熟后舂佐料食，老挝阿卡有卖
	呀波阿别	黄笋	雨季后出，粗大实心，金黄色，晒干后保存，炖肉食，老挝阿卡有卖
菌类	阿哄嘞	红菌	雨季后出，菌伞为鲜红色，晒干后保存，炖肉食，老挝阿卡有卖，价格高
	哈日阿哄	火炭菌	雨季后出，黑色形似炭，煮熟后舂佐料或炒食，老挝阿卡有卖
	阿皮那过	野木耳	雨季后出，煮熟后舂佐料、做汤或炒，老挝阿卡有卖
	阿哄	鸡枞	雨季后出，煮熟后舂佐料、做汤或炒，老挝阿卡有卖
	扎布阿哄	蚂蚁包菌	雨季后出，煮熟后舂佐料、做汤或炒，老挝阿卡有卖
	阿哄其	白参	雨季后出，凉拌或炒食，老挝阿卡、傣族有卖

续表

类	阿卡名称	汉语名称	备注
虫类	巴布	蜂蛹	主要是土蜂、马蜂、胡蜂与蜜蜂，油炸，市场上偶有出售，价格高
	哈布	竹蛹	幼嫩新竹中，油炸。市场上偶有出售，价格高

目前，扎松板阿卡人除了采集村寨周围常见的野菜，或者因为摆宴而专门上山采集外，日常生活中大部分野菜可以通过购买获得，大体有三种途径：一是像曼回尖、曼贺南等傣族村寨门口会搭建出小摊位，一些勤劳的傣族"老米淘"① 每天都会守在摊位前卖傣族自己做的酸鱼、臭豆豉、老品种的红薯、糯苞谷等。同时还会在村寨的箐沟附近找上蕨菜、苦凉菜等常见的野菜来卖，一般就一两元一把。二是勐润街子上的集市，每天固定开放，从早到晚都有卖菜的，野菜相对少而且多是常见的或者已经变为人工栽种的。卖野菜的大多是附近村寨的傣族，赶集的日子才会有老挝过来的阿卡人，而像扎松板这样村寨的阿卡人是不会来市场卖菜的。三是平时不定期地，老挝勐醒的阿卡人从小路穿过国界，背到寨子里面卖。在我的田野积累了一段时间对野菜的认识后来看，老挝阿卡人卖的才是最稀罕的野菜，这些野菜多数已经没法在扎松板周围找到，有的野菜没人知道汉语名字，甚至有的除了阿卡人外，其他民族不知道如何烹饪。这些老挝阿卡人一般头天需要找一整天的野菜，然后第二天天一亮就出发，中午的时候就可以走到扎松板。他们卖的野菜价格便宜，用芭蕉叶包成约 2 两一包的野木耳也不过就一两元，有时他们沉甸甸的一背箩野菜也卖不到 40 元。

除了野菜外，一些诸如白菜、玉米、茄子、豆角等在我看来普通的蔬菜瓜果也进入了阿卡人的生活。这些菜基本不是在本地栽种的，主要是汉族菜贩销售的。勐润的集市是这些蔬菜最主要的集散地，和卖野菜的傣族和阿卡人不同，他们有固定的摊点长期经营，蔬菜大多是从勐海甚至更远的地方贩运过来。这些蔬菜瓜果不仅枝叶萎蔫不够新鲜，而且价格远远高于像昆明、广州这样的城市。对于一些当地不出产的品种价格更为离谱，例如草莓，昆明大体在 10 元/公斤的时候，勐润则卖到 20 元/公斤。扎松板村民一般不会专程到勐润卖菜，因为常见的菜在寨子里可以买到。除了星期天之外，一般每天早上 8 点

---

① "老米淘"即傣语"大妈"的意思，在傣族地区无论是汉族、阿卡人都是这样称呼傣族老妇人。

到 9 点，一两辆小型载货车就会顺着一个个村寨卖菜，最初是勐腊的超市办起的，后来也有私人自己干，但寨子里的人都统称为"超市车"。超市车卖的大多是应季常见的蔬菜瓜果和肉禽蛋类，品种较少，价格和勐润集市相差不多。一般车子停靠在村寨中心小卖部旁边的空地，大声地放流行歌曲，寨子里的家家户户闻声就出来买菜了，一般在一个村寨滞留半个小时就开往下一个村寨。

随着橡胶的大规模单一化扩张，除了坟山和水源林，扎松板周边乃至整个勐润地区的山地被一带带绿油油的橡胶林所吞噬，过去阿卡人采集狩猎的空间几近消失。人们必须依赖货币和外部市场交换才能包括粮食、蔬菜肉食及其他生活必需品。但同时，过去作为生计方式的狩猎和采集，则以野炊和巡山——这种新的休闲方式再现于阿卡人的生活中。

野炊与巡山——新休闲方式的兴起

如今，食材获取的便捷没有让扎松板的阿卡人过上完全现代化的理想生活，最常见的说法是"饲料喂出来的鸡腥气得很""外面买的猪肉都没得肉香"。即使吃自己家养的鸡和喂的猪，主妇们也还会抱怨："越来越认不得搞什么吃了。"男人们也会同样和自己的妻子抱怨："外面的菜吃了嘴里都没得味儿，去山上搞菜来吃。"每当人们的抱怨积攒到一定程度的时候，野炊的时间也就到了。我在刚进入田野不长时间就和杨主任家的弟妹们去体验了我人生中第一次真正意义上的野炊。

　　已经到 9 月末的版纳下午依然很热。3 点多，我和罗姐带着家里中午吃剩的米饭和冰箱里冷藏的两条罗非鱼上去帕尤家。二追①已经到了，我看到杨主任的弟弟帕棱、米粗两口子，妹妹帕冲②和她女儿、儿子，还有一家眼熟的两口子，后来得知是米粗的哥嫂。老伴儿③基本上是不去野炊的，只有帕尤带着两个孩子。往日杨主任的二姐和她儿子儿媳一家也会来，今天他们上勐腊看病去了。

　　我们到的时候，东西准备得差不多了，有一只黑色的小母鸡、两坨冰

---

① 二追是杨主任的侄子，和杨主任一家一同生活。杨主任的大姐帕阿原来嫁在寨子里，生有两个儿子，丈夫生病死后改嫁到勐满坝腊寨，她把大儿子带走了，当时二儿子二追身体不好，怕不好养活就留在扎松板娘家养大。

② 帕冲已经离婚，丈夫欧克原来也是寨子里的，后来去小新寨上门，留下她和两个孩子。

③ 老伴儿是帕尤的丈夫杨广发，湖南汉族，原来在勐润做包工，后来在扎松板上门后就不做了。不到 40 岁，但帕尤称呼其为"老伴儿"，家里的亲戚也就沿袭这一称呼。

箱里拿出来的五花肉、一口锅几个搪瓷大碗，还有一些米、腌萝卜和盐巴辣椒等佐料。和往常一样，男人身上都背着砍刀。到了小卖部米粗的哥嫂还买了一箱啤酒和一次性碗筷。罗姐说，带去的东西一般都是大家轮流分摊的，"这次你出了只鸡，下次就抓我家的"。

我们的野炊地点在帕尤家的小橡胶树林，现在是割胶期，每个星期大概会一两次野炊，等到停割后，能去更远的地方，次数也更频繁。帕尤家林地已经接近山谷，地势平坦，旁边就是菁沟。到了之后，小孩们都迫不及待地脱了衣服、挽起裤脚跳到不深的菁沟里；帕梭在杀鸡，阿卡人杀鸡的方法和我所了解的不一样，他们并不用刀砍剁，而是庖丁解牛般在骨头关节处用刀划开，然后用手就把一只鸡掰成了一块块的样子。剩下的男人们有的砍竹子来夹鱼和肉准备烤，有的找来柴火、石块架起火塘；女人们有的串辣椒烤，准备舂佐料，我和大部分女人一起沿着菁沟需找蕨菜等野菜。为了做包烧芭蕉心，还砍了七八棵碗口粗的芭蕉树。所谓的芭蕉心，其实是尚未抽条出来的幼嫩茎心。一般一棵比大腿还粗的芭蕉树仅能取出差不多二两幼嫩的芭蕉心。看着被砍下的一地芭蕉树"残骸"，着实让我这样一直在所谓"爱护花草"的城市生活的人心疼不已。帕尤很是能干，翻过小山头从曼回尖的水源林里挖出了一根很粗的苦笋。这一季笋子还不常见，这算是意外收获。

待我们回来，鸡和米已经在锅里翻滚了，这是阿卡人最著名的鸡稀饭①；金黄色的烤五花肉在火上一边流着油一边嗞嗞作响；帕冲把已经烤好的鱼的鱼骨、鱼刺剔除，鱼肉和烤好的辣椒、野番茄、葱、缅芫荽等佐料一起放到碗里，出门在外一切从简，用砍刀的刀把来舂碎，制成蘸水。我们采集来的蕨菜等野菜，还有烧好的竹笋都要配合这个蘸水一起吃，他们通常叫作"便着吃"。

整个过程中，人们只是一边闲话家常一边做自己的事，人们看似已有细致的分工，却又能细心地察觉到细微差异而不断调整。不需要别人告诉自己需要做什么，整个过程中也没有做重复或者漏掉没做的事情，彼此之间默契得像一个配合已久的乐团。差不多一个小时的工夫，一桌丰盛的佳肴就搞好了，芭蕉叶一铺，人们席地而坐。一边吃，一边聊，一边喝，忙碌过后，林地树荫下的丝丝凉风让人无比惬意。我和他们讲城里那些徒有

---

① 西南地区的很多山地民族，包括佤族、拉祜族等都有吃所谓鸡稀饭、鸡肉烂饭的习俗。

虚名的野炊，他们和我讲过去没有种橡胶的时候山上风景有多好，可以背上猎枪打鸟吃，还有各种各样的野菜，抓不完的河蟹、小鱼……

后来，我还和其他很多家去不同的地方野炊过，有时会去曼回尖水库抓鱼，有时还背上土枪打野鸡。我在看守小卖部的时候也常常能看到寨子里各家的亲戚或者寨子里"一场的"朋友都会到小卖部买东西，扛上一箱箱啤酒去野炊，不管大人还是小孩都像我第一次去的时候那样兴高采烈的样子。实际上，他们野炊时候吃的菜也同样可以在家里吃，而他们野炊的橡胶林也是每天割胶都会去的，但他们一如既往地保持着如此高频率的野炊和热情。正如帕尤所说："就像你们汉族喜欢一场的叫着到这个（亲戚朋友）家吃饭，到那个家吃饭一样，我们过去就是山上面下来的……在山上吃饭香。"确实，在周围的汉族和傣族很少有这样的休闲方式。

图 2-3　土枪打猎

他们不仅喜好在山上吃，还喜好在山上住。割胶期间他们有时就会住在林地上简易搭建的茅草房；我曾经去找玛尤家的阿普问族谱的时候，他女儿就告之他去"巡山"了，她解释说"就是去山上住一段时间"。在扎松板，停割以后很多中年男性会去巡山，一般三四个人结伴而行，带上猎枪和干粮，在中老边境一带绵延的群山间待上一个星期左右。寨子里还有个老人呀飘平时不住在寨子里，而是自己跑到勐润河边的林地里去住，他告诉我："寨子里不好在，山上吃得香、睡得着。"

据阿卡创世史诗《烟本霍本》里所说，塔婆生下了各个民族的祖先，每

图 2-4　橡胶林间的野炊

图 2-5　山间小茅屋

个人性情不同。其中阿卡人是老大"阿厄叭"。"这个阿厄叭身子最高,力气最大,手杆、脚杆最粗,只爱在山林里跑,撵回的野兽肉挂满梁头,撵回的野兽皮晒满场坝。"当阿爹不让他上山,让他规规矩矩在家时候,阿厄叭说:

> 不行,阿爹,我最爱的去处就是山林里,啊呀,一听见泉水的响声,我的心都跳了,一看见瀑布溅在石头上变出来的珍珠,我就想拿背箩去把它背回来,一听见风吹树林的声音和鸟的叫声,我就像听见天神哼出的歌

声，阿爹阿妈，我这个快快活活的人怎么能死枯枯地坐在家里，像火塘里撮出来的灰一样，一点热乎气也没有呢？[①]

一直以来，阿卡人生活的崇山峻岭不仅提供狩猎与采集的场所，提供生存所需，每条溪流都承载了过去的历史和记忆，每块石头都蕴藏着一个个故事和生命体验。即使在当下的橡胶种植中，这在他们心中绝不仅是一个劳作的地点，或提供生计的来源，它还是一个传统山地民族被橡胶经济卷入后创造出的新闲暇方式，是村寨和家族人群新的结合方式，是对往日情怀的心理依靠和情感寄托，更是今天的阿卡人全部的生活世界。

山林文化中的"做人"理想

尹绍亭在《人与森林——生态人类学视野中的刀耕火种》中，不仅从生态人类学的观点分析和研究了刀耕火种，同时，他提出其本身就是一种文化，是森林民族创造的独特的森林农耕文化。如果真的理解了阿卡人基于山林产生的观念和意义，当下很多很多看似相互矛盾的现象也就不难理解了。在过去，山地民族普遍被认为更加"吃苦耐劳"，如民族调查中在对傣族调查时曾有如此形容："勤于劳动，如挑水担谷，但劳动负荷不及其他山地民族妇女之一半。"[②] 而当下的舆论则完全相反，我曾碰到很多外来人用"好吃懒做"来形容阿卡人，认为他们劳动不积极，就喜欢讲究吃喝。表面来看确实如此：在勐润，人们公认的最不倾心于橡胶种植管理的要算阿卡人了，和汉族、傣族对橡胶园的精耕细作相比，他们显得心不在焉，在自己家的林地干活竟然都"偷工减料"。随着田野时间长了，我逐渐从他们的言语中总结出了他们对于"勤快"和"懒惰"以及生活价值的另一套观念和认识。

首先，对于男性来说，狩猎既是体现勤快——"原来那种上山一天回来一样都不有拎着呢（即没打到猎物）肯定是懒了嘛"，又是展现能力的重要方式——"老挝那些人厉害啊，穿山甲、大戈盖（蜥蜴类）样样式式都找得着"。即使当下，在扎松板附近实在已经打不到大型猎物的时候，人们也在变相地延续这一逻辑，很多人愿意花高价钱去老挝买这些野物，例如一只穿山甲

---

① 见《一娘生的弟兄》，载刘辉豪、阿罗编《哈尼族民间故事选》，上海文艺出版社，1989，第107页。

② 中央访问团二分团调查，李尧东整理《佛海县情况》，《傣族社会历史调查》（西双版纳之一），云南民族出版社，1983，第19页。

要卖到 5000 元。很多阿卡人通过割胶赚到的钱，用来购买稀罕的各种野味，在请客摆宴时出现的这些野味往往成为村寨此后几天津津乐道的话题，由此成为村寨中建立社会威望的新方式。

此外，竹编也是过去阿卡社会对男性衡量标准之一。竹子在传统阿卡社会运用很多，房子楼板、墙壁、篱笆、屋顶上的压条都用竹编；捆扎房顶草排、楼板、墙壁时用竹篾；平时使用的凳子、桌子是竹器；存放粮食和背水、背物的都是竹篮；关鸡、鸭和小猪的用竹笼；吃饭用的筷子和盛放蘸水的碗都用竹制。寨子里，常常看到勤劳的老年男性在自家院内编竹器打发悠闲的午后时光。

相对应男性竹编，过去女性从棉花采摘、捻线、织布直到缝制阿卡服装也是重要的技能。现在还会用纺轮捻线的大多是中老年女性，更常见的是，她们用外来的渔网线织成平时割胶时候背的包，或者年轻的女性则绣着这两年外面流行的十字绣。

而对现在的阿卡女性，是否勤快则表现在"看她咯会搞菜"。最具代表性的就是"蘸水"。在云南的很多地方都流行蘸水，用于蘸菜吃使之更加入味，主要用盐、酱、辣椒、葱花等各种调味料制成，比较简单。但在扎松板，我可谓见识了制作工艺的复杂，我的房东杨主任就曾揶揄罗姐"懒女人"，说她嫁来阿卡寨子四五年了，连个像样的蘸水都搞不出来。最常见的一种蘸水就是上文中提到的野炊时候帕冲制作的，先要把鱼烤熟，去皮、去骨和刺，只留鱼肉。同时将辣椒穿串，和野番茄一起放炭火灰里烤，将焦黑的外皮剥掉。再加上葱、缅芫荽等佐料一起放到碗里春碎后加水成蓉状，才算制成。而在整个西双版纳都有名的蘸水"牛撒撇"的制作就更复杂了，需要现宰的牛，并且在杀牛前一个多小时，给牛喂一些专门的野草——刺五加叶和辣料（见表 2-4 常见野菜种类以及获取、烹饪方式详表）。这样做是为了将刺五加叶的清凉、甘苦和辣料的辣苦融入牛肚中。牛开膛后，把牛肚洗净，放在开水里烫 2 分钟后刮洗干净，切成条，同时从牛胃里取出初步消化的草汁和牛的小肠里的一种很苦的汁水，跟牛肚拌在一起，再加上辣椒、花椒、葱、辣料等其他佐料才算制成。这种需要耗费大量时间、精力来完成烦琐工艺制成的蘸水几乎是扎松板飨宴时一道必备的菜肴。不仅如此，不同的蘸水要配合不同的主料，例如上面所说的两种是配合各种野菜和蔬菜生吃，如果要配合苦笋则要用加入花生等其他佐料制作的蘸水；夏季天热时候配合肉食的蘸水还要加入柠檬，野番茄的用量也要增加以消解油腻；配合鱼和其他河鲜的蘸水还要加入香茅草、荆芥等去腥……有时，一顿饭根据主食的不同，出现三四种蘸水也不足为奇。

我曾在杨主任家吃过一道菜给我留下了深刻印象。这道菜是用蔓根、牛皮和滴水芋的芽尖制成。用料极为考究，除了牛皮我认识外，剩下两种我都闻所未闻。据说，蔓根生长在水箐沟处，但是长在地下，需要挖很深才能找到；滴水芋虽看得见，可只取芽尖也是个颇费工夫的事情。制作上首先要将牛皮煮化，然后放入蔓根煮软，最后放滴水芋的芽尖，从一早就开始煮，晚饭时才吃得上。在我看来，如此费力做出的这黑乎乎的一锅菜丝毫谈不上色、香、味，但杨主任和我说，每个阿卡人都觉得这个是好东西，都喜欢这种"肥肥的，又有点麻麻的"口感，平时吃一碗饭的，有这个菜都要吃两碗，并且最重要的是"只有勤快的人家才吃得上，所以看见哪家吃这个最羡慕了"。杨主任的话很快得到了证实，他家的亲戚在得知吃这道菜后陆续都来品尝，和我一样称赞美味或者感慨这些食材的不易获得。

正如萨林斯通过对西方世界的餐饮模式①的分析所呈现给我们的：食用与不可食用、好吃与不好吃从来就不是种自然常识，实际上文化逻辑所建构的结果。阿卡人在历史发展过程中，依据对山林的认知和生计实践，所形成的一套对于饮食、劳动乃至人生价值的观念体系依然存在，被他们巧妙地糅合到当下的橡胶种植中。

正如 Dove 对婆罗洲岛的研究中所指出的，橡胶的种植打破了传统刀耕火种的节律，一方面，人们放弃了相关的祭祀仪式，破坏了传统社会所强调的人与自然、神的交换；另一方面，橡胶种植采取个体家庭的农作形式，以往家户间的互助不复存在，同时财富不断积累，由于橡胶无法在当地消费使得财富不再分散，破坏了人与人的交换体系。而阿卡人正是通过其传统的山林文化体系创造出新闲暇方式，维系了传统社会价值观念和村寨与家族人群的结合，使被中断的人与自然的交换、人与人的交换体系得以延续。从地方性文化逻辑中来看，尽管"找钱"的活动在橡胶经济中得到了前所未有的凸显，但"找钱"最终还是为了要成全当地社会传统的生活方式和"做人"的理想。而反观现代社会，"那些只消费现代产品的人，可以用'落后''浪费''迷信'来形容对这些产品一无所知的'乡巴佬'，却不能否认他们自身对现代性存在'迷信'。"②

---

① 〔美〕马歇尔·萨林斯：《文化与实践理性》，赵炳祥译，张宏明校，上海人民出版社，2002。

② 王铭铭：《西方人类学思潮十讲》，广西师范大学出版社，2005，第 201 页。

三　橡胶种植的文化实践

扎松板的橡胶种植历史可以追溯到 1968 年。当时中央从"扩大橡胶发展、稳定边疆"的角度考虑，做出了在农垦协助下发展地方民营橡胶的指示。勐满农场当年就设了民族工作组，以"场带群"的形式，通过示范操作、现场指导等形式帮助当地农村社队进行林地规划、开垦定植，提供种苗，并对定植的橡胶地进行补助，帮助附近曼赛竜、扎松板等几个村寨发展集体橡胶种植。尽管由于"文革"，早期村寨集体种植的橡胶大多丢荒、失管、损毁。到了 1985 年开始的大规模种植橡胶热潮，勐满农场五分场的专业技术人员、乡农业站（原勐润乡农业站）每年都到周边村寨教授从橡胶种植、管理到割胶的一整套知识和技术，同时还向村寨按照每株 0.5 元提供橡胶苗，规定在橡胶开割后的第二年再向农场偿还这笔费用。直到现在，每年勐腊橡胶技术站还会到村寨普及相关知识，开展胶工培训、开割前的复训，开展割胶比赛和评选优秀胶工等活动。连勐润街子卖农药和割胶工具的店铺也经常挂着"培训割胶"的招牌。

阿卡特色的橡胶种植

如今，橡胶几乎是扎松板唯一的经济来源。围绕橡胶的一套知识和技术系统成为当地人必备的地方性常识和生存技能。当听到"割面""干含""株距""定植"这样的专业术语从没有多少汉语词汇量的阿卡老人口中说出时，着实让人震惊。尽管如此，在外人看来，橡胶带给村寨前所未有的财富，却并没有让他们从真正意义上习得橡胶种植、管理和割胶的现代知识和技术。他们并不热衷于橡胶管理以带来更多财富，甚至在自己家林地干活都显得心不在焉和"偷工减料"，和农场以及周边傣族对橡胶园的精耕细作形成鲜明对比。

首先，表现在橡胶的种植与管理上。在橡胶种植上，首先要开垦胶林。在二月初，人们将森林砍伐，待到树木晒干后焚烧，然后清理焚烧后的树枝、树根等，与过去刀耕火种时期的砍坝一样。接着挖橡胶带，我的房东罗姐的爸爸是三分场的老职工，他曾给我详细介绍道：

> 农场统一采用拉线十字定标，最早的时候一律按照每带之间距离 8 米挖成一带带的梯田，每带的株距为 3 米，挖穴则按照 80×70×40 的容积标准开垦。后来 20 世纪 70 年代遭遇两次大寒害后，改用"宽行密株"（即带距 12 米，株距 2 米）的标准开垦。当时有的平坦的地区还使用了

"斯大林100型"和"东方红75型"推土机来开垦。

与农场相比，村寨全部为人工开垦，由于山势陡峭，带距之间更多是依山势而定，株距也一样长短不一。连我这个此前从来没有见过橡胶林的人都能感到两者外观迥异，一眼望去：农场的胶林一带带整齐排列如同等待检阅的士兵，而村寨的胶林则参差不齐，颇有些自然之态（见图2-6、图2-7、图2-8）。

图2-6　农场橡胶林

图2-7　阿卡村寨橡胶林

图 2-8　割胶

　　其次，农场在橡胶林的管理上还要求在橡胶树的苗期、幼树期，即开割前要精心抚育，这一时期为了抵制杂草与橡胶苗争夺水肥，要做到"三砍三锄"，即每年都要砍坝除草三次，铲除橡胶树一带的杂草，翻新橡胶带三次。此外，随着橡胶树的生长，还需要修枝整形、增加橡胶地的通风和光照，还要为橡胶树喷洒防虫剂、防病毒剂等来减少病虫害的发生。最为重要的是施肥，尤其在幼树期茎粗生长特别旺盛，根系扩展和树冠形成快，这一时期下肥成效显著，能够使胶树尽早开割，农场的标准规定是：橡胶树茎围达到 50 厘米的即可开割，在勐润地区一般农场的橡胶树都在 7~10 年就可以达到这一标准。

　　在扎松板，大多数的家户每年只在冬季除一次草，一般是除去橡胶林中长出的木本植物。在景观上，农场橡胶林林下基本没有植物，只有土壤裸露；而村寨的橡胶林可谓杂草丛生，一些山茅野菜、野生菌等还能见到，甚至在还是橡胶苗的胶林，成片的灌木已经盖过尚未长大的橡胶树。此外，绝大部分家庭不会给橡胶树施肥，更谈不上喷洒防虫剂、防病毒剂了，这使得橡胶树生长缓慢，影响了橡胶树成年后的产量和寿命。在扎松板，大部分橡胶树要生长 10~12 年才能达到农场规定的开割标准，有些已经开割了两三年的橡胶树才只有45 厘米的茎围。

同样在外观上显著不同的是：农场胶林中每棵开割的橡胶树割胶部位上方都有一圈黑色塑料制成的"帽檐"。由于割胶时期大多处在版纳的雨季，在收集胶汁的过程中如果下雨，会"雨冲胶"，沾上雨水的胶水会变质作废，同时胶树割面容易产生条溃疡病。因此，国营农场早在20世纪80年代初期就开始推广安装"防雨帽"技术，后面又经研究所研制改进成铝箔和塑料薄膜复合物为材料的新型防雨帽。将其安装在橡胶树割线上方，就能使橡胶树割面在下雨天保持干燥，保证了有效刀次，达到防病增效的作用。据罗姐的爸爸说，农场曾做过对照试验，防雨帽割胶技术对提高产量和降低病虫害的效果还是显而易见的。但这种防雨帽在扎松板等阿卡村寨的橡胶林则是几乎见不到的，我见到使用防雨帽的只有欧培一家，后来得知他妻子龙莎是从勐捧农场七分场嫁过来的，也是所谓的"农场人"。

最后，割胶制度的不同。首先在橡胶树身约1米高的位置用胶刀割开一条与树身平行、与地面垂直的线，再以这条线为基点，环绕树身斜向上或斜向下割出一条斜线，斜线长度占树干表面的一半。每次沿着这条线割，胶乳就会顺着割线流下来，往下割称为阳刀，往上割称为阴刀。在割线的末尾处钉上一条长约10厘米、宽约3厘米的凹槽，叫胶舌。胶舌的下方用铁丝绕成"8"字形，一头大，一头小，大的一头开口，绕在树身上，小的一头放上专门的瓷碗，一般叫作胶碗或胶杯。胶乳会顺着胶舌流到胶杯里，收胶时，把胶碗里面的胶乳倒入胶桶中，由于胶乳黏性较强，所以还要用一个有木柄的半圆形塑料片，也叫"胶刮子"在胶杯里刮一下，这样胶乳才会收得干净，不浪费。

割胶是一项技术性很强的工作，罗姐的爸爸现在都背得出当年学习"眼、手、脚、身四配合""行刀要做到稳、准、轻、匀、快"等技术要领。具体来说，有两个重要指标可以衡量：一是胶刀割进树皮的深度。这必须把握得相当准确，太深，会伤到树干；太浅，胶乳又流不出来，或太少。农场有些经验丰富的老胶工能把握住相当于一根头发丝粗细的深度。割得好不伤害胶树的形成层，树皮就可以再生，割面的再生皮经过七八年的恢复，到原来的厚度时又可割胶。二是割去胶树皮的厚度。对于胶树来说，其经济寿命的长短，主要取决于割胶的耗皮量。如果每刀厚度厚，耗皮量比较大，很快就会把原生皮割完，进入割再生皮，再生皮的产量不及原生皮，且皮硬不好割。此外，在割胶强度上，过去传统割胶强度为每两天割一刀，新开割的橡胶树要晚开割、早停割，并且割胶强度为每三天割一刀。在这套规范的制度下，农场的割胶水平一直在不断提高。目前一般原生皮的一个割面可以割10年甚至更长，两个半面割完差不多 20 年，然后又循环，依次割再生皮的两个半面，这样算下来，农场的胶树经济寿命一般在 35~40 年。

一般来说，胶树开割后第三年到产量明显下降时止约 20 年的时间，即所谓的"旺产期"，此后在树干再生皮上割胶产量会明显下降。这时候一般会在除了主干以外的大分枝上也进行割胶获得一定的产量，最主要的方法是：将所谓的"刺激药"，主要包括乙烯灵等在内的复方乙烯利糊剂涂抹在割线上方，一般半个月涂抹一次。通过化学刺激割胶来增加产量。不仅如此，勐腊橡胶技术站的工作人员告诉我，现在热作所还在不断研制创新，其主要是对不同割龄的橡胶树采用不同的割胶制度，我拿到一份新割制的简要说明（详见附录三），可以看到，其主要是对不同割龄的橡胶树采用不同的割胶制度，通过"精心设计、合理安排、科学地利用树皮"来实现延长橡胶树的经济寿命。

在村寨，刚种植橡胶的时候，很多家庭完全不按照标准化割胶制度，有时日割三四刀，碰上"搞迷信（仪式）活动又两三天的丢着不管"。目前这样的情况已经少见了，但是他们的割胶技术一直得不到提高，伤树的情况一直严重。据统计，勐腊县在 20 世纪 80 年代大规模培训割胶技术后，从 1987 年和 1988 年对全县范围内 803 名民营胶工的抽查情况看，仅有少数胶工消除了"特伤"，伤树最少的胶工伤树率也还有 20%。[①] 直到现在，寨子里的胶树上经常都可以看到长"苞"。寨子里的人们会抱怨现在的工作时间不好，割胶需要在夜间，晚上是喝酒的时间，喝了酒去割胶，就会把树都割伤了。并且，一般对于正处于割胶的橡胶树，还要求每隔两天就涂凡士林等润滑油一次，防止创面感染并加速愈合，重新生长出光滑的树皮。但是他们通常都想起来才涂一次，甚至大部分橡胶树从来没有涂过。他们的很多违规操作使得橡胶树的割面坑洼不平，满目疮痍。有的死皮严重便无法循环再割再生皮，加上每刀割的厚度过厚或者不均匀，寨子里橡胶树一般 15 年左右就没法出胶了。

正如杨主任所言，村寨在橡胶的种、管、养、割上实行的是"阿卡特色"的橡胶种植。对橡胶种植经过一段时间的调查后，连我这个外行都几乎可以从橡胶林的外观上轻而易举地判断出一片橡胶林的主人是阿卡人还是农场人。

阿卡人橡胶种植中技术推广的困境

在当地，农场代表一个橡胶种植和割胶制度的标准技术系统，与其对照之

---

① 《勐腊县橡胶技术推广站成立 20 周年材料之六》，载《勐腊县橡胶技术推广站 20 年工作纪实》（内部资料），2009，第 42 页。

下，扎松板阿卡人的橡胶种植似乎很容易就贴上了这些随处可见的标签："民营胶园管理粗放""农民割胶技术差""重种轻管，重割轻养"，以及老百姓追求短期的经济利益，橡胶种植管理不规范导致橡胶经济寿命缩短等。这一系列的标签始终伴随着民营橡胶发展过程，不断地出现在西双版纳各级政府的文件、调研报告以及报纸媒体的宣传中。因此，实现科学化、集约化的橡胶产业发展一直被定位成民营橡胶发展的目标。2009 年，国家明确将橡胶等热带作物品种纳入现代农业产业技术体系中。随后，又提出：通过加强产学研结合，以推广优良品种和关键技术为重点，加强农民技能培训，充分挖掘增产潜力，提高胶园管理水平，加快低产残次胶园的更新改造，加快良种推广速度。① 近年来，国家不断加大对橡胶科研机构的投入、加大基层技术推广力度，力图实行规模化、产业化种植以构建科学化、集约化的橡胶现代农业体系，但依旧收效甚微。

　　然而，除了橡胶种植和割胶过程中的一些基础性知识和技术能够得到普及外，诸如安装防雨帽、施肥、涂油等为了长效发展的精细化操作则很难得到推广，20 世纪 90 年代以后，民营橡胶的技术系统就再难以更新了，它们一直维持在所谓的粗放种植管理的模式下。我曾和一名勐腊橡胶技术站汉族工作人员聊起，他得知我在村寨做相关调查，也表达了他的困惑："每年都下乡教那些僾尼人要怎么割胶，多少年了他们还是把树割伤割死。有些僾尼人好吃懒做，自己家橡胶地干活都偷工减料……还有三天一刀的割制改革，从 1999 年就开始推广了，到现在就是推不下去，不像农场文件一出，上面一喊做，下面就跟着搞。"

　　他所提到农场和地方的差别固然是很重要的一点。1988 年的时候，杜玉亭曾就当时西双版纳橡胶种植业发展中民营橡胶与国营农场的发展提出了"双重经济结构"的问题②。他认为农场在当地就如同一个"城镇型小社会"，更确切地说，在橡胶种植上，农场就是工业化社会的企业，而且还是标准的国营企业。它具备一整套较为完备的组织管理体系，作为生产资料的土地以及生产过程中所需的锄头、砍刀、化肥、农药、防虫剂等都由农场提供，在橡胶生产的每个环节都有严格的生产制度和操作标准，因此工人们必须严格执行这套规范，因为这与他们的工资待遇挂钩。而民营橡胶走的还是以家庭联产承包责

---

① 国务院办公厅：《关于促进我国热带作物产业发展的意见》（国办发〔2010〕45 号）。
② 杜玉亭：《超禁式应用研究——西双版纳橡胶种植业的双重经济结构问题》，《民族田野五十年——中国特色民族学的足迹》，云南教育出版社，2009，第 229 页。

任制为特点的个体农业经济。这就好比自主选择、自负盈亏的民营企业，显然不用受到一套外在标准的限制，尽管这套标准"似乎"是为了提高企业的效益。

然而，农场与地方在橡胶经营管理模式的不同还是无法从本质上说明，为何村寨的橡胶种植难以从粗放转为集约，各种新技术的应用推广会如此艰难。更进一步带来困惑的是：村寨与农场相邻而居，在耳闻目睹了农场橡胶种植管理确实大幅延长了橡胶的经济寿命的情况下，村寨的人们为何依旧选择维持在一个低度发展的阶段？这一选择背后蕴含着怎样的文化逻辑？

在人类学看来，技术始终被看作文化的核心。早期人类学把技术看作衡量文化进化或变迁的尺度。技术和知识水平的发展构成了摩尔根（Lewis Henry Morgan）、泰勒（Edward Burnett Tylor）等人划分社会野蛮、蒙昧和文明的标准；随后的新进化论学派将能源、环境、人口等因素纳入考量，使其对技术的关注推到顶点。尽管侧重各有不同，但他们明确一点：技术对文化的决定性作用，以及以技术为标准，形成了文化进化的等级序列。

尽管这套西方传统进化论式的解释在意识形态和本体论上遭到了很多批判，但对目前国内农村贫困和农技推广主流学术话语影响颇深。农民的受教育程度和文化素质不高，以及传统价值观与信仰成为技术推广的主观阻碍因素。宿命论、传统主义和安于现状、厌恶冒险的态度会影响技术采用行为[1]，而文化素质和科学技术素质不高则会影响获得新技术的机遇和采用新技术的能力。[2] 另外，一些学者的研究表明：农民的技术需求与国家技术推广需求存在错位。最突出表现在：政府一直把产量提高作为政策制定的首要评价指标，这就决定了制定农业技术推广政策和计划首要考虑的是高产技术的选择与推广。[3] 然而，随着农村收入的提高，农民对高产技术选择已经向优质技术选择转移，由节约资金型技术向节约劳动力型技术转移。[4] 尽管这些讨论指出了技术推广中存在的问题，但国家与农民技术需求背后的文化逻辑没有得到进一步质疑与反思；在科学主义的进化论框架中，知识、文化的差距与技术推广被置

---

① 高启杰：《农业技术推广中的农民行为研》，《南方农村》1999 年第 5 期。

② 田素妍、李玉清：《试析我国农业技术推广主体行为及对策建议》，《农业经济》2009 年第 4 期。

③ 黄季焜、胡瑞法、孙振玉：《让科学技术进入农村的千家万户——建立新的农业技术推广创新体系》，《农业经济问题》2000 年第 4 期。

④ 宋军、胡瑞法、黄季焜：《农民的农业技术选择行为分析》，《农业技术经济》1998 年第 6 期。

于理所当然的因果关系中，回避了从政治经济和社会文化层面对现代技术的检视。

对于技术研究的另一条进路则突出技术本身蕴含的社会属性和权力维度。不同于传统对技术的"价值无涉"语境，技术开始被认为与语言、宗教、社会准则、商业和艺术一样，是人类文化系统不可分割的部分，并且它还塑造和反映着这个系统的价值。[①] 或者更进一步说，资本主义社会的技术与资本结合，形成了驾驭劳动的权力，使得劳动被异化，进而巩固资本主义的生产关系。[②] 甚至，在后现代看来工业化的技术本身就是权力结构，使得人性受到压制。[③]

"二战"以后，伴随着非西方国家经济重振和现代化建设，西方的现代技术的引入和推广，这一过程被视作资本主义生产方式与非资本主义社会的联结（articulation）。现代技术所具有的资本主义社会属性，也使得非西方社会的技术选择呈现更多复杂性。除了受到了现代农业要素的可得到性和价格的制约外[④]，地方性的社会文化等"非理性"因素影响着技术的选择。福斯特（George M. Foster）基于墨西哥研究指出当地农民的宇宙观里，所有的资源都是有限的，因此，只要村里有人赚钱，就表示他剥夺了其他人的资源。因此一个新技术被引入之后，当地人往往会顾虑是否剥削其他人而造成内部的不平衡关系，因而放弃新的技术；强舸在对西藏新品种青稞推广的研究中发现：技术选择受本地传统生计模式及其背后的自然环境制约；[⑤] 此外，格尔兹（Clifford Geertz）、博特拉尔（A. F. Bottral）对灌溉农业研究中发现技术选择还受制于地方社会结构。[⑥][⑦] 大量的非西方研究呈现出来：当地人并不是像资本主义经

---

① 美国科学促进协会：《面向全体美国人的科学》，中国科学技术协会译，科学普及出版社，2001，第 21 页。

② 〔德〕卡尔·马克思：《机器、自然力和科学的应用》，汤一介译，人民出版社，1987，第 26 页。

③ 〔美〕赫伯特·马尔库塞：《单向度的人：发达工业社会意识形态研究》，刘继译，上海译文出版社，2006，第 18 页。

④ 〔美〕西奥多·舒尔茨：《改造传统农业》，梁小民译，商务印书馆，2006，第 125~134 页。

⑤ 强舸：《发展嵌入传统：藏族农民的生计传统与西藏的农业技术变迁》，《开放时代》2013 年第 2 期。

⑥ C. Geertz, "Organization of the Balinese Subak," in Coward, E. (ed.), *Irrigation and Agricultural Development in Asia: Perspectives from the Social Sciences*, Ithaca: Cornell University Press, 1980.

⑦ A. F. Bottral, "Evolution of Irrigation Associations in Taiwan," *Agricultural Administration*, Vol. 4, 1977.

济学所假定的那样，均为追求个人利益最大化的经济人，他们自有一套地方性的"文化理性"或者说"整体理性"。其背后的逻辑是：农民的首要目的是生存，其生产是为了满足消费需要而非追求最大利润，因而他们的经济行为强调"安全第一"。所以，农民拒绝技术革新并非观念僵化导致的，而是受制于自然和社会环境中理性衡量之后的结果。①

在中国，国家权力推动下现代农业体系的建立，正在不断重塑传统社会的生产技术实践。杜赞奇（Prasenjit Duara）、黄宗智等学者意识到不同的理论取向会投射为现实中的农民身上的不同特征，开始强调将其置于中国农民的生活世界和行为实践中的综合分析。②③ 2012 年中央一号文件提出：实现农业发展，根本出路在科技。其中强调：农业科技是加快现代农业建设的决定力量，具有显著的"社会性"。④ 从事橡胶种植研究的国内人类学者普遍关注到橡胶经济发展对当地少数民族传统生计方式和社会文化带来的迅速变迁，而地方社会文化如何作用于看似标准化技术指导下的橡胶生产实践却鲜有关注。

橡胶种植的文化逻辑的建构

正如上文所说，在橡胶出现以前，过去阿卡人普遍实行刀耕火种的耕种方式，耕种粗放，广种薄收。⑤ 与当下阿卡特色的橡胶种植所遭到的质疑一样，早期对刀耕火种的研究普遍将其置于进化论的框架中，将这种粗放与落后对应的集约与先进画上等号，直到 20 世纪 90 年代的研究才开始跳出这种优与劣的等级评价，更多地从不同生态系统适应方式的角度加以理解。在对刀耕火种的研究中，阿兰（W. Allan）、康克林（Conklin）、卡内罗（Carneiro）等大多数学者虽然研究地域和方法不同，但都有一个高度一致的结论：实行刀耕火种地区的人口密度都较低，不管是土地、资源还是劳动力实际生产量都低于其生产能力，即是一种低度生产的经济。⑥ 尹绍亭通过对刀耕火种的系统研究，指

① 〔美〕詹姆斯·C. 斯科特：《农民的道义经济学：东南亚的反叛与生存》，程立显、刘建等译，译林出版社，2004。
② 郭于华：《"道义经济"还是"理性小农"重读农民学经典论题》，《读书》2002 年第 5 期。
③ 〔美〕黄宗智：《认识中国——走向从实践出发的社会科学》，《中国社会科学》2005 年第 1 期。
④ 国务院办公厅：《关于加快推进农业科技创新　持续增强农产品供给保障能力的若干意见》（国办发〔2012〕1 号）。
⑤ 严汝娴：《哈尼族简介》，《哈尼族社会历史调查》，民族出版社，2009，第 2 页。
⑥ 〔美〕马歇尔·萨林斯：《石器时代经济学》，张经玮等译，生活·读书·新知三联书店，2009，第 51 页。

出：从耕作技术和耗费的土地量来说，刀耕火种无疑是一种粗放农业。但是它也有优越性，首先，就是省力。从所需劳动力来看，粗放耕作所需的工数不到集约耕作的一半。其次，产量高。在正常情况下，滇南地区传统粗放的懒活地的旱稻产量一般在 600 斤左右，而傣族传统水稻也不过 500 斤，近两年来改种的杂交稻产量部分上升到 600~700 斤，也没有比山地民族的粗放懒活地高多少。所以，如果可以选择的话，多数农民是会选择粗放而不是集约。但粗放却是有条件的，那就是必须具有富足的土地资源。一般而言，人均占地必须达到 30 亩以上，这一农业生态系统才能保持良性循环，[①] 否则"想粗放都粗放不起来，只能走集约的道路"。例如，在我国富庶的长江中下游地区，从古代粗放的"火耕水耨"农业发展到现代的集约经济，其根源并非人类对于集约的、能动的追求，而是从地广人稀到地窄人稠这一生产条件的根本改变。[②]

如今，阿卡人再一次将这套有关土地资源与粗放农业的生计策略嫁接到当下的橡胶种植模式，或者说，阿卡人又一次将刀耕火种的生计惯习搬演到橡胶实践中。这套策略之所以行之有效，其前提也正是凭借山地民族丰富的林地资源。[③] 以扎松板所属曼贺南行政村为例，下属的 11 个自然村[④]中，傣族村寨人均橡胶地最多的有 5.6 亩，最少的仅有 1.2 亩；而阿卡村寨橡胶地最多就是扎松板老寨和新寨，人均有 18.9 亩，最少的也有 9.8 亩。对于相邻的农场，一个更粗略、简单明了的方式是：农场一般按照"定人定岗"的管理形式，一个全劳动力管理 400~500 棵胶树[⑤]，而在扎松板，一个全劳动力平均可以拥有 700~1000 棵胶树，确实具备了粗放种植的"资格"。

首先，在橡胶种植中，阿卡村寨的橡胶种植也显示出省力的优势。以耕种 20 亩所需要的工数（一个劳动力劳动 1 天为一个工）为例，表 2-5 中粗略统计了阿卡村寨与农场两种种植管理方式所需要花费的劳动力的差别。

---

① 尹绍亭：《云南的刀耕火种——民族地理学的考察》，《思想战线》2009 年第 2 期。

② 尹绍亭：《一个充满争议的文化生态系统——云南刀耕火种研究》，云南人民出版社，1991，第 80 页。

③ 过去生活在这一地区的族群间在土地资源利用方式上的差异造成了占有山地面积上的差距，傣族、汉族拥有更多的水田，而阿卡等山地民族则拥有更多的林地。

④ 除了 2 个自然村以汉族为主的杂居移民村外，剩下 9 个自然村均为单一的傣族村寨或阿卡人村寨。

⑤ 不同的农场情况都不一样，勐捧农场大体按照 220 个树位为一个岗位（不同分场的具体数字也不一样），一般普通职工管理 2 个岗位。

表 2-5　两种橡胶种植方式所需工数对照

阿卡人的橡胶种植		标准化的农场种植	
工序	工数	工序	工数
砍坝（一次）	7	砍坝（三次）	21
翻新橡胶带（或不翻）	6	翻新橡胶带（三次）	18
不施肥	0	施肥	2（第一次需挖坑 10）
不喷药	0	喷药	1
不修枝	0	修枝	6~8（树的大小不同）
合计	7~13	合计	48~60

资料来源：根据田野调查整理。

　　其次，省钱。橡胶种植作为现代化种植技术，与传统农业的一个显著差异在于对外部市场的依赖和机械化作业的引入。橡胶生产环节中使用的防虫剂、防病毒剂、安全帽、化肥、刺激药都必须通过市场进行购买，此外，如上文提到，在橡胶定植过程推土机等大型机械设备的使用是农场与村寨的橡胶种植形成了先天景观差异，而在胶园管理中，砍坝过程中除草机的使用可以大大提高劳动效率，"人工砍坝需要 7 天，使用除草机 4 天可完成，还没有那么累"。由于胶树高，喷药必须机械作业，村寨只有在比较严重的虫害暴发时候才会喷药，2008 年版纳白粉病大暴发的时候，村寨里比较严重的几家请外面的人带着机器来喷药，平均每亩 20 元，光喷一次药都要几百上千元的花费。

　　最后，产量高。橡胶树存在旺产期，大概割胶 15 年以后割胶产量就开始明显下降，所以农场的橡胶树虽然可以割胶长达 30 多年，但是真正高产的时间不过 15 年。此后进入衰产期尽管使用化学刺激，但橡胶产量越来越低，直至产值比劳动成本还低时就只能砍伐后更新。在扎松板，人们会在橡胶旺产期加大割胶强度，到了橡胶树的旺产期后半段就提前开始使用刺激药，当进入衰产期就直接砍伐。所以，尽管农场的精耕细作确实为橡胶树延长了近 1 倍的经济寿命，但富余的时间恰恰是效益较低的。如果换算成橡胶树割胶期内单位时间的效益，农场与村寨的差距也就相差无几了。虽然橡胶从更新到开割需要的时间长达 8~10 年，村寨的橡胶经济寿命短，使得橡胶树整个生命周期中没有产出的时间占据的比例要远远高于农场，但是人们粗放的管理也使得前期的劳力、金钱的投入相对农场要少很多。此外，砍伐后的橡胶树还可以作为木材出售，树围达到 60 厘米左右的橡胶树砍伐后一棵售价接近 150 元。而且重新更新橡胶的成本也在不断降低，过去人们需要收集橡胶籽自己育苗嫁接或是直接到市场上购买，2010 年以后国家的改造低产胶园计划使村寨可以低价获得优质胶苗。尽管农场在单位土地上的收益要更高，但是村寨丰富的土地资源足以支持轮流更新，使村寨在单位劳动的收益上要高出农场。

除去对经济上的考量，农场和阿卡村寨的橡胶种植管理其背后所回应的正是基于农民学研究中对"理性小农"和"道义经济"的经典论题对于生产的两套完全不同的文化逻辑。至 2007 年，整个西双版纳的植胶面积已经达到 330 万多亩，达到了生态承载的极限。因此，从国家、政府以及土地不再可能扩张的农场角度来看，通过不断科学化、精细化的管理流程和日益复杂的割胶制度来降低耗皮量和提高单位产量，最终实现的是有限土地资源下最大化的长效收益。这种行为逻辑符合现代西方经济学对"经济理性"的理想设定，也正是经济人类学所谓的"为交换价值而生产"，即生产是为了获利，其追求抽象"财富"尽可能地无限积累。而阿卡生活世界中的橡胶种植则不同，一方面，橡胶经济下的扎松板早已不是自给自足的原始经济，因为橡胶在当地没有使用价值，它仅仅具有交换价值，必须用于与外部世界的交换。所以，他们甚至比绝大部分农民更深入、更彻底地投入了商品经济；另一方面，当地人追求的并不是橡胶的交换价值，而是通过交换获得金钱，以用于生活品的消费，换句话说，他们始终不懈追求的是使用价值。在这种"为使用价值而生产"的经济体系中，生产的目的并不仅仅是获得利润，他们的理性也并非一种"经济理性"，而且是权衡自然环境和社会文化后的"整体理性"。

在这一逻辑作用下：首先，生产目标明确有限，"生产断断续续，毫无规矩，同时也是惜力如金的"[1]。在这种生产中，新工具和新株苗的引入，本可提高当地劳动率，却被他们用来缩短必要的劳动时间，增加的休闲时间抵消了他们本应提高的生产所得。[2] 这也就解释了为何那些通过增大劳动强度来提高生产效益的知识和技术很难在阿卡社会中得到推广。其次，现代化的橡胶种植技术和基于国际橡胶市场体系把他们拖入冒险的路途，国际胶价近年来的暴涨暴跌带来的风险是传统农业生产者难以理解、掌控和规避的，因此，减少劳动力和货币的投入是理性衡量的结果，比起利益的最大化，他们"力图避免的是

---

① 〔美〕马歇尔·萨林斯：《石器时代经济学》，张经纬等译，生活·读书·新知三联书店，2009，第 98 页。

② M. D. Sahlins, B. F. Hoselitz, "Review of Sociological Aspects of Economic Growth", *American Anthropologist*, pp. 1063–1073, 1962.

毁灭自己的歉收"①。传统生计惯习的搬演，意味着"往昔不一定像人们所说的那么令人满意，但人们是沿着几代人踏出的道路前进，那儿的障碍、危险和坎坷都是熟悉的"②。

从 2010 年开始，政府的相关部门派出技术人员到民族村寨的胶林测量海拔，选择适合的橡胶品系，并且按照市场四折的价格提供优质胶苗。国家寄希望按照舒尔茨提出的"提供廉价的生产性要素"推进民营橡胶低产胶园改造计划，实现现代化橡胶产业体系的改造。然而这套行为逻辑显然不被阿卡人所共享，无论外界将当地人的橡胶实践看作"追求短期经济收益"也好，还是"山地民族好吃懒做，缺乏橡胶管理的综合素质"，当地人所追求的从来都不是集约，或者说他们所追求的并非可以不断提高的生产效益和最大化的收益。正如萨林斯在《石器时代经济学》中提到的：这类社会文化并不是为了克服生产技术的极限，实现产量最大化而设计出来，它的存在反而阻碍了生产手段的发展。③ 阿卡人也正是依据传统刀耕火种惯习生成了橡胶种植中新的生计策略，尽管与国家、政府行动背后的逻辑不符，但并不妨碍他们借用国家各种政策扶持和补贴投入的资源来更好地实践阿卡特色的橡胶种植。借着国家资源，他们进一步降低了橡胶种植成本，更新了大批橡胶地，实现了新一轮的粗放经营。正如斯科特所言，"农民既不是传统的农民，也不是没有头脑的科学专家的追随者。他们仔细地将各种反映了他们自己的目标、资源和当地条件的战略综合在一起"④。

此外，阿卡特色的橡胶种植，不仅仅在于经济的低度发展，更为重要的是，经济只是社会生活中的一项兼职，或是部分的活动，其最终是为生活的完整性而服务的。正如上文中提及的，在橡胶尚未进入扎松板阿卡人的生活之前，他们以传统的刀耕火种从事自给自足的生计经济，同时狩猎、采集的攫取经济几乎也占据着同等重要的位置。采集狩猎不仅提供阿卡家庭最主要的食材，它也成为衡量传统阿卡社会女性与男性勤劳与能力的象征。同时，围绕耕作和狩猎形成了传统村寨的仪式庆典和互助合作。而随着橡胶的扩张，人与自

---

① 〔美〕詹姆斯·C. 斯科特：《农民的道义经济学：东南亚的反叛与生存》，程立显、刘建等译，译林出版社，2004，第 6 页。

② 〔法〕孟德拉斯：《农民的终结》，李培林译，社会科学文献出版社，1991，第 79 页。

③ 〔美〕马歇尔·萨林斯：《石器时代经济学》，张经纬等译，生活·读书·新知三联书店，2009，第 55 页。

④ 〔美〕詹姆斯·C. 斯科特：《国家的视角——那些试图改善人类状况的项目是如何失败的》，王晓毅译，社会科学文献出版社，2012，第 390 页。

然、神灵和人之间的交换被中断了，由此阿卡人创造了野炊和巡山这样的休闲乐趣，其实现正有赖于阿卡特色的橡胶种植：在杂草丛生的橡胶地和箐沟边，不少是往日阿卡人采集的野菜，尤其是野生芭蕉、蕨菜、笋类肆意生长，一如既往地馈赠给阿卡人自然的美味。事实上，阿卡人不仅喜好作为休闲方式的野炊，而且善于将劳动过程与野炊结合起来。在橡胶地里的很多劳动，汉族和傣族大多是由夫妻两人完成，大多早上出门到晌午过后回到家里做饭吃，最多会带上干粮和水充饥。阿卡人则不同，他们大多一家老小，带着生肉、包上冷饭，年轻人干活，老人搞菜，小孩玩闹，劳动更像一场出游，大多要到三四点后才会回家。

拉比诺（Paul Rabinow）在对现代科学技术的研究中提出：科学发现和实验结果与其说是自然世界特征的反应，不如被理解为社会的构建物。[1] 他不仅批判了现代社会知识、技术与权力合谋，挤压人性自由空间，也强调对现代科技进行福柯后现代式的理性反思。而费孝通早在对中国手工业中的讨论中就提出了生产方式中的人性与技性："资本主义能无限发展是因为在生产过程中生产本身是目的。生产，再生产，使得经济活动的动力脱离与个人的享受而陷入财富积累本身；而手工业是具有成全性，它是迁就人性的。它是加强社会联系的力量。人不能是一个经济动物，更不是一个抽象的经济人。人和人的联系也不能专门是利害的结合，活动的配合。人是很复杂的，人的生活中固然不能没有经济活动，但是经济活动的目的是在成全人多方面生活的满足。"[2]

现代化橡胶产业体系的建立，强调橡胶种植管理的技性，人们的生产和生活被割裂开来，为了实现产业利益最大化，需要调整人们生活时间、生产方式和劳动强度，人们实际上需要牺牲每个人生活上的配合，失去传统劳作中形成的人与人的关系，失去生活的完整。不仅生计如此，阿卡人传统农业中积累形成的一套与神灵沟通的途径使得农作物的丰收或歉收与生活存在可以认知的因果关系，而庞大复杂的世界橡胶产业体系和变幻莫测的橡胶价格使得劳动和收获的联系无迹可循；橡胶种植属于阿卡人生活中被分割出来的一块隶属与其无关也超出认知范围的生产目的之下，尽管可以带来更多的金钱，但从生产活动本身，当时阿卡人缺乏和国家及其现代科学技术一致的思考。对他们来说，橡胶种植只是达到其生活目标的手段，而对手段本身缺乏热情和兴趣。所以，人

---

[1] Paul Rabinow. "Studies in the Anthropology of Reason." *Anthropology Today*, 8 (5), 1992.

[2] 费孝通：《人性和机器——中国手工业的前途》《费孝通文集》（第三卷）1941~1946，群言出版社，1999，第387~400页。

们所观察到阿卡人"偷工减料"的橡胶种植和"漫不经心"的胶园管理，本质上这是由于传统生产模式和逻辑正在遭遇现代性的危机，即使面临市场的冲击。他们在橡胶种植的新场域下，通过搬演以往的惯习创造出"野炊""巡山"等新活动，实际上所要抗争和恢复的正是一种作为人性的橡胶生产，即本身既是生产，又是生活的一部分，它和生活中的其他部分互相配合，最终整合成一个阿卡人生活的理想和愿景，人们的日常生活都为之努力。

第三章

土地观念与橡胶地流转

在费孝通先生的《乡土中国》中，开宗明义就指出了土地对于中国社会的重要性，换句话说，正如这本书英文名称"Earth bound China"的直译，强调的是土地对于中国农民的根本性束缚。[①] 60年后的今天，尽管大量的人口流动潮流不断地冲击着旧有的乡村体制和结构，但土地对于农民的根本性制约并没有消失，并且，随着橡胶经济带来的现代化和市场体系的渗入，像从前不用占地的阿卡人也越来越彻底地卷入土地的束缚中。

本章回顾了扎松板阿卡人的土地权属关系变化的历史，来看他们对于土地所形成的一套传统观念如何在橡胶经济导致的土地大开发和流转过程中发挥了重要作用。

一　传统的土地制度与"不用占地的阿卡人"

西双版纳土司制度下传统的政治统治和经济形态

历史上，西双版纳封建领主制既是这一地区的封建经济形态，同时也是土地所有制形态。其最大的封建领主，最大的统治者，当地人称为"召片领"，傣语中，"召"是尊称，"片领"指的是领土和版图，即"广大的土地之主"。他既是西双版纳的土地所有者，也是政治、军事、法律上的最高统治者。自元代中央王朝在西双版纳建立世代承袭的土司制度的实行，召片领均由中央皇朝册封为车里宣慰使，这套封建领主制也随土司制度一直沿袭，自傣历542年（公元1180年）召片领一世帕雅真开始，传至最后一代召勐罕勒，汉名刀世勋，一共44世，

---

① 费孝通：《乡土中国》，人民出版社，2008。

其中经中央王朝正式册封的 36 世，前后统治了西双版纳长达 800 年，[①] 直到 1956 年西双版纳和平协商土地改革后这一地区封建领主制才终结。

所谓的"西双版纳"，傣语即为十二个钱粮贡赋的单位。[②] 历史上，召片领曾试图把版纳作为一级行政区划，但这种愿望并没有完全实现，在他的统治系统中，真正的行政单位还是勐。[③] 所谓的"勐"，傣语意为坝子，引申为一个地方、区域。勐可大可小，在传统社会中，它既是一个农业区域，也是一个政治区域。通常一个勐有四五十寨、两三千户、一两万人口。除了宣慰街、勐景洪和较远的几个特别区由召片领直辖外，其余各勐的军、政、财、文大权都由受其分封的"召勐"，也就是土司控制。历史上，"召勐"是该勐原始部落酋长或部落联盟之首领，一世召片领帕雅真征服一地，向其称臣纳贡者，就封其为"召勐"，为该地世袭封君，并且召片领会将公主、侄女嫁于其为妻，若当时反抗或后来谋反者，即被召片领诛杀，派其兄弟子侄为"召勐"。因此各勐召勐多为召片领宗室亲信，逐渐形成血缘关系的统治网。

① 高立士：《西双版纳宣慰使司分封领主的土地制度》，《德宏师范高等专科学校学报》2010 年第 4 期。

② 据《泐史》中记载，最早是召片领刀应勐在位的时代（公元 1569~1598 年）为了便于其统治而将管辖的地区进行的划分。具体划分情况如下：江西六版纳为：勐遮、景鲁、勐翁为一版纳；勐笼为一版纳；勐滑、勐板为一版纳；景真、勐海、勐阿为一版纳；景洛、勐满、勐昂、朗勒、勐康为一版纳；景晄、孟罕等宣慰使直辖地为一版纳。江东六版纳为：勐腊、勐半为一版纳；孟岭（普腾）勐旺为一版纳；勐拉（思茅、六顺）、勐往为一版纳；勐捧、勐润、勐滋为一版纳；勐乌岱、勐乌勒为一版纳；整董、播刺（倚邦）、易武为一版纳。（参见陈序经《泐史漫笔——西双版纳历史释补》，中山大学出版社，1994，第 1~2 页。在书中，对十二版纳划分的各勐使用的为"猛"字，其主要参照了《泐史》傣文 Muong 的音译。考虑到其含义和已有的表述习惯，统一使用"勐"。）每个版纳区域不尽相连，大小也有差别。事实上，在不同历史时期，十二版纳的具体划分的区域、名称都没有固定过，如在西双版纳社会历史调查中提供了三种不明年代的版纳区划，译自刀光强和刀福汉手抄藏本。[详见刀光强翻译，朱德普笔录《关于"版纳"和"火圈"的一些资料》，《傣族社会历史调查》（西双版纳之二），云南民族出版社，1983，第 113 页]。此外，有时也称为十三版纳（参看新纂《云南通志》第九〇册卷一六三，普洱府有十三版纳的名称），而在某一时期中没有十二个版纳，只有十一个。西双版纳或者是十二版纳，更多是这个地方的专用名词。后因各版纳之间不断发生战争，威胁到召片领的统治。傣历 1147 年（1785 年），召片领召集了受封的领主开会决定，改划十二版纳如下：一、景洪、勐罕、勐仑、勐松；二、景真、勐阿、勐养、勐宽、勐醒、勐远；三、勐笼；四、勐遮；五、勐混、勐板、勐腊；六、整糯、整董、勐旺；七、勐满、勐康、打洛；八、勐捧、勐满、勐润；九、勐醒；十、勐拉（思茅）；十一、勐乌、乌德；十二、倚邦、易武。（参见刀国栋、召珍、马仲周、黄坚实、徐加仁调查，徐加仁整理《西双版纳召片领封建统治组织有关调查资料》，《傣族社会历史调查（西双版纳之四）》，云南民族出版社，1983，第 85 页。新中国成立前的调查材料，如陈翰生的《中国西南边疆土地制度》中所记各版纳的名称与属地相差不多。）

③ 陈翰生：《解放前西双版纳土地制度》，中国社会科学出版社，1984，第 5 页。

以勐而治的行政区划主要是顺应这里的地形条件。正如上文对我初到勐润坝子的地理描述一样，整个西双版纳都如此，在山岭环绕的河谷中铺展着大小不一的平原，村寨和肥沃的土地就集中在这些平原中央河道和湖泊周围。这些平原就被称为"勐"。如果说一个地方的历史地名往往能反映出这一地区的某一时期的典型特征的话，那么"勐"就很能反映曾经这里的政治统治和社会生活都与土地制度息息相关。

根据勐的范围大小，作为统治者的"召勐"也分为不同等级。第一等称为召勐，第二等为召顿帕，第三等为召雅，第四等为召叭竜，第五等为叭竜。其中，名称前带有"召"字的，属于召片领的宗室。尽管有等级差别，但是彼此没有从属关系，都一律直接归召片领管理。同时，按其封地大小不同，有所谓"纳先龙"（大十万田）、"纳阆龙"（大万田）等不同称谓。在新中国成立前，各勐的土司等级大致如下①，当时的勐润属于等级最高的召勐，由勐捧土司管辖。

召勐：勐旺、勐养、勐景真、勐捧、勐混等土司；

召顿帕：整董、勐仑、打洛、勐笼、勐遮、勐腊、勐满等土司；

召雅：勐远、勐哼等土司；

召叭竜：勐海、勐阿等土司；

叭竜：勐万、勐康、勐宽、勐松等土司。

各勐除了须向宣慰使缴纳负担外，遇到重大事件要作请示报告，宣慰使有权干预其行政或批准任免土司和重要官员的权力。各勐土司与召片领之间的联系是一种类似政治协商会议的机构"司廊"，即宣慰使司署议事庭会议。最初各勐都要派头人代表常驻宣慰街参加会议，召片领有事下达到各勐就由他们分别传达，各勐如有事也由他们转报。"后来一年没有多少事情商量，故由召片领另派一家臣代之"，② 称为"波朗"。波朗也分不同等级，每个负责兼管一个或几个勐，如勐景哈、勐遮、勐满、勐润由召景哈管辖。

同时，召片领和各勐土司将辖区以内的土地连同村寨农民分封给自己的家臣属官，并且按照等级的高低来决定领有土地的多寡，实质上是决定领有俸禄

---

① 此外，勐拉土司称为"召翁坎"，勐罕、勐板、勐往等土司缺名。见《民族问题五种丛书》编辑委员会编《傣族社会历史调查（西双版纳之一）》，云南民族出版社，1983，第80～81页。

② 刀俊荣、白祖谟、雷启荣、段绍珍、徐加仁、高立士调查，高立士、徐加仁整理《西双版纳宣慰使司署及勐景洪政治情况概述》，《傣族社会历史调查》（西双版纳之四），云南民族出版社，1983，第67页。

的多寡。家臣属官的封地不能世袭,居官才能食禄,土地数量不过是表示俸禄的等差,官阶升降,封地也随之而异。在新中国成立前,还有五种"田官等级",即"纳怀朗"(百田级)、"纳扫龙"(大二十田级)、"纳扫图"(小二十田级)、"纳西卜"(十田级)、"纳哈"或"纳西因"(五田级或小十田级)。①

除了从召片领到各勐土司这套中央—地方的统治制度外,在各勐内部同样有一套基层的社会组织。它的组织模式类似于司廊的行政机构,称为"贯"。一个大勐的贯由20~25名官员组成,小勐的也有10~15名官员。每个勐下辖的行政区划是:勐下辖"火西",火西类似于今天的行政村,由召贯和召诰管理。有的火西下面还有一级单位"火哈"。大部分的火西直接下辖"曼",即村寨之意,相当于今天的自然村。村寨中的头人有四等,大寨子的头人称为"叭竜",中等的寨子称为"叭",小寨子的为"鲊",最小的为"先"②。由上至此的官吏都能领到一份土地作为俸禄,寨子不同,官位不同,薪俸的差别也很大。此外还有波板,负责送信;安擦,负责管理宗教礼仪;昆悍,寨子里的警察。他们也都有一定的薪金。

这套从中央到各勐,直到村寨设立的完备的土司统治系统,不仅统治着傣族,而且也在不同程度上控制了包括阿卡人在内的山地民族。尽管作为地理区域的"勐"是指代坝区,但作为行政管理的"勐"则包含山区在内。在车里宣慰使封头人所颁发的"诏书"中,明确指出:"凡是你的亲戚和在地界内生活的头人、百姓,无论是坝区、山区民族,都要管理好,要他们一致拥护本宣慰'召'。"③

除了各个山区分属坝区傣族各"勐"土司管辖外,历史上召片领将山地民族聚集的山区划为"卡西双火圈"④,即12个赋税单位,直属宣慰统治,召片领

① 高立士:《西双版纳宣慰使司分封领主的土地制度》,《德宏师范高等专科学校学报》2010年第4期。
② 在傣族社会历史调查中大多使用的是"鱼先",因不存在此汉字,故文中使用"先"。
③ 引自"阿牙谢孔"(加封召勐随同委状颁发的诏书),详见刀光强、李文贡翻译,朱德普笔录,车里宣慰使(召片领)封头人的委状及其颁发的"诏书",《傣族社会历史调查(西双版纳之二)》,云南民族出版社,1983,第103页。
④ 卡西双火圈包括:一、圈宽;二、圈罕底;三、圈乱;四、圈满爬;五、圈西撒;六、圈黑罕;七、圈虎懒;八、圈莫;九、圈来;十、圈介;十一、圈浓;十二、圈赖。火圈和版纳一样,都是负担单位。卡西双火圈是召片领为分摊其封建负担,将所有山区民族划为十二个(火圈)负担单位(区域);它和十二个版纳是相对存在的。历史上分摊负担是分开的,版纳仅指坝区,火圈指山区而言。但在近代,火圈和版纳的负担界限已乱了,特别是在柯树勋进入西双版纳后,随着改土归流,火圈和版纳的界限已逐渐由县、区、乡、保等区划搅混了。(其名称译自刀光强手抄藏本。见刀光强翻译,朱德普笔录《关于"版纳"和"火圈"的一些资料》,《傣族社会历史调查(西双版纳之二)》,云南民族出版社,1983,第113页。)

派出波朗进行直接管理。火圈内同样仿制了傣族的一套组织形式。召片领封该地区山地民族的上层为叭竜或者大叭，管辖十几个自然村，村内又设叭、鲊、先等头人主管村寨事务。同时，召片领另又分封其家臣为波朗，分管山区民族的寨子，各勐土司下的小波朗也分别设置辖区，形成一个相互交错重叠密集的统治网。

在 1956 年的傣族社会历史调查中，刀学新在译录刀光强手藏本时，谈到召片领统治山区民族：

> 西双版纳境内的僾尼（哈尼）族，召片领共封委四个大叭分别管辖，他们是：叭竜景很，在勐遮；叭竜腊沙，在景哈；叭竜双袤，在格朗河；叭竜蚌弄，在勐混。这四大叭竜中又以叭竜景很为首。（据说，召勐遮才打一把金伞，叭竜景很的依仗可用四把金伞。）新中国成立之初，任叭竜景很者即车罗，所以，1953 年建州时车罗被选为自治区（州）人民政府副主席。①

由于大部分山区民族没有文字，不像傣族可以保存下大量傣文文献记载，包括官方档案文件以及土司的手抄藏本可供考证。因此，与民族调查时期对各勐傣族土司的政权组织、征派贡赋、土地制度的细致深入的调查相比，对卡西双火圈的描述则少而零碎，同样，此后对西双版纳的土司制度的研究中也几乎没有涉及这一部分。目前已知卡西双火圈主要分布在勐罕、勐混、勐仑、景栋、勐满、乌勒等勐，也有 81 火圈（即包含了 81 个寨子）或 75 寨的说法②，从区划上来说并没有包含今天的勐润山区民族。卡西双火圈主要是在山区民族集中聚集的地区所设立，如勐罕山区的"纳纱"火圈包含了 13 个阿卡村寨。③显然，对于勐润这种山区民族与傣族混居的地区，至今也不过才发展到 8 个④阿卡村寨，应该是无法纳入火圈之中的。

---

① 见刀光强翻译，朱德普笔录《关于"版纳"和"火圈"的一些资料》，《傣族社会历史调查（西双版纳之二）》，云南民族出版社，1983，第 113 页。

② 具体 75 寨的名称详见：刀国栋、召珍、马仲周、黄坚实、徐加仁调查，徐加仁整理《西双版纳召片领封建统治组织有关调查资料》，《傣族社会历史调查》（西双版纳之四），云南民族出版社，1983，第 92 页。

③ 刀国栋、召珍、马仲周、黄坚实、徐加仁调查，徐加仁整理《西双版纳召片领封建统治组织有关调查资料》，《傣族社会历史调查》（西双版纳之四），云南民族出版社，1983，第 70 页。

④ 除了曼贺南行政村下的 4 个阿卡自然村外，还包括曼回庄行政村下的国防寨、贺利寨，勐润行政村下的曼坝伞、曼过龙，共计 8 个自然村寨子。

总体而言，傣族对山区民族的统治松散。其主要强调的是山区民族没有土地所有权。因此经济上，和傣族一样，阿卡人居住的寨子所占地和耕种的土地每年要向土司缴纳一定的负担，某些村寨的阿卡还向傣族头人服劳役。平时对傣族要尊称"阿爹""阿叔"。[1] 实际上，在傣族统治时期，山区民族所缴负担较轻。在 1728 年（傣历 1090 年）之前，山区民族每年应缴的负担只是傣族的 1/10。[2] 到 1728 年，"经议事庭会议决定：西双版纳自从经历缅（洞吾）王多次大肆掳掠后，地方荒凉，百姓稀少，上缴天朝粮米计一千零八十四石，如今已无力上缴，改为以银两折缴"并"议定以门户多寡分配，山居民族十户等于坝区民族五户，照此计算平均缴纳天朝"[3]。

这一时期，比起负担的具体金额，更重要的意义是体现傣族对其他山区民族的统属以及土地的权属关系。所缴费的名目主要是门户费，即对召片领、各勐土司以及官员的赡养费，也包含了种本寨范围内的地租。如果开种外寨的地则需要给土司缴纳"山租"，"一般是种什么交什么，另交若干草排和棉花"[4]。在田野中老人说"过去阿卡人抓到马鹿、野猪，要送给傣族头人挨着土地的那条腿"，其实质也是表现山区的一草一木都是属于召片领的，强调了他对土地的所有权。

此外，在卡西双火圈中的阿卡人，负担则是上缴给阿卡头人。在一些其他山地民族受封的火圈，例如勐混山区，山地多为布朗族（即濮满）收租。因为相传他们是傣族的侍从，有功受赏封于山区，所以也被称为"山主"。他们可以把山地租给阿卡、拉祜族（倮黑）等耕种，租金较低，每个寨一年交给"山主"十多元半开[5]，或交一些芭蕉等收成。靠坝区的山地，土地则基本都属于傣族，由傣族收租。[6]

从整个西双版纳的范围来看，不同地区的阿卡人的土地使用发展很不平衡。这在很大程度上是受到 17 世纪以来茶叶贸易兴盛和汉族迁入的影响，使

---

① 中央访问团二分团调查，宋文治整理，车佛南三县阿卡人（哈尼族）《哈尼族社会历史调查》，云南民族出版社，1982，第 54 页。

② 高立士：《高立士傣学研究文选》，云南民族出版社，2006，第 426 页。

③ 《民族问题五种丛书》编辑委员会编《傣族社会历史调查》（西双版纳之十），云南民族出版社，1987，第 173 页。

④ 中共景洪县委调查组调查整理《景洪县南林山哈尼族社会调查》，《哈尼族社会历史调查》，云南民族出版社，1982，第 109 页。

⑤ 半开是当时云南地方政府铸造的一种银币，2 个半开就相当于一元银圆。

⑥ 中央访问团二分团调查，宋文治整理《车佛南三县阿卡人（哈尼族）》，《哈尼族社会历史调查》，云南民族出版社，1982，第 54 页。

得现今的勐海（当时佛海地区）、勐腊的易武等大部分茶叶产区远比宣慰使司所在地景洪更为繁华，在 1940 年陈翰笙做调查时期，"车里没有邮局和电报局，邮电都经过商业较繁荣的佛海"①。在勐海县的格朗和南糯、苏湖和勐腊县的易武等地的阿卡聚集区，茶叶贸易以及此后的棉花收购等商业的发展加速了传统社会阶层分化和土地的私有化。水田、茶园已经全部私有，并且头人和富户占有较多的茶园，存在土地的出租、买卖。本族内头人剥削也是名目繁多。② 相比之下，景洪县的南林山、勐腊县的勐腊、勐仑、勐捧、勐润等地的阿卡人则生活封闭，受外界影响较少。村寨的土地除少量属私人占有外，大部分属村寨公有，村民可以自由开垦，迁离村寨时土地交还村寨。

民国时期，督办柯树勋于车里设普思沿边行政总局，之后西双版纳分设县治，实行了国民党政权和土司制度的双层行政机构。在国民党统治期间，大量的内地汉族地主和商人也接踵而至，经商转销当地的茶叶、棉花和鸦片，同时高利贷、贡赋和地租纠结在一起，其带来最显著的后果是：当地的负担日益加重。尤其是山地民族，这一时期和坝区傣族按相等同的门户负担。山区各族除了缴租纳粮外，其中最重的是征收山区的棉花、鸦片捐税，还有很多诸如壮丁费、自卫捐等国民党政府派款，每户一年至少要负担 50 元半开以上。在勐笼每个负担户年纳白银 10 两。③

在这一时期，土司制度受到了严重削弱，召片领的势力从十二版纳压缩在车里一县境内，甚至最后只能统治一个勐景洪。历任的县官和国民党驻军或者挤压各勐土司，或者合谋搜刮当地百姓。④ 据西双版纳社会历史调查记载：在

① 陈翰生：《解放前西双版纳土地制度》，中国社会科学出版社，1984，第 5 页。

② 主要有：派白工、吃礼肉、罚款、骗木刻（阿卡人过去使用算木刻账摊派负担，有些头人会借着算账的机会从中取巧进行贪污）、门户款、派大烟、讨小老婆罚，有老婆串姑娘罚，女人裤带穗束偏了罚，头人说话答应慢了罚，见到头人不躲避者罚，直冲头人走路者罚，房上草排风吹掉者罚，吵架者罚，谷仓吹倒者罚，生双胞罚，走后门去别人家者罚，夫妻在自己房外吵架者罚，到别人地中挖野菜者罚，不是头人却挂蚊帐、睡高铺者罚、骑马进入寨门者罚等。（见西双版纳傣族自治州调查整理《西双版纳哈尼族社会历史调查》，《哈尼族社会历史调查》，云南民族出版社，1982，第 101 页。）

③ 中央访问团二分团调查，刘杰整理《车里县情况》，《傣族社会历史调查》（西双版纳之一），云南民族出版社，1983，第 6 页。

④ 还有的依仗国民党政权和柯树勋的权势不断扩张自己的采邑，如勐仑的波朗勐召竜真悍，控制了勐远、勐腊、勐捧、勐润、勐伴、磨黑、磨竜、尚岗、尚勇等地。直到他死后，才将勐景哈、勐遮、勐满、勐润等地交还召景哈，恢复原状。[见刀国栋、召珍、马仲周、黄坚实、徐加仁调查，徐加仁整理《西双版纳召片领封建统治组织有关调查资料》，《傣族社会历史调查》（西双版纳之四），云南民族出版社，1983，第 85 页。]

南峤县别旧区东弄寨阿卡人所租的地都是荒地，需要阿卡人自己开垦，租种一块可收到50~100两的鸦片烟地，每年须给傣族上租20两。若地租缴不足，须付利息；若不缴租，傣族就放牛马去践踏庄稼。① 如南糯山的阿卡人总叭，一年中利用职权就可以获得银圆1600多元、鸦片30多两。② 这一时期山地民族联合反抗国民党政府和土司的压迫剥削的斗争此起彼伏。③

在当时的西双版纳社会历史调查中，对勐润地区的阿卡人的调查不多，但提到他们"不像瑶族居住于深山大森林里，与傣族往来少。他们大多居住在半山坝子边，靠近傣族，因此他们较其他山地民族更受压迫和剥削"④。其中，还专门说道：

> 勐捧区曼贺南村，17户阿卡人对统治他们的大叭，每年的负担是：
>
> 1. 砍柴20捆，每捆可卖3元半开。
>
> 2. 每家人去一个人替大叭家割稻，每年要去六七天。
>
> 3. 打得野味必须献一腿肉给大叭，若得鹿茸也需要献一半，若不贡献，大叭会处罚，但从来没有过不贡献的例子。
>
> 4. 栽种什么作物都要献给大叭一些，如辣子、姜、豆子、葱等，献多少，由来要的人决定。
>
> 5. 门户款：新中国成立前最大的门户每年是30元半开，孤寨户是三四家算一个门户。新中国成立后不出门户款了。⑤

但总体而言，这一时期在历史上持续时间较短，并未从根本上影响这一地区的土地制度和观念。

---

① 中央访问团二分团调查，宋文治整理《哈尼族社会历史调查》，云南民族出版社，1982，第58页。

② 毛佑全、李期博：《哈尼族》，民族出版社，1989，第21页。

③ 如佛海县勐混区出现五个土司先后被勐混头人和百姓联合杀死，以及1941年基诺山联合周围瑶族、阿卡一道，反抗国民党车里政府，最终车里县县长被撤职查办，其后三年无人敢到基诺山收税、派款。（见杜玉亭《基诺族简史》，云南人民出版社，1985，第55~76页。）

④ 中央访问团二分团调查，高文英整理《镇越县情况》，《傣族社会历史调查》（西双版纳之一），云南民族出版社，1983，第36页。

⑤ 中央访问团二分团调查，高文英整理《镇越县情况》，《傣族社会历史调查》（西双版纳之一），云南民族出版社，1983，第36页。

传统的土地制度下"不用占地的阿卡人"

事实上，近 800 年来的封建领主制的社会基础，正是形成于土地之上的一套制度观念。在封建领主制下的土地制度是大土地所有制。在这里，所有的土地，无论水田旱地、山区还是森林从形式上都是属于召片领的，正所谓"普天之下莫非王土"。傣族有句谚语"南召领召"，说的就是"水和土是领主的"①。和中国的其他地区不同，在这一制度下，土地是不得买卖和转让的，土地的获得只有通过召片领分封，即"土地王有，世系分封"，受封的领主只需向召片领称臣纳贡即可；而农民要租种领主的土地，必须提供封建负担，即"金纳巴尾"，意为吃田出负担；即便不耕种领主土地的，也需要"色南金，色领岱，色的欲的喃"，即买水吃，买路走，买地住。

因此，尽管从形式上看，从召片领到各勐之间建立了一套组织严密、等级分明的统治系统。这套系统是以血缘关系得以维系的"诸勐共同体"，表面上是以召片领为统治者，这更多是形式意义上的。实质上，各勐享有相当大的自主权，召片领并不改变其内部社会经济形态以及土地使用。而各勐土司及其家臣属官并无土地私有权，其分封土地只不过在统治阶级内部享有地租。陈翰生在 20 世纪 40 年代对版纳的实地调查的基础上，将土地划为四类：纳曼，全村的公共土地；纳召，官员的俸禄土地；纳洼，庙地，按照永久租借原则；纳贝，新开垦的土地。并指出："这里只有四类土地。没有一类土地能够断定属于私人所有，有一类土地从形式和实质上来说，都是村寨的公共用地。"②

在 20 世纪 50 年代的少数民族社会历史调查中，在西双版纳，土地的类型和占有使用形式分为两大类，即领主地段和农民地段。领主地段是召片领到各级领主、官员和头人直接占有经营的土地，包括：一是宣慰田（纳召片领），这是召片领直接领有的世袭土地，属于召片领直接管理经营，数量不大，通常派农民无偿劳役代耕，或以缴纳官租的方式向召片领交租；二是土司田（纳召勐），这是各勐大领主直接领有的世袭土地，数量也不大，分派给附近寨内农民无偿代耕，绝大部分征收劳役地租。三是薪俸田，包括波郎田（纳波朗）、头人田（纳道昆），这是召片领或召勐作为俸禄分给各地波郎头人耕种而无须出负担的田地。这种土地不能世袭，田随官走，卸去官职就要交出土地，这是封建领主暂时赐给某贵族家臣一种有条件的特殊的封建土地占有形式。其中波

---

① 江应樑：《傣族史》，四川民族出版社，1983，第 460 页。
② 陈翰生：《解放前西双版纳土地制度》，中国社会科学出版社，1984，第 16 页。

郎田征收实物地租，头人田一般征派农民代耕，同时免除其全部或部分封建负担，征收劳役地租。①

农民地段是村寨农民自主经营的土地，但不拥有土地所有权，除所交负担，田地收益归个人所有，包括：一是家族田（纳哈滚），农村公社的前阶段氏族和家长制家庭公社遗留下来的土地。家族田只在家族内分配，不并入寨内调整，每个家族成员均可分到一份土地。二是寨公田（纳曼），这是农村公社集体所有私人占有的土地，由家族田转化而来，在农村公社成员中进行分配的土地，所占比例最大。三是私田（纳辛），这种土地面积很小，是村社农民开荒临时占有使用的土地，按规定熟荒3年交租、生荒5年就并入寨公田，因此这种田并不存在完全的私有。②

可以说，这一地区传统的土地制度是颇具特点。首先，各级领主直接占有和经营的土地少，约占总耕地面积的14%，而农民平均占有使用土地量大，约占86%。③ 但同时，最大的领主召片领拥有土地绝对所有权，而农民只是平均占有土地的使用权，土地的所有权与使用权是相分离的。其次，西双版纳的土地实行份地制，即占有使用是高度分散，寨内农民占有土地大体平衡，人人可分得一份土地来种。

一个社会的土地制度，与其文化观念和社会发展息息相关。在传统的农耕社会，农业经济使土地，尤其是水田成为重要的资本和唯一可靠的财富，人们的土地观念十分强烈。从费孝通先生的"乡土中国"来看土地在汉人社会中的重要性就不言而喻了，在西双版纳，与阿卡人相邻而居的稻作民族傣族，民间谚语中就有"田地和耕牛比金钱贵重"、"肥牛不如瘦地"、"亥丁曼，纳丁勐"（地满寨子，田满坝子）为世代相传的祖训。④ 现在在傣族村寨还常能听到"波海眯纳"，即地是父，田是母，可谓很好地道出了他们的土地情结。

然而，与同一时期内地汉族社会相比，西双版纳土地制度和观念具有其自然和社会文化环境作用下的特殊性。汉族的封建君主虽然拥有全部财富，但官

---

① 《民族问题五种丛书》编辑委员会编《傣族社会历史调查》（西双版纳之一），云南民族出版社，1983，第4~10页。

② 《民族问题五种丛书》编辑委员会编《傣族社会历史调查》（西双版纳之一），云南民族出版社，1983，第4~10页。

③ 高立士：《西双版纳宣慰使司领主制度下的农民土地占有形式》，《德宏师范高等专科学校学报》2012年第2期。

④ 杨筑慧：《橡胶种植与西双版纳傣族社会文化的变迁：以景洪市勐罕镇为例》，《民族研究》2010年第5期。

僚仍可利用职权大量积累财富及土地，土地兼并不可避免。随着土地兼并的开始，土地逐渐被掌握在王公、地主、官僚手中，农民内部也形成富农、中农、贫农、雇农几个阶层，最终国家对大地主的限制往往形同虚设，导致地主利用金钱诱骗农民卖地，或农民由于受到挤压剥削逐渐丧失了土地，甚至无地可种，只能靠租种地主土地生活，生活十分贫苦。不仅如此，随着人口增长，人多地少、贫富差距加大造成社会矛盾不断激化，社会相比之下处于更为动荡不安中。

但在西双版纳地区，地广人稀，每个农民都有份地可种，要实现剥削很难以土地为依据，只能以人身控制为主，只有通过这种超经济强制，才能将农民紧紧地束缚在土地上，因此在西双版纳封建领主社会中，抬负担被认为是每个人的天职和作为"人"的最基本条件。正如傣族谚语说："米纳缀干嘿，米维缀干把"，意为"有田平分种，有负担共同出"。在傣族社会，年满18岁的男性村社成员必须领取一份份地，不能无故不接受份地，直到50岁才可交回。以土地为中介，领主和农民形成了一种人身依附关系，这也就意味着农民一生都被紧紧地束缚在土地上。

同时，农民虽拥有土地的使用权，但不能买卖、典卖、抵押、自由迁出。土地的所有权和使用权的分离，使得在傣族社会的土地观念中，土地虽然具有极高的使用价值，却缺乏交换价值。即使有人卖或典出土地，都没有被重新分田，还照样要抬负担。"卖的了土地，卖不了负担。""抬负担"的观念在农民头脑中根深蒂固，如果不抬、卖地或典地还会受到其他人歧视。由于土地不能自由买卖，就限制了土地的高度集中，一方面社会中的富农们无法依靠现有的经济实力实现在土地兼并的基础上扩大再生产，难以产生新的阶层，社会矛盾很少激化；另一方面村寨中每家每户都有地种，且平均化，社会阶层以中农为主，整个社会阶层划分呈现"两头小，中间大"的稳定结构。西双版纳建立在傣族封建领主制基础上的土司制度在这一地区整整延续了800年，不能不说这一土地制度起到关键作用。[①]

此外，在西双版纳的土地观念中很重要的一点是：尽管召片领是西双版纳所有土地的所有者，但实际上在过去，真正具有价值，能称为田地的只有水田。现在和傣族人说起，他们还会这样说："种谷子那哈，他们（阿卡人）都不有得地。"版纳中的"纳"在傣语中广义指土地，而狭义就只是指水田。据

---

① 汪秀玲、李伯川、诸锡斌：《西双版纳傣族传统土地制度研究》，《云南农业大学学报》2009年第12期。

陈翰生在 1940 年对车里（今景洪）的 66 个村寨调查中，其中 37 个寨子开始有种旱稻。他提道："这是说，稻谷不种在河谷里有水利灌溉的纳曼和纳召里，而是种在寨子附近的山坡上和高地上。看来似乎是：谁愿意种地，就可以在这些旱地上耕作，可以不交地租。"① 可以说，在西双版纳传统稻作农业中，以傣族为代表的统治者是不认可山地的价值的。历史上，在傣族内部对山地的使用是不需要缴纳地租的。

对于包括阿卡在内的山区民族，主要从事刀耕火种，水田的占有极其有限，甚至没有，其耕种的山地、居住之地则都是以租赁形式从傣族手中换到的。形式上，土地是由傣族的土司所有，人们需要缴纳贡品或地租。但作为统治者的傣族所要求的主要对山地民族的宗主权，后者象征性地缴纳体现的也仅仅是政治上的臣服而很少有经济意义。因此，从历史上看，在 1956 年"土改"以前，像扎松板这样传统阿卡社会，缺乏土地占有和价值的一套制度观念。从村寨界限内部来看，土地则由该寨公有私种。村寨以"龙巴门"为象征，有一定的土地范围，除少数水田、茶园等属个体家庭所有外，其他绝大部分旱地，仍属村寨公有，凡村寨成员均可自由开垦。②

和傣族一样，土地还没有出现买卖、典当、出租等关系。甚至，耕作也不是固定的，谁开谁种，种的时候是个人占有的，即"号地"：第一种在树桩上放一片木片，称为"牙阿比阿"；第二种是在树林间砍开一条路，称为"牙米阿勒"；第三种以埋石头或放树干为标志，称为"牙卡巴"。丢了以后又是村寨都可以使用的。个人只有耕作期内的使用权，开发村内的土地，而没有长期占有权。正如学者对老挝阿卡人的描述："阿卡族没有占有土地的观念，他们认为土地是很多的，不必占有而只是使用土地。"……他们是"不必占地的阿卡族"。③

实际上，除了阿卡人所经历的历史过程外，他们所处社会的经济文化形态④也都塑造了这种土地观念。大量的民族志材料支持这一观点：刀耕火种民族社会中普遍不存在占有土地的观念，尚未形成土地私有制。学术界也从生产

---

① 陈翰生：《解放前西双版纳土地制度》，中国社会科学出版社，1984，第 18 页。
② 毛佑全、李期博：《哈尼族》，民族出版社，1989，第 47 页。
③ 黄兴球：《老挝族群论》，民族出版社，2006，第 44 页。
④ 在云南澜沧江以西地区，包括怒江、德宏、临沧、思茅、西双版纳、红河和文山等地，在这一横跨千里的弧形地带，刀耕火种特别盛行，在时间上绵延不断，在空间上分布密集，被称为"滇西南刀耕火种带"。在这一地带内，拉祜族、独龙族、基诺族、景颇族、布朗族和哈尼族等山地民族不同程度地存在刀耕火种经济，构成了林耀华先生所说的一个特殊的经济文化类型。

力水平、生产方式、生态环境等角度进行了论证。对于刀耕火种的民族来说，"农业资源的核心并不是土地，而是森林"。① 类似于刀耕火种的游耕，兼有采集狩猎的生计方式的阿卡人，他们的生活所需事实上大多是依赖土地上的自然物产，他们虽然也依靠自身在土地上的生产劳动来获取更多食物，但总体而言，他们基于土地本身的劳动或生产资料的投入并不太多，例如他们从来不像他们的近邻傣族一样采取堆肥来保持土壤肥力等。因此在这种情况下就会形成：他们基本不需要具备处置土地的能力，因为看似他们所有的生活所需都来自土地，而土地（尤其是山地）本身却很难被视为财富，因为土地可及性使得每个人都可以使用在他能力范围内无限的土地资源。"不愁无地，只患无人，有多少人就开多少地，谁有力气开垦就归谁用，所以他们的土地观念淡薄，缺乏占有土地的欲望。"②

新近的研究中，斯科特显然否定了过去从自然环境决定论、生态适应等角度对刀耕火种的解释，认为这并非技术的选择，而是政治的选择。在他看来，山地民族与平坝的国家或者政权保持距离而逃亡山地，并非消极被动的行为，相反地，这些逃离举动建立了一个使得他们可以不受国家管制的策略性位置，并塑造了一个逃离的生计方式、社会组织与意识形态。③ 从生计方式上看，稻作灌溉农业固定了人口，是国家控制的基础。正因为如此，在斯科特看来，逃离国家的第一步就是放弃这种生计方式，其背后的潜层含义即放弃对土地的所有权，逃离土地对人的束缚。

二 橡胶带来的土地大开发

橡胶经济兴起前的土地使用

中华人民共和国成立后，这一区域传统的土地制度发生了根本性变化。

在此之前，土地是属于公有的，谁开荒种过的地，谁对这块地就有了使用权，自己种不了可以借给别人，但是不能买卖。有牛户拥有以牛换工

---

① 尹绍亭：《人与森林——生态人类学视野下的刀耕火种》，云南教育出版社，2000，第347页。

② 王燕玲：《浅析刀耕火种民族社会中生态环境对土地私有制的影响》，《经济史论丛》（一）2005。

③ 庄雅仲：《书评：The Art of Not Being Governed: An Anarchist History of Upland Southeast Asia（不被统治的艺术：高地东南亚一段无政府主义的历史）by James C. Scott（詹姆士·史考克）》，《台湾民主季刊》第七卷第一期（2010年3月），第175~178页。

的权利，即借牛人须把牛主人家的地先犁完了，才能借去犁自己家的地。由于劳动力多寡的原因，寨子里的家庭已有贫富分化，产生最原始的借贷关系。一个人向别人借钱，还钱时不必加利息，但如果借债人到死都还不起，他的儿子就得去债主家里做长工，直到把钱还清才能回家。做长工无论时间多长，都不能抵债。追玛也有一定的特权，例如他可以在农忙的除草季节，杀一头猪，请全寨的劳力吃一顿饭，帮他除草。[①]

准确地说，1957年，西双版纳才开始进行和平协商的土地改革。在"土改"中分山划地工作大体是：以村寨为单位，划出村与村的分界，原来归土司头人所有的零星果树、竹林、黑心树林，随土地分给老百姓。荒山荒地，能做耕地的，划给个人私有；不能做耕地的及大面积的原始森林，收归国家管理；村寨附近山林大多划为集体管理。这一时期，在内地汉族的广大地区，政府利用国家权威和强制力量变革了几千年的土地私有制，个人失去了对土地的实际所有权，土地划归国家和集体所有，瓦解了土地在决定个体在社会等级秩序中的地位的重要作用，整个乡村可谓发生了翻天覆地的变化。而在西双版纳土地一直未曾私有化的广大山区并没有太大改变。同时，在民族工作队的鼓励和政府动员下，像扎松板一样很多村寨从历代生活的山区搬迁到山下更加平坦的地方，也分到了水田栽种水稻。

到了人民公社时期，区（镇）改为人民公社，乡改为大队，村寨改为生产小队。扎松板开始划归坝腊大队，后来在坝腊小队迁入勐满后大队的名称就更名为扎松板。实行"政社合一"，强调"一大二公"，小村并大村，集体和个体农户在土改时分到的山林全部入社，化"小公"为"大公"，采取大家共同从事村集体农业生产，又平均地分享土地产出。1959年，因成立人民公社的条件不成熟，又改为合作社，"土改"时划给集体和农户的所有山林，仍退给生产大队、生产退为集体与社员个人所有。

扎松板最初的橡胶种植就是在这一时期开始的。1966年末以集体形式种植橡胶的扎松板办场建立起来了。最初种植的80亩橡胶树就位于九队路边（即地名：九队干吗），后来8年后橡胶开割后又补种下了30亩。1974年扎松板办场的橡胶开割，与此同时，当时的勐仑公社曼勒队办场、勐捧公社曼赛竜乡办场和勐腊公社曼庄乡办场也都逐渐开割，这一批村寨可以说是勐腊县橡胶最早投产的。

---

① 张宁：《国营勐捧农场与原住民的协同发展——以梭罗寨傣尼人为例》，《雨林啊胶林》，云南教育出版社，2003，第26页。

投产后，有的村寨是把胶乳卖给农场，有的请农场代加工，扎松板则建盖简易加工房，自己进行干胶加工。当时的制胶工艺为生产烟片胶，对机械的要求低但劳动强度大、周期长，寨子里友三曾经就参与制干胶，"把胶熏烟的时候，一整天的烧柴在，眼睛是看不见，一直流眼泪，身上、头上全是木炭灰"。

虽然当时橡胶种植起步很早，但当时农民正吃着集体的大锅饭，对阿卡村寨而言吃饭问题还未完全解决，加上种橡胶的利益与自身联系不起来，所以胶苗任由牛马践踏，损失严重，谈不上发展。当时勐润修挖大沟的时候烧茅草，火势没有控制住烧到橡胶林，差不多烧毁了一半。后来又逢"文革"，乱砍滥伐、毁林开荒、森林火灾十分严重，按照档案记载："山林权属不分，无人管理，平调严重，十分混乱。"①

20 世纪 80 年代初，土地制度又发生了较大的变化，在农用耕地上建立起了家庭联产承包责任制。同时，随着林业经济地位的提高，山林权属问题日益凸显，为了稳固林权，从 1982 年开始国家先后发布了"林业三定"② 和"两山一地"③ 的政策。8 月，勐腊县里组织了 400 多人的工作队，用 5 个多月的时间，在全县各公社大队、生产队以及包括国有农场范围内开展了林业"三定"工作。在各单位和村寨的实际管辖和使用范围的基础上，进一步明确了土改时期及合作化时期的分界及山林权属，同时对未确定过山林权属以及划界不明而引起纠纷的，在这一过程中给予解决。这次土地的改革实际上是对人民公社体制下纯土地公有制的扬弃，实行土地所有权与承包权的分离，即土地所有权仍为国有和农村集体所有，但土地承包权或使用权则以生产队或村为单位按人口平均分配给农户家庭承包经营。

但在扎松板，据原来的老村长攀黑回忆，除了已经划归个人的水田实行了以家庭为单位的个体生产外，在政府划拨的近 10000 亩林地④大体是这样规划的：以 5000 亩为轮歇地，一直包括了现在的回南呀、老坝腊一带，⑤ 主要栽种谷物粮食；以 1000 亩为集体林，主要是村寨旁边的蓄养黑心树等木材的阿米阿布约 200 亩，以及后来的办场集体林 800 亩；以 1000 亩为经济林，其中一

---

① 见勐腊县档案馆《勐腊县林业局档案》，卷宗号：23-1-15。

② 所谓的"林业三定"，是指稳定山林权属、划定自留山、确定林业生产责任制。

③ 所谓的"两山一地"则是在"三定"工作的基础上，把责任山、自留山、轮歇地划分承包到户。

④ 更早之前扎松板的土地是 13000 亩左右，1980 年新寨划分出去的时候分给了 3000 亩土地。当时的分配也大体采取了平均分配，搬迁了多少人就划给了相应的土地。

⑤ 具体的地名和位置详见附录二：地名释义表。

半用来发展橡胶，主要在九队附近地势平坦的地方，另一半用来发展甘蔗，主要在现在的嘛伞样①；以 500 亩为风景林、坟山和茶叶地，主要就是村寨和水田周围，茶叶地就是现在的罗波波呀；以 300 亩为水源林，涵养水源；此外，还有相对距离村寨较远的天然林 2000 多亩，一直绵延到勐满和老挝的边境，即现在的勐满国界。

这 5000 亩的轮歇地，被分为大大小小的几片地。全寨每年砍伐垦种其中的两三片，轮流耕作，大体上休耕五六年地力就能得到恢复。每年砍坝前，每户的家长都集中到一起分地，通过抓阄排出先后次序，然后在准备轮种的土地上，顺着号一户户地按人头丈量。每次根据嫁娶和生死进行调整，无论是村里的干部还是追玛都一同抓阄，没有听说以权谋私占地或者分地引发纠纷的说法。在这里，人们大体还是按照新中国成立前"共有私耕"的方式来理解土地的。

这时候，当年一些社队集体的胶园也开始分给农户承包经营。扎松板最早在九队路边种下的集体胶林在 1984 年重新更新后，就卖给寨子自愿购买的人，包括先则、友三、飘湖、飘当、飘门、杨追、则窝、帕说、益呀等十多家人，每家分得十多亩，一共交给 9 万多元。

橡胶带来的土地大开发

真正对扎松板的土地使用产生影响的是从 1983 年开始的农村经济体制改革。为了发展地方经济，尤其是帮助民族村寨脱贫致富，当地政府采取了一系列措施，尝试开展各种项目。在扎松板主要推广的是橡胶和甘蔗。附近的一些阿卡村寨，有的开展过砂仁、咖啡、非洲牛油果的种植项目，请来专门的技术员指导；有的还派村民到景洪参加培训，专门学习相关的种植技术和管理知识。然而，这些经济作物大多需要集约化的种植管理，加上价格和市场不稳定，都以失败而告终。1985 年 3 月 21 日，勐腊县在全县开展"增百致富"大讨论，组织工作组深入农村开展制定落实"增百致富"计划措施，争取 4 年实现辖区内工农业总产值翻番。② 橡胶种植作为"增百致富"的重要途径，每种一亩由政府提供有偿无息贷款 50 元给予支持。此外，农场方面也为橡胶种植提供了资金、技术等全方位的支持。

与此同时，另一个重要的背景是：1984 年，国家颁布了森林法，开始加强了对森林资源的管理控制。随着一系列法律法规的颁布实施，西双版纳将五片约

---

① 嘛伞样为一组群山，人们有时候也称为"嘛伞样国着"，"国着"意为群山。
② 云南省勐腊县志编纂委员会：《勐腊县志》，云南人民出版社，1994，第 17 页。

360 万亩基本保持完好的森林地带划为国家自然保护区外，同时针对山区开始实施了退耕还林政策。一方面，国家采取调减公余粮、开挖水田、修建小型水利等优惠政策，帮助山区民族逐渐固定耕地，缩减轮歇地。另一方面，大力扶持山区民族在轮歇地上种植经济作物实现退耕还林，橡胶就是其中主要补贴的品种。

可以说，无论是脱贫致富，还是退耕还林，橡胶种植无疑契合了当时政府的经济和生态的双重考虑，在国家力量的推动和政策导向下，扎松板开始了橡胶种植的第一次发展。这一次的土地开发主要是在各家原有的轮歇地的基础上划分土地，"丈量着分的，比较均匀"，时间主要集中在 1985 年、1986 年，土地都距离村寨较近，大体有三片区域：一片是从九队干吗方向，到回尖捞捌附近；一片为村寨东面的山地，即与罗波波呀（茶叶地）相接的罗读踏妹；还有一片是村寨东南方深入坝腊山上，但最远不超过阿皮阿刀捞都和海说样伞。虽然政府鼓励橡胶种植，但也要求不能荒废粮食生产，并且此前的经济作物发展项目的失败使得扎松板的人们并没有抱太大希望，大多数人想的是"谷子要种下去才能不挨饿，再种上几亩橡胶看有不有得钱找"。所以，大体上每户种植橡胶就 20 亩左右，最多的也就三四十亩。

除了个体家庭的橡胶种植外，政府还鼓励村寨发展橡胶集体经济。在当时的妇女主任的带动下，寨子里的女人们把村寨边的黑心树林——阿米阿布开荒出一半即近 100 亩的土地来种植橡胶，被称为妇女林地。此外，由于民族村寨地广人稀，按照县政府的政策，还鼓励从外地引入劳动力来开发土地，其中最主要的就是以招工的形式建立"村办场"。当时扎松板附近土地较多的阿卡村寨，包括老寨、新寨，以及春光和小新寨都建起了办场。1987 年，扎松板通过将集体林地作抵押在勐润合作社贷出一笔款，同时委托合作社在云南的墨江招到十多户的农民，成立办场，将老坝腊干吗附近的集体林开荒种上橡胶。按照双方协议，在橡胶没有产生收益①之前，他们的劳动投入和生活所需就依靠土地的抵押贷款，到橡胶产生收益后按照三七分成，其中三成为办场所得，七成归扎松板集体经济。

到了 20 世纪 90 年代，橡胶价格开始节节攀升。橡胶种植带来了意想不到的丰厚收益，一方面刺激着扎松板的阿卡人逐渐将村寨周围的轮歇地替换成了橡胶林；另一方面他们对橡胶寄予了更高的期望。尽管 1996 年橡胶价格已开始出现下滑，但是地处偏远，一直以来习惯于自给自足的阿卡人对于商业和市

---

①　橡胶从种下到割胶需要 8~10 年的时间，这段时间没有任何收益，而需要投入劳动力、资金来砍坝除草、施肥以及打农药等。

场运作并不敏感，他们没有接到供求逆转的危险信号。这一年扎松板开始了历史上最大规模的一次土地开发。这次开发的主要是距离村寨较远的林地，包括两部分：一部分是尚未种上橡胶的轮歇地，包括老坝腊和回南呀；还有一部分则是更远处的勐满国界，即与勐满乡接壤的天然林。

历史上一直没有土地所有权的阿卡人，在经历了人民公社、家庭联产承包责任制等历次土地改革后，依旧没有很强的山林土地权属观念。仍按照过去只要谁开山号地，土地就是谁的的观念。按我的房东杨主任的说法："（我们）和傣族不一样，傣族林地不多，都是平均分，一家挨一家差不多；我们过去要的赢（很多之意）的林地，家家都是干得下多少，得吃多少。"由于初尝到种植橡胶带来的甜头，一时间家家户户都派出了劳力上山砍坝种橡胶。由于当时无论是轮歇的荒地还是天然林都属于集体林，并未划分出农户的山地权属界限，结果造成了全寨在橡胶林占有方面的极不平衡：当时一些人口多、劳力强，或者"肯苦的"家庭拥有大片的橡胶林，有的甚至拥有"一个山头"；而在当时人手不足、没有强劳力的家庭彻底失去了土地——这个对他们过去而言并不重要，但却是当下橡胶经济中最重要的资本。

杨主任的父亲在"文革"时期逃去老挝，在那边又结婚生子了。没有了丈夫的女人拉扯五个孩子长大，在原本就不富裕的阿卡村寨生活更是辛苦，大姐、二姐都很早就嫁人了。他当年在勐腊一中读高中，他琢磨后放弃了高考，回来带着弟妹去开山砍坝，"又不像现在有包工可以请，全是自己苦出来的"，才积累下上百亩的林地。加上后来卖出去的少，现在才能过上富足的日子。与杨主任家截然不同的是海倒家，她丈夫标说 1993 年的时候"喝（酒）多了"死了，办丧事的时候还卖了一块轮歇地。留下她和三个女儿，家里缺少劳动力，没能在这次土地开发中得到实惠，现在家里就靠仅有的一小块林地艰难度日，大多时候还要去亲戚家的林地上捡地皮胶和碗底胶。

"号地"以后，有些家庭还是没有足够的资金和劳力来栽种和管理橡胶地。这时候有的"头脑好"的家庭就和附近办场，甚至农场的汉族合作，对方出胶苗等所有的生产资料，并负责管理。等开割以后双方平分橡胶地，各自割胶。这就是扎松板最早形式的承包，外来租种者包种包管，到橡胶开割以后平分，就不再支付租金，一般 30 年后归还。最初是寨子里四川来上门的刘忠诚，人称"刘老板"家开始这样的，后面附近的农场、办场的汉族都来寨子里打听，"胆子大"的几家就跟着干起来了。

然而，这次土地大开发中人们的辛劳付出很快就在随之而来的自然灾害下付之一炬。1997 年、1999 年这一地区接连发生了大规模的低温寒害，几乎摧毁了半数以上刚刚定植的橡胶苗，加上橡胶价格的持续下跌，扎松板的橡胶种植遭受了致命打击。在自然灾害和市场波动的双重作用下，一方面，人们已无能力持续地在大面积的土地上投资补种橡胶苗；另一方面，橡胶价格的大幅缩水也浇灭了人们寄予橡胶改善生活的希望。大部分的家庭纷纷集中在这两年内把自己林地以荒地的价格变卖出去，村寨的办场集体林，除了按照当初协议留给办场三成外，剩下的由于长期资不抵债，也被变卖了。在这场土地变革中，扎松板丧失了超过 2/3 的土地。具体的流转过程将在下一节详细叙述。

2004 年后，随着橡胶价格涨幅不断攀升，扎松板人开始开发寨子最后一批集体的土地。2004 年寨子里统一划分了嘛伞样剩下还未开发的土地。寨子里请了红河的包工队砍坝、开荒山后，挖好树位，按照户数平均分配。寨子里每户要交 600 元才可以参加抓阄，排出先后顺序来选地。由于寨子里户数的增加和土地所剩无几，每家仅分得 100 个树位，约合 3 亩，并且规定了如果自己家不想要的可以按 4500 元（已包含之前抓阄的 600 元，即实际土地价格是 3900 元）卖给寨子里别的家。由于所分的土地过于细零化，寨子里很多家庭觉得林地分散不便于管理，"等割起胶来，这点 50 棵，那点 100 棵，一晚上跑都跑不赢（跑不过来）"，便几户一同将"买地的资格"卖给一家人。例如当年央鹊就买了俄师、者梭、先布和罗松家的名额，由于可以选地，他就将这 4 块地连同自己家所分的选在一起，这样就有一块 20 亩左右的橡胶地。同样在 2006 年村寨又一次按照相同的方法划分了罗读踏妹的土地，只是这一次每户分到的土地更少了，仅分得 50 个树位，约合 1 亩。抓阄前每家出了 300 元，如果不要的话可以卖 2300 元（见表 3-1）。

表 3-1　嘛伞样、罗读踏妹土地转让情况

地点	买方	卖方
嘛伞样 （2004 年）	克扎	帕次、帕黑、先门、先龙
	克罗	国桑、克捌等 3 家
	友三	友差、标黑
	央鹊	俄师、者梭、先布、罗松
	则窝	则通、则差
	争扎（大）	攀梅、则海、郭扎
	周余	李扬发等 3 家

续表

地点	买方	卖方
嘛伞样 （2004 年）	飘扎	黑先、飘的、帕则、秧甲、标窝等 6 家
	查桑	飘胡
	飘梭	帕沙等 11 家
	周先	门松（周益）
	支聪	支扎等 8 家
	汉扎	戈门、龙学、秧甲、窝张
	飘夺	番梭
	扎康	呀哦、帕包
罗读踏妹 （2006 年）	友三	周扎、友差等 10 家
	尚明田	龙沟、飘李、帕梭、窝桑（大宝）、龙学
	绝海	则梭等 3 家
	飘张	车扎
	沙黑	窝张、仓军、帕次、央鹊
	梭帕	8 家
	则海	先扎、海倒
	查桑	帕包、帕切等 7 家
	支聪	支扎、克扎、汉飘、扎车、呀普等 7 家
	梭住	梭张
	攀老	攀桑等 3 家
	门飘	门扎、门干

如表 3-1 所示，在村寨的这最后的两次土地开发中，开始明确出现了山林的转让。在划分嘛伞样土地时候，70 户家庭所分配到的土地集中到了 15 户家庭手中。同样，在划分罗读踏妹的时候，65 户的土地集中到 12 户手中。可以说，超过半数的家庭参与到了这次转让中，这也成为村寨内部最大规模的两次土地流转。当然，在村寨里的人看来，这并不属于"卖地"①，人们普遍有这样的观点："那块地我也不有种过，就是他家用我的名字来买了嘛，谈不上卖地。"

---

① 我在每户的入户调查中都会问及有关家里买卖橡胶林地的情况，他们绝大多数不会把这两次土地开发中卖给/买到其他家的土地算在其中。当我提醒他们是否在这两次土地开发中买卖过土地时，他们有的会诧异地问我："这种也要算（卖地）啊？"

扎松板在嘛伞样和罗读踏妹的这两次土地开发，基本上已经将除了禁止砍伐的水源林、防护林和坟山外，村寨集体所有的山林土地全部被砍伐一空。除了村寨里最后的一片集体橡胶地——阿米阿布（黑心树林）在 2007 年橡胶树更新后就由个别几家集资买下外，在全寨范围内大规模的土地分配就彻底结束了。

最后还要提一下的是水田的土地利用同样发生了转变。历史上阿卡人从来就没有水田，下坝区定居化以后水田就一次性划分完了，每家大致就分到不足 10 亩的水田，生产生活的重心也不在于此。从 2005 年开始，他们已经把为数不多的水田租给了外地老板栽种香蕉。租金的收益已经远远高于村民种植水稻获得的收益。

可见，在村寨的这最后的两次土地开发中，一套新的土地观念出现并日益明晰：一方面，在轮歇耕作的传统中，人与地是分离的，人只是短时期在这片土地上耕种属于自己的作物，一旦抛荒后，土地就失去了和人之间的联系，回归到村寨内部的土地循环中。橡胶经济的发展，建立起了人和地之间的联系，流动的土地开始固定下来。另一方面，土地的交换价值开始凸显，人们不是通过在土地上的耕作来获益的，而凭借转让占用土地的这种权力即可获益，这在过去的扎松板阿卡人社会是不存在的。

表 3-2　扎松板不同时期的土地权属情况

历史时期	所有权		使用权	
	水田	林地	水田	林地
20 世纪 40 年代以前	封建领主所有		无	村寨公有，少量私有
土地改革时期（1956~1958 年）	国家公有		个人私有	村寨公有，少量私有
集体公社时期（1959~1979 年）	国家公有		国家公有	国家公有
20 世纪 80 年代至 21 世纪初	国家公有		个人私有	部分公有，部分私有
经济作物繁荣期（2005 年至今）	国家公有		香蕉老板	私有，部分承包

三　橡胶带来的土地流转

在扎松板丰富的林地资源给当地人带来前所未有的富裕的同时，也使得扎松板成为远近土地流转数量最大、最为频繁的村寨。在本节中，我将以扎松板近 20 多年的土地流转的规模、数量面积、流转原因，以及交易细节进行了全面细致的统计和人类学个案访谈考察，从社会和文化脉络中发掘土地流转与村寨和国家、市场互动的历史、传统土地观念，乃至区域族群关系中千丝万缕的联系，探究大规模的土地流转背后隐藏的政治经济力量与地方性文化观念。

土地流转的政策回顾与学术争论

土地问题一直是"三农"问题的核心。随着 20 世纪 80 年代中期以后农村土地两权分离的制度创新红利基本释放殆尽，[①] 越来越多的农民对土地作出了"弃用不弃权"的"抛荒"选择。[②] 在此背景下，1994 年 12 月 30 日，农业部《关于稳定和完善土地承包关系的意见》[③] 中首次提出"建立土地承包经营权流转机制"的解决方案。自此，有关农村土地流转的实践探索逐渐发展了起来。所谓的土地流转是指土地使用权流转，即拥有土地承包经营权的农户将土地经营权（使用权）转让给其他农户或经济组织，也就是保留承包权，转让使用权。[④] 土地流转制度的核心是在农村土地集体所有的基础上，实现所有权、承包权、经营权的"三权分置"或"三权分离"。这一农村土地制度变迁的必然选择和重要创新，无论在理论上还是在实践上，都具有极其重要的意义。[⑤]

土地流转制度由于被赋予的重大功能和使命，一直以来是政界和学界的关注热点。早期主要关注点在土地流转的形式、成因、影响及规范土地流转的政策建议，以及土地流转对农业结构调整、农业产业化、土地规模经营、农业劳动力转移、农民增收以及农业现代化方面的作用。与此同时，学者们也注意到土地流转实践当中产生的许多亟待解决的问题，比如租金高企、违规违约、强迫流转、流转规模评价、土地改变用途和破坏利用、政府介入过度但公共服务提供不足，以及土地流转后的农民收入和生计保障问题等。[⑥] 一些研究从乡村

---

① 陈成文、罗忠勇：《土地流转：一个农村阶层结构再构过程》，《湖南师范大学社会科学学报》2006 年第 7 期。

② 金星：《新土地抛荒的经济学视角》，《农村经济》2013 年第 3 期。

③ 农业部：《关于稳定和完善土地承包关系的意见》（国发〔1995〕7 号）批转。

④ 张红宇：《中国农村土地制度变迁的政治经济学分析》，西南农业大学，博士学位论文，2001，第 117 页。

⑤ 韩俊：《从"两权分离"到"三权分离"》，《经济研究参考》1999 年第 75 期；邓大才：《效率与公平：中国农村土地制度变迁的轨迹与思路》，《经济评论》2000 年第 5 期；李文棋：《土地流转：中国农村土地使用权制度变迁的必然选择》，《台湾农业探索》2002 年第 3 期；张红宇：《从"两权分离"到"三权分离"——我国农业生产关系变化的新趋势》，《人民日报》2014 年 1 月 14 日。

⑥ 郭金丰：《乡村振兴战略下的农村土地流转：市场特征、利益动因与制度改进——以江西为例》，《求实》2018 年第 3 期，第 79~97 页。

社会层面进行了深入剖析，如张静探讨了国家政策、村干部决策、集体意愿、当事人约定等政治力量是如何通过竞争博弈来取舍土地使用规则，从而影响农地调整、地权稳定性及土地流转的；[①] 毛丹、王萍从农村治理结构的角度解释了村级组织对农地的调控行为（频繁调地），及其对土地流转的潜在影响；[②] 张孝直从社会冲突角度探讨了土地流转过程，分析了乡村特权群体对普通农户权利的侵犯与剥夺[③]等。

新近的研究在肯定土地流转的效果和意义的同时，开始对资本和权力在土地流转中运作带来的大量土地"非农化"和"非粮化"，[④] 农民在"失地后又失业"[⑤] 的问题进行深入反思，开始从社会层面讨论土地流转对整个当代农村社会的政治、经济、社会文化和生态带来巨大影响，包括对乡村社会结构，特别是阶层结构变迁的影响，如温铁军等人从逻辑上推导出土地流转的放开将带来农民的两极分化；[⑥] 陈柏峰进一步强调认为当前的土地制度安排对农村的中间阶层有利，而忽视了举家务工阶层和村庄贫弱阶层的利益，为此提出了保护贫弱农户地权的政策建议；[⑦] 但近年来激进的、大规模的土地流转又使得中间阶层趋于瓦解，破坏了农村稳定的基础。[⑧] 同时，农村的土地流转模式正在经历的深度转型，使"嵌入"乡村社会内部土地的礼俗式流转走向终结，加剧了传统文化的没落，[⑨] 导致基层政权陷入合法性困境。[⑩] 此外，资本对土地的掠夺式经营方式容易导致耕地质量下降并破坏生态环境。[⑪]

这些问题不仅关系到农民的切身利益和农业农村的健康发展，而且会对国民经济乃至整个国家安全稳定产生重大影响。进入经济新常态以来，2015 年

① 张静：《土地使用规则的不确定：一个解释框架》，《中国社会科学》2003 年第 1 期。
② 毛丹、王萍：《村级组织的农地调控权》，《社会学研究》2004 年第 6 期。
③ 张孝直：《中国农村地权的困境》，《战略与管理》2000 年第 5 期。
④ 冯华：《防范土地"非粮化""非农化"》，《人民日报》2014 年 2 月 22 日。
⑤ 陈成文：《论促进农村土地流转的政策选择》，《湖南社会科学》2012 年第 2 期。
⑥ 温铁军：《农村政策的底线是不搞土地私有化》，《中国市场》2008 年第 1 期。
⑦ 陈柏峰：《土地流转对农民阶层分化的影响——基于湖北省京山县调研的分析》，《中国农村观察》2009 年第 4 期。
⑧ 杨华：《农村土地流转与社会阶层的重构》，《重庆社会科学》2011 年第 5 期。
⑨ 马流辉：《"脱嵌"的土地流转——实现机制与社会效应》，《内蒙古社会科学》（汉文版）2016 年第 5 期。
⑩ 冯小：《资本下乡的策略选择与资源动用——基于湖北省 S 镇土地流转的个案分析》，《南京农业大学学报》（哲学社会科学版）2014 年第 1 期。
⑪ 刘成玉、熊红军：《我国工商资本下乡研究：文献梳理与问题讨论》，《西部论坛》2015 年第 6 期。

中央农村工作会议首次提出了"农业供给侧结构性改革"新思路,强调要通过发展适度规模经营、减少化肥农药不合理使用、开展社会化服务、降低生产成本等方式和措施来提高农业效益和竞争力。党的十九大报告提出了"实施乡村振兴战略"。其中,重点强调了要"深化农村土地制度改革""发展多种形式适度规模经营,培育新型农业经营主体,健全农业社会化服务体系,实现小农户和现代农业发展有机衔接"。可以说,这些要求既是一直以来土地流转实践中目标价值的反思性继承,又为当下土地流转市场的健康有序发展提供了明确的方向指引。乡村振兴不能盲目推进土地流转,在"三权分置"和土地承包关系稳定并长久不变的基础上,尊重农民土地流转以及不流转的意愿,避免采取经济力量的无声强制或超经济强制的方式推进土地流转,应当是乡村振兴战略中需要特别重视的方面。[1]

而回到对农民土地流转意愿的讨论上,早期学术界大多基于经济学视角认为农户流转土地是经济利益驱动的结果,为的是追求经济收益的最大化的理性行为的假定[2]已经越来越缺乏现实解释力,现实的情况是:在中国广大的农村,有相当一部分的农民并不愿意流转自己的土地。[3] 有学者认为这是由于农村劳动力转移就业仍处于非稳定状态,农村社会保障较低,部分农民把土地看成自己的命根子,或是自己最后的保障。尤其是无条件外出打工或无其他收入来源的农民,以及60岁以上的老人,更不愿流出土地。[4] 还有学者从社会关系提出要清醒地认识当前中国农村普遍存在的"以代际分工为基础的半工半耕结构"的重要性,即使近2亿农民工进了城,但其土地却大多仍然留在农村,由务工者的父母耕种,并非必须得流转出去。[5] 在此情况下,无论农村土地市场是否成熟、是否规范,土地流转行为都不可能做到理性化。然而,这些不愿流转土地的农民,因为坚持"安全第一"的生存伦理观而往往被看成落后的、

① 叶敬忠:《乡村振兴战略:历史沿循、总体布局与路径省思》,《华南师范大学学报》(社会科学版)2018年第2期。
② 钟涨宝、汪萍:《农地流转过程中的农户行为分析——湖北、浙江等地的农户问卷调查》,《中国农村观察》2003年第6期。
③ 闫小欢、霍学喜:《农民就业、农村社会保障和土地流转——基于河南省479个农户调查的分析》,《农业技术经济》2013年第7期。
④ 张竞文:《对粮食主产区土地流转效果的调查分析——以安徽省为例》,《现代农业科技》2015年第2期。
⑤ 贺雪峰:《新乡土中国》(修订版),北京大学出版社,2013。

保守的，其眷恋土地，"离乡不离土"的做法被看成传统的、根深蒂固的小农意识。[1] 无论学者如何解释，土地流转的现实已经表明：纯粹的市场理念和现代化思维下的经济理性并不存在，经济利益最大化并非农户土地流转行为选择的唯一标准，特定社会文化环境下人们所形成的心理与主观认知也起到重要的影响作用。因此，学者们意识到只有将一个乡村的社会和文化特征纳入分析框架，[2] 才能获得对这一问题更深入和全面的理解。

扎松板土地流转的基本情况

事实上，由于西双版纳处于仅占我国国土面积 5% 的热带地区，其得天独厚的气候条件和热区资源使其土地流转呈现出独特性。与其他广大的民族地区土地流转滞后相比，西双版纳近年来的土地流转量都高居云南省第一[3]，其中耕地主要流转为热带果蔬、药材种植，林地主要流转为橡胶种植。作为山地村，扎松板的水田面积比起周围的傣族和汉族都稀少，且较平均。每户不足 3 亩的水田过去种植水稻，从 2002 年开始则集体承包给外地老板租种，租金也从最早的每亩 600 元上涨到现在每亩 1000~1200 元。水田由于数量少，对村民的经济和生活影响不大，流转情况简单，并不是我所讨论的重点，本节所讨论的严格意义上来说是林地流转。

在 2011 年我田野期间，正值国际橡胶价格一路高涨，林地可谓寸土寸金，买卖流转看似也是合乎经济理性的选择。但随着研究深入，通过对林业局获得的村寨林权证和土地交易信息的统计，结果不由让人震惊：从第一块土地被卖出的 1993 年至 2012 年，在总户数 108 户的扎松板，共有 191 起土地交易，可以说，没有买卖过土地的家庭仅有 10 户。其中在本村寨内流转的 40 起，由本寨流出的 151 起，不存在从其他村寨买入的案例；在本寨所拥有的 9926.32 亩橡胶地中，土地流转的总面积为 4796.01 亩（包括本寨内部），其中 4581.16 亩的土地流转出本寨之外，占到土地流转总面积的 95.5%。也就是说，在这近 20 年的土地流转过程中，扎松板失去了近一半（46.2%）的土地。随后通过对每家每户土地流转的时间、收益和原因等进一步访谈分析（见附录四）的基础上，可以发现：在如此普遍、大面积的土地单向流动的背后，扎松板土地

①　邢广洲：《泌阳县农村土地流转现状、存在问题及发展对策》，《河南农业》2014 年第 19 期；赵丽萍：《山西省阳泉市农村土地流转的调查》，《山西农经》2014 年第 3 期。
②　叶敬忠、吴惠芳、许惠娇、蒋燕：《土地流转的迷思与现实》，《开放时代》2016 年第 5 期。
③　赵俊臣：《云南省民族地区土地林地流转研究》，《中国财经信息资料》2011 年第 29 期。

流转无论在时间、对象、橡胶林地状况、面积和价格分布，以及卖地原因上都呈现出一定的规律，有值得深入挖掘的政治经济、历史和社会文化因素。

扎松板的土地流转是从20世纪90年代后才开始的。最早是1993年，寨子里的海倒死了丈夫没钱办丧事，她本人又是从老挝嫁过来的不会说汉话，就由其丈夫的弟弟标窝去联系，把家里一块位于寨子与勐满农场五分场九队之间的橡胶地卖了，买主是距离林地很近的勐满农场五分场九队的农场人，到现在海倒都不知道当时卖了多少钱①，这就是扎松板第一块流出村寨的土地。紧接着1994年，寨子里的友三、飘当和益秧一起卖掉了同样是位于九队干吗（即九队路边）的三片面积不大的橡胶地。这片林地过去是扎松板最早的集体林，后来实行家庭联产承包后就卖给了村寨的个人。这片林地处在坝子边缘，紧靠勐满农场五分场九队的居住点。林地地势平坦没有坡度，并不像扎松板的大多数林地沿着蜿蜒曲折的小路深入群山之中。当时是九队的人主动到寨子里打听，找上了当时的村干部友三提出想买地。由于原来分集体林时候，每家买到的地面积都不大，都在10亩左右。九队的人又托友三叫上了一起买集体林的飘当和益秧，三家人：友三家是开割的橡胶地8.26亩，卖得1万元；益秧6亩荒地，卖得3000元；飘当9.58亩荒地，卖得6000元。

但在1997年之前，全寨总共就只有这零星的4例土地买卖，土地的流转还没有真正进入村寨人们的视野。但国有农场作为日后大规模土地流动的推动力量已经初显身手。随后从1997年开始至今，由橡胶发展所引发的大规模的土地流动一直持续地影响着扎松板。

在上一节中已经提到，1997年是扎松板历史上土地开发力度最大的一年，但同年，以及随后的1999年整个勐腊都发生了大规模的低温寒害，这对于刚定植的脆弱的橡胶幼苗无疑是一个致命打击，扎松板在1997年土地扩张时期栽种下去的橡胶树到1999年存活率不到一半。与此同时，所谓屋漏偏逢连夜雨，当时橡胶价格逐年下滑，人们种植橡胶的热情被拉到低谷，同时也很难拿出资金再投入补植胶苗和维持橡胶林地的管理中。就是在这个背景下，扎松板开始了大规模的抛售林地。很多辛苦开荒种下的橡胶林，在短短几年时间里，就再一次被当作荒地变卖出去了。

从1997年到2006年，是扎松板土地流出的高峰。在整个扎松板的土地流转史上，共有191例土地被卖出，而在这短短十年间就集中了135例。其中，

---

① 当时有签承包合同，但是海倒不识字，也没有看过。我在调查时候她还翻箱倒柜地想找来给我看，但是一直没有找到。

绝大部分卖给了相邻的勐满农场和勐捧农场场部和下属的分场，以及勐润的学校、卫生所、信用社等机关单位，还有少量的则卖给了村寨周围的办场。在这一时期，所卖的土地大部分就是 1997 年土地大开发时候开垦出来的，正如上节中介绍到的，这些土地距离村寨较远，大多在勐满镇国界、回南呀和老坝腊，但面积基本是林权证上所有土地中最大的几块，同时也是 GPS 测量中误差比较大的。例如像大争扎家，大大小小土地加起来有八块，最大的一块就在勐满镇国界处，有 44.5 亩，几乎占到他所有土地的一半。虽然大争扎只卖掉一块土地，却卖去了家里一半的土地面积。

可见，这一时期不仅所卖的林地例数多，而且面积大。更重要的是，这一时期所卖的价格极低。很多土地被当作"活一半不活一半"的"荒橡胶地"卖掉。由于离村寨较远，很多家庭在寒害之后就完全不再去顾及这些土地，一直就这样荒弃，有的到七八年后被卖掉的时候"杂草、杂树枝都比橡胶树要高喽"。这样的荒橡胶地价格大多在每亩几百元，最低的 120 元/亩，2004 年以后在橡胶价格的持续走高的背景下，也不过偶尔有卖到每亩近千元的。由于这是按照当时的总价除以林权证上面积得到的平均价，有些与实际面积的出入较大的情况下，真正的价格还会在这个价格基础上进一步缩水。除了荒橡胶地外，剩下被卖的土地中绝大部分是刚刚补种定植后，一直到正准备能开割的橡胶林地。这也就意味着人们已经熬过最艰难的阶段，在前期的投入已经准备产出效益的时候被卖了出去，并且比起荒橡胶地来也并未增值多少，有的也不过每亩几百元。这与当下在勐润橡胶以棵数论价，有的一棵橡胶就能卖到七八百元（即一亩 2 万多元）可谓天壤之别。

2004 年以后至今，在扎松板仅有 52 起土地交易。这一时期不仅土地流转的规模大幅萎缩，更重要的是，交易的对象、面积和价格都出现了转变。从交易的对象来看，52 起交易中，有 32 起是在村寨内部进行的流转。反过来说也同样成立，在所有的村寨内部的土地流转（40 起）中，绝大部分集中在这一时期。从土地流转的面积上看，这一时期每起交易面积绝大部分不到 10 亩，有的甚至还不到一两亩，大多是位于村寨周围的罗读踏妹、嘛伞样等地。这一方面是由于在此之前，像位于勐满国界、老坝腊和回南呀等面积大的地块已经卖得差不多了；另一方面则是由于橡胶价格的不断上涨推动了橡胶地的不断升值，这一时期土地交易的平均价格在每亩 1 万元左右。大面积的购买意味着投入和风险的增加。尤其是 2012 年，我在田野点的时候寨子里卖掉的两块地：一块是攀周家在新寨路边的两块地合二为一，总共不到 8 亩的刚开割的橡胶地，卖给附近砖瓦厂的汉族，卖到了 33 万元的好价钱；另一块则是梭查家在勐满国界处的 77.3 亩的一片大林地，已经开割了一半多，因为面积大，这块林地的出卖是颇费周折的，此前勐满种植场也有人来看过，付下 30 多万元的定金，可过了几个月也凑不出上百万元这么大一笔钱。最后好不容易卖给勐满农场五分场，总价高达 170 万元，一时间成为村寨中人们津津乐道的谈资，也只有在这个时候，人们才会相互抱怨两句怪当初卖的价格太低。

对扎松板土地流转的分析讨论

在回顾了扎松板土地流转的历史后，我们可以更深入地讨论一下。

第一，从购买对象上看，显然，首先可以区分出村寨内和村寨以外的。在村寨内，交易双方大多是亲戚关系，其中最常见的情况是由于亲戚间在地块上大多相连，彼此之间的交易更有利于实现土地的合理配置，这也正说明了为何村寨内的土地交易主要发生在小额面积的罗读踏妹和嘛伞样，正如寨子里的人说的"最怕橡胶地一处一小点，每天割胶都跑不赢（跑不过来）"，因此，将分散、零碎的土地重新整合是村寨内人们土地交易的主要目的，这类似于黄宗智所认为的中国传统社会中先买权[1]的存在可以有效地防止土地细零化的趋势。[2] 还有的则是女性嫁在本寨中，她的兄弟们往往会在分家后以卖地的形式分给她一块土地。

在村寨内部的土地交易中，可以说让外人百思不得其解的是其交易价格。如果以与外部交易价格为参照，似乎在市场行情不好，外部交易价格很低的时期，村寨内的交易价格反而更高一些；到了土地市场价格一路高涨以后，村寨内的交易价格则又变得低于外界水平。总之，村寨内的土地交易价格与外部市场价格之间存在一定偏差，遵循一种"人格化的交易"（personalized transaction），也就是说，交易双方会把彼此存在的某种血缘、亲缘关系带入交易中来，土地的人格化交易意味着，交易双方并不从交易本身或这一次交易中计算得失，交易方之间的关系是"多面的"和"长期的"，[3] 价格只是影响交易的参数之一。交易者本身所处在错综复杂的社会关系之中，"家族关系、互

---

[1] 中国古代的土地、房屋等不动产买卖，长期存在亲邻先买权的习惯。所谓亲邻先买权，是指出卖田产房屋须先遍问亲邻，由亲邻承买，如亲邻不愿承买，方可径卖他姓和他人。

[2] 〔美〕黄宗智：《华北的小农经济与社会变迁》，中华书局，1986，第 270 页。

[3] Hayami, Yujiro, Kikuchi. Masao, Asian Village Economy at the Crossroads, Tokyo: University of Tokyo Press, 1980: 14-15.

惠原则、礼品、道德以及诸如此类的因素无不起着重要的作用"。①

对于村寨外的购买对象，也可以简单地归类：首先无论在购买人数还是土地面积上最多的是农场的职工。农场采取"定人定岗"的管理形式，每个岗位负责定量的橡胶树，也就是所谓的"公胶"。农场早期从管理、割胶到卖胶都必须按照固定流程，个人的收入主要是依靠核定工资，既很少受市场影响，又难以通过增大劳动强度来提高生活水平，所以购买地方村寨的橡胶地的"私胶"成为他们家庭扩大再生产和投资的主要渠道。农场的职工作为土地流转的中坚力量，虽然参与人数众多，但平均购置土地的面积不大，大多维持在有效利用家庭内富余劳动力的水平，类似于黄宗智所谓的"家庭式农场"。②

相比之下，有一类"地方精英"，他们拥有更多的资本和社会资源，在区域土地市场低点购入大量土地，雇用当地办场或外来农民管理橡胶园，采取的是一种"经营式农场"③的管理方式，通过追求最高剩余价值来最终实现经济利益最大化。在扎松板，很多人认识勐满农场的唐国平，他不仅是勐满农场场部书记，也是勐润这一片"有头有脸的人物"，人们都愿意和这样的人攀上一些关系。寨子里克罗家从四川上门的丈夫刘忠诚就和他往来密切，不仅把自己家的橡胶地卖给他，在 2000 年前后，还介绍了寨子里亲戚和近邻克扎、布里、窝俄、窝张等多家人，卖给了他 300 多亩橡胶地。队长的大名在勐润更可谓如雷贯耳，他原本在岔路口交警大队的大队长，这两年据说调到景洪工作了。在扎松板，他不仅从桑查、飘当、争说、李扬发等个人手上购买到橡胶地，他还先后购买到扎松板老寨、新寨大量的集体林地。我从勐腊县林业局看到的一份最近的合同，他在 2006 年还以 170 万元购买了扎松板新寨集体林 240 亩（期限 50 年）。这样的人在当地如同一个传说，有人告诉我到岔路口途经的"渔庄幕后老板"也是他。对此，当地人的解释是："在这点，只要你有本钱，再有点关系，不消说会搞什么劳动，钱都会自己找上来。"

这个说法，落实到土地流转上，最明显的就是随着土地价格高涨，不断出现的倒买倒卖。例如：车龙 2007 年以 5.6 万元卖出的已开割的橡胶地，在不到一年就以 12 万元的价格转卖，不仅利润翻番，还净赚了一年的割胶收益。还有寨子里的先门曾在 1998 年以 3.4 万元的价格卖给勐润边防队长一块 16.7 亩（实际面积 35 亩）的荒橡胶地，边防队长是景洪人，2000 年他调走后，又

---

① 〔美〕黄宗智：《长江三角洲小农家庭与乡村发展》，中华书局，1992，第 94 页。
② 〔美〕黄宗智：《华北的小农经济与社会变迁》，中华书局，2000，第 65~84 页。
③ 〔美〕黄宗智：《华北的小农经济与社会变迁》，中华书局，2000，第 65~84 页。

将这块地以 12.3 万元转卖勐润小学教师，到了 2001 年这块地再次以 15 万元被转卖橡胶场一队（办场），到 2011 年以 27 万元转卖勐润街上收杂胶的阮某。

第二，从土地交易的卖出方来看，对于这样集体性、大规模的卖出土地一定是有共同原因的，1997 年、1999 年的自然灾害可以说是最直接的原因，但正如上文提到，寒害之后马上卖掉土地的情况并不常见，更多的则是在重新投入补植后，甚至是在已经准备产出效益的时候被卖了出去，人们为何要做出这样不符合经济理性的决定？我们自然可以将其归因为阿卡人在社会经济上所处的弱势地位，使得他们早在胶价的上涨之前，就已无能力持续投资而以很低的价格变卖出去。从外部视角来看，这大可用一套中心对边陲剥削的世界体系理论来解释。但以内部视角看，这一行为似乎并不是阿卡人对上述事实并非迫于无奈的被动接受，背后还契合了人们独特文化逻辑。当我向每个个体询问为何卖地的时候，似乎少有人回答我没钱再投资这样的理由，最接近的说法恐怕就是："家里人不够，割不动""地太远了，干（劳动）不下来"。最常见的则是"我家爹死掉了，要办丧事""要修房子""儿子要结婚啦"等，近几年来比较多的原因则是买车。我在田野的时候绝海家儿子就卖地买了一辆近 20 万元的越野车，让人匪夷所思的是他根本不会开车，买车的那天还是出钱请人开到寨子里的。在这个层面，在外界看来"贪图享受""没有投资赚钱的意识"扎松板的阿卡人的土地流转如同小农式生产一样，其根本是为了满足家庭的消费需求，而非为了追求最大利润。①

进一步来看，当年人们接受低价变卖土地也正是契合了他们对于土地的传统观念。如上文所述，阿卡人历史上一直采取轮歇种植，不断砍坝开荒，没有土地占有的观念。正是这一传统的土地利用方式使阿卡人在橡胶发展中获得了大量的土地资源，同时也正是他们"重开不重守"，抛荒过的土地就属于村寨，而不存在土地的买卖的传统，使得他们在橡胶经济中轻易就将土地流转出了村寨。从附录四可见，寒害之后，有的家庭重新补种，也有的置之不理，但无论如何，人们都没有将"卖地"视作最终目的，以此来寻求最佳的交易时间。而是当家庭出现需要结婚盖房、丧事摆宴的时候，这块土地就成为补贴家庭需求的首选。换句话说，每个家庭选择在某一年卖掉土地并非考虑到当时土地市场的价格，而是意味着这一年家庭出现了消费需求。

相比之下，土地观念完全不同的傣族在土地流转中的截然不同的反应就可

---

① 〔美〕黄宗智：《华北的小农经济与社会变迁》，中华书局，2000，第 3 页。

作为佐证。正如上文所说，在傣族的土地观念中，土地不仅重要，且是不能被买卖、抵押、典卖的。据说傣族的"傣"字就有"种田人"之意，通过在土地上持续的投入劳作获取、积累财富是傣族长久以来朴实的生活信念。对于与扎松板相邻的曼回尖，我虽然没有逐户统计，但大体上全寨卖出的土地屈指可数，面积还不如扎松板普通一家人卖出之多。固然，曼回尖这样的傣族村寨本身所有的橡胶地面积（详见附录八）远不如扎松板，但其背后根深蒂固的传统观念也起着重要作用。

还值得一提的是，近几年推动扎松板土地交易背后的新趋势。首先，上文提到 2012 年攀周卖了一块 33 万元的地，这钱最终是用到了他儿子周才身上。小伙子一表人才，中专毕业后，攀周凭着以前做村支书的各种关系托人让儿子留在勐腊交警大队做临时工。攀周很自豪地告诉我："（儿子）打电话回来让打钱上克，不有办法，花销太大……单位上的领导还是多喜欢他呢，去到哪点玩都喊着他，我就喊他抢着给钱，不要小气……这个钱（指 33 万元）么给他在勐腊县城买上一套房子，剩的应酬好他单位上的领导、同事，和你们一样变成个城市人。"此外，帕次家今年也卖掉了一小块橡胶地，原因则不是那么光彩，因为他小儿子喝酒后与寨子里的人打架，不小心将旁边的人推下楼，摔成了植物人，被法院起诉，卖地是要凑钱给儿子打官司。还有越来越常见的是看病。新寨先查母亲得了癌症，家里已经卖掉两块林地也"治不好"，他母亲坚持不住院要回家，说是"搞下迷信，拴了线，喂了饭心里就安心"，① 不想再浪费钱。

过去，阿卡人较少与外界接触，据记载"生性腼腆，多半两人成行，出门遇外人时互相介绍"。阿卡社会长期处在边缘位置。但橡胶经济的持续升温带来的经济地位的提高，使得阿卡人逐渐以一种更主动的姿态与外部世界进行互动。过去，对于经过制度程序彻底终结农民身份进入国家体制内，成为"单位上"的人，对扎松板的阿卡人来说几乎是遥不可及的，但现在通过橡胶带来的财富则具有了可能性；同样，过去阿卡人的生活几乎完全不会与法院和医院这些象征着现代社会，更确切说是现代西方社会的机构相关联，村民之间的冲突纠纷是通过追玛和习惯法来调节，人的生老病死都是通过草药和仪式治疗，甚至现在寨子里很多现在十多岁的孩子是在家中出生而非住院分娩的。而现在他们开始频频和这些高高在上的机构打交道。在这一过程中，他们也丧失了当下

---

① 拴线是阿卡为了安抚灵魂，祛病消灾的仪式，后文会详细介绍。"喂饭"则是专门针对人死前要举行的仪式，由亲戚依次象征性地为将死之人喂食米饭，祈求平安。

最重要的资本——土地。

最后，或许更值得关注的是：土地流转给扎松板这样的村寨带来了什么？从整体上看，土地流转中扎松板失去了近一半的土地，这对于橡胶几乎是唯一经济支柱的村寨而言，显然意味着财富的缩减。但如我开篇就介绍过的，当下的扎松板经济水平已经远远高出中国大部分的农村。换句话说，更重要的影响在于：对这个总体已经富裕的地方社会而言，土地流转和此前的土地开发共同作用，导致了严重的贫富分化。传统的阿卡社会一直被视作平权社会，其主要原因就是在于群体内部贫富差距不大，按当地人的说法就是"穷的一副扁担一副箩筐，富的也是一副扁担一副箩筐"。但随着橡胶经济兴起的土地开发过程，造成了村寨内部土地占有的不平衡，虽然当时橡胶带来的收益尚未显现，但这在很大程度上塑造了社会阶层结构。此后人们土地流转实践则可以被视作社会各阶层利益的再分配与重组合过程，其结果是社会进一步分化。

对于这样大规模的橡胶林地使用权的单向流转并不是扎松板的特殊现象。随着国家允许土地使用权自由流转政策的实施和橡胶价格在 2007 年后的节节攀升，在更大范围内，整个西双版纳都卷入了橡胶地流转炒作的热潮中。从湖南、浙江以及昆明、普洱等外地来的投资者进入西双版纳，在景洪购买了几十亩甚至上百亩的橡胶地，随后逐渐向周边村寨扩张；同时农场和地方精英也租种村寨橡胶，使得资本不断向越来越为偏远的地方蔓延，最终形成了一层层从中心到周边的圈地种胶。由于橡胶导致的负面影响，2006 年西双版纳州政府下达了禁止橡胶地使用权交易的命令，试图遏制这种负面影响的扩大。然而，由于土地占有和使用的变化，西双版纳区域内的社会结构和社会关系在很大程度上也随之改变了，直到 2013 年后这一地区几乎疯狂的土地流转才在橡胶价格大幅回落后回归正常。

一直以来，边疆少数民族地区的土地流转总体发展滞后，地处偏僻边远山区、土地资源禀赋和区位都没有优势，加上少数民族思想观念保守和受教育程度较低，以及土地碎片化等因素成为学界相关研究的主要解释依据。[①] 而扎松板土地流转的个案，呈现了对少数民族地区的土地流转进行另一种解释途径：把土地流转放置到行为主体的日常生活中，从传统文化观念、区域族群关系和更大的国家、市场的政经关系中加以考量，从中可以看到的是：边疆民族地区的土地流转不能以简单的流转规模来衡量，发展少数民族经济和乡村振兴不能

① 钟卫华：《少数民族乡村土地流转的制约因素及对策》，《三明学院学报》2018 年第 5 期。

盲目推进土地流转，所谓的尊重农民土地流转以及不流转的意愿，需要看到国家和市场对于边疆民族的双重性：既是机遇，也是挑战。对于像阿卡人这样较晚被卷入现代国家和市场体系的山地民族，在乡村振兴背景下的土地流转中，如何维护他们的利益和权益，如何探寻在现代经济理性的行为逻辑中观照文化的主体性，重审文化主体在社会转型中的内在张力及其存续的现实意义，是重新认识边疆少数民族地区土地流转的困境和问题所在，也是理解乡村振兴的重要基础。

第四章

社会关系变迁与橡胶贸易

可以说，阿卡人基于氏族谱系与村寨内人群结合所形成的社会关系，已被从事这一领域研究的学者们公认为阿卡的一大文化特色。Cornelia Ann Kammerer 在对泰国阿卡人的研究中指出，传统的阿卡人以村寨范围而生成强烈的"小宇宙"（microcosm）认同，同时他们在超越村寨的基础上，通过可追溯的谱系形成了所有阿卡人有着同一共族的大宇宙（macrocosm）认同，使得他们自我族群界限相当稳固，进而造成其变迁的速率和范围总是有限的。① 与此不同的观点是：Mika Toyota 则认为阿卡始终坚定维持传统的说法有待商榷。今天的泰国阿卡人和其他对外开放的部落一样，不仅积极地与国家经济、政治、教育和社会互动，而且在旅游场域上争得自我展现的机会。他们致力于创造一种他者易于理解的族群文化，而该文化也反过来形塑当今族人的认同。② 如他所言，阿卡并非单质的人群团体，当下，除了国家的影响外，特定区域、跨国或全球性要素的冲击，亦不能忽略。

在这一章，我所关注的就是：在受到橡胶经济强烈冲击下的扎松板，有关社会关系这一核心文化又将发生何种变迁？在扎松板，人们通过这一核心文化来理解并创造出新的经济活动，橡胶的引入通过破坏传统生计模式，导致人与人在劳动中形成新的互惠互助关系。但传统的社会关系，某种程度上在村寨的橡胶贸易中得以再现。

---

① Kammerer, Cornelia Ann, "Territorial Imperatives: Akha Ethnic Identity and Thailand's National Integration", in *Ethnicities and Nations: Processes of Interethnic Relations in Latin America, Southeast Asia, and the Pacific*, Remo Guidien, Francesco-Pellizzi & Stanley J. Tambiah eds., Austin: University of Texas Press, 1988, pp: 259-292.

② Toyota, Mika, "Trans-national Mobility and Multiple Identity Choices: The Case of Urban Akha in Chiang Mai, Thailand", paper presented at the 7th International Conference on Thail Studies, University of Amsterdam.

一　谱系与家族：阿卡社会的延续与传承

谱系

曾经受过语言学和人类学训练的美国浸信会传教士 Paul Lewis 与 Elaine Lewis 夫妇，在他们累计了数十年的泰北山区部落服务经验后，指出所谓的几大山地民族，基本上有其文化的最高生活期望。其中，"阿卡人强烈盼望能永远保有与其祖先的传承关系，生活过程中的历史'连续性'（continuity）特别为族人所重视"[①]。台湾学者谢世忠也指出阿卡人族群意识强，颇能在贫困中维持山区生活的稳定正是在于他们不愿与祖先断了联结，对坚固的族裔传承（descent）的文化根的强调。[②] 在阿卡社会，对祖先的铭记和社会的传承都是通过一种特殊的记忆方式保存下来的，即最早由罗常培提出的父子连名制。[③] 所谓的父子连名制，概括地说，就是父亲名字的末一字或末两个字，常为儿子名字的前一个或前两个字，其格式为 AB—BC—CD—DE……这种承前启后，珠贯而下的连名方式，就创造了一个谱系。尽管这种连名方式也广泛地存在于藏缅语族的其他民族中，但哈尼/阿卡则为这种方式提供了最精致的形式之一。阿卡人将这种谱系称为"子"。直到现在很多老人可轻而易举背诵出长达60多代的祖先名单，一直向上，可追溯到遥远的神话人物，甚至具有灵魂的自然物；向下则能使每个人都认清自己的家族和社会群体中的其他家族联系在一起的亲属关系。[④]

自古沿袭至今的谱系由三部分组成：神谱、首领谱和父系谱（即家谱）。

送米窝是所有有谱系的哈尼和阿卡人的始祖，即第一个人，其之前"人鬼共居"时代的谱系为神谱。这一时期的谱系具有神话色彩，主要是一种宇宙观的再现，且谱系不止一种，其中最常见的完整神谱又包括了宇宙万物诞生谱、天神谱。还有另外一种神谱将始祖送米窝的起源与地下神界的主宰者神龙联系

[①]　Paul Lewis & Elaine Lewis. *People of the Golden Triangle*. NY：Thames and Hudson. 1984：10.

[②]　谢世忠：《国族论述：中国与北东南亚的场域（繁体版）》，台北台湾大学出版中心，2004，第102页。

[③]　父子连名制的研究始于20世纪40年代，最初由语言学家罗常培提出在藏缅语诸族中普遍存在的特殊命名制度，分别著有《论藏缅族的父子连名制》（《边藏人文》第一卷，1944）、《再论藏缅族的父子连名制》（《边政公论》第三卷，1944）、《三论藏缅族的父子连名制》（《边疆人文》第二卷，1944）。继罗先培后，马学良对彝族的父子连名制进行了研究。

[④]　〔法〕布歇里：《哈尼族和阿卡人的父子连名制》，谢国先译，首届哈尼族文化国际学术讨论会论文集，1993，第225~231页。

起来，这类神谱称为地下神龙谱。其讲述的是宇宙万物的起源，并把始祖"送米窝"的诞生与自然界的宇宙万物和超自然界的天神以及地下神龙联系起来。这一时期的谱系并不准确和真实，主要反映了阿卡人的祖先在送米窝时代就已经形成了天界、地界以及地下界三元一体的宇宙观，并将始祖送米窝神化为天、地、水（地下）三界之子，也就是宇宙之子，从而确立了其作为政治首领的统治正统性。因流传地区不同，这类神谱有很多版本，且不同版本长短不一。①

　　首领谱则是从"送米窝"开始的所有三个音节的谱系，分为元祖族谱和酋长谱系。② 其中从"送米窝"到"尊唐盘"共十四代无分支的单传谱系是元祖谱系，反映的是包括阿卡在内的哈尼祖先部落通过部落联盟所形成的统一政权的联盟酋长的谱系，是所有有谱系的包括阿卡人在内的哈尼人所共享的。其中，"尊唐盘"被称为"百子之母"（又有称其有七个儿子），是阿卡谱系上除了"送米窝"之外另一位重要人物，他是统率过所有现代哈尼族支系祖先部落的最后一位首领，从他之后，哈尼联盟政权开始瓦解分裂，其七个儿子分统七方领土，最后发展成七个部落分支。因此，阿卡人至今保留一个风俗，当一个外来民族的某一个男人想要变成阿卡人的时候，他的家谱要直接从"尊唐盘"开始连到他本人，这被称为"谱系嫁接"。从"尊唐盘"之后，首领谱就开始衍化为七个分支部落的酋长谱。由于收集到的谱系资料不够全面，对这七个分支的演变及其分布情况，目前学术界还不能做全面的描述。按照目前已有谱系来看，只有传说中的唐盘七大分支中的六个，分别是唐盘漫、唐盘沙、唐盘忠、唐盘咀、唐盘普和唐盘孟。③ 绝大部分阿卡人为唐盘漫的后裔，扎松板所有的家户都是唐盘漫分支中嬷波梯和嬷波先的后裔，见表4-1。少部分为唐盘沙、唐盘忠的后裔。由于每个部落谱系内部的分支复杂情况不同，因此每个

---

① 王建华等学者猜测这类神谱完整的版本可能是十八代，但在五六十代人的口传过程中或多或少有所遗失，其中收集到的最完整的版本要数杨六金从老挝丰沙里、缅甸景栋以及泰国清莱收集的十七代的神谱（参见杨六金《红河哈尼族谱牒》，民族出版社，2005）。还有一些地方流传的神谱略去前段"诞生谱"，而只保留后段"天神谱"。其他哈尼族支系（元江、红河、元阳、金平等地）所流传的六代至八代神谱也应该是这一版本的变体（参见杨忠明《西双版纳哈尼族简史》，西双版纳州政协提案法制委内部资料，2004，第41页）。

② 见王建华《从谱系看哈尼族和阿卡人的形成》，《第六届国际哈尼/阿卡文化学术讨论会论文集》，云南人民出版社，2010，第25页。另在《西双版纳哈尼族简史》中，杨忠明将其划分为元祖族谱和胞族谱系。

③ 杨忠明在西双版纳哈尼族简史中提到的七分支分别为：唐盘漫、唐盘沙、唐盘忠、唐盘兼、唐盘布、唐盘乌、唐盘吹。但从各分支谱系和代数来看，可能存在不当之处。详见杨忠明《西双版纳哈尼族简史》，西双版纳州政协提案法制委内部资料，2004，第48页。

首领谱中分支所延续的长度也参差不齐。例如唐盘咀部落比较小，人口组成比较单一，首领谱几乎没有分支，在延续了28代之后就都转变为父系谱了。而唐盘漫则部落比较大，群体组成比较复杂，因此首领谱的内部还会不断分化出新的分支，且各个分支延续的长度也参差不齐，在25~31代范围内。

　　所谓的父系谱（也称为家谱）则是唐盘之后由两个音节组成的谱系。谱系从首领谱转变为父系谱或者家谱意味着哈尼族酋长制部落政体的瓦解而进入其他民族的国家政权体系当中，或者说哈尼族部落化过程已经结束，其民族化过程已经开始。① 由于父子连名制没有规定由嫡子传谱系，而是同胞兄弟（含同父异母）均传谱系，在酋长谱结束后，每一代的分支成几何级数递增，世代不停地繁衍生息，发展壮大，形成了当今成千上万的父系谱。

表 4-1　家族形成之前的谱系说明

	代数	名称	说明
神谱	16	呒细细的滇	五个音节的谱系，共六代，称为"诞生谱"，描述宇宙万物诞生。"滇"为诞生之意。宇宙万物以天（呒）、地（咪）、植物（"阿巴"是叶子的统称；"德勒"指寄生榕，是阿卡人信奉的一种神树）以及动物（"独米"可能为大马蜂）为代表，而石头（咯加）在这里是作为神造天的原料（阿卡传说中天是由三块鹅卵石造的)②
	15	细的独米滇	
	14	独米咯加滇	
	13	咯加阿巴滇	
	12	上咪德勒滇	
	11	呒玛呒岗滇	
	10	呒玛	两个音节的谱系，共十二代，称为"天神谱"，描述天神至精灵、祭师以及始祖送米窝的诞生。其中"呒玛"为天神，"呒岗"为人的分支（另有神、会跑的野物、会爬的野物、会飞的野物的分支，例如：会飞的野物鸟的谱系接呒丹—地越切—切嘎卜—嘎达—阿及行）；"若滇"意为"活的"；"滇奔"意为"开始（生活）"
	9	呒岗	
	8	玛沃	
	7	沃鸥	
	6	鸥妥	
	5	妥玛	
	4	玛若	
	3	若滇	
	2	滇奔	
	1	奔送	

① 王建华：《从谱系看哈尼族和阿卡人的形成》，《第六届国际哈尼/阿卡文化学术讨论会论文集》，云南人民出版社，2010，第25页。

② 王建华：《从谱系看哈尼族和阿卡人的形成》，《第六届国际哈尼/阿卡文化学术讨论会论文集》，云南人民出版社，2010，第25页。

续表

<table>
<tr><th></th><th>代数</th><th>名称</th><th>说明</th></tr>
<tr><td rowspan="14">首领谱</td><td>0</td><td>送米窝</td><td>“送米窝”（即人的第一代）被看作所有哈尼和阿卡人的始祖。传说中他既是部落首领，又是祭师，反映阿卡祖先社会政教合一的政治体制，即历史上所记载的“鬼主”制度①</td></tr>
<tr><td>1</td><td>窝腿雷</td><td rowspan="12">三个音节的谱系，且连名的时候往往是“单连”和“双连”隔代相错命名，从“送米窝”到“尊唐盘”共十四代无分支的单传谱系，称为元祖谱系。其中，宗米耶是通过命名与阿卡最高的神（祖神）“米耶”② 联系起来，“宗”有“相伴，协商”之意，“宗米耶”意为“与米耶结伴之人”“与米耶共商事宜之人”。“米耶驾”中的“驾”意为种、支系。这实际上是部落繁衍生息的反映③</td></tr>
<tr><td>2</td><td>腿雷宗</td></tr>
<tr><td>3</td><td>宗米耶</td></tr>
<tr><td>4</td><td>米耶驾</td></tr>
<tr><td>5</td><td>驾提锡</td></tr>
<tr><td>6</td><td>提锡利</td></tr>
<tr><td>7</td><td>利跑奔</td></tr>
<tr><td>8</td><td>跑奔吾</td></tr>
<tr><td>9</td><td>吾牛然</td></tr>
<tr><td>10</td><td>牛然错</td></tr>
<tr><td>11</td><td>错嫫威</td></tr>
<tr><td>12</td><td>嫫威尊</td></tr>
<tr><td>13</td><td>尊唐盘</td><td>“尊唐盘”被誉为“百子之母”。也有认为“尊唐盘”中的“唐盘”取自于神话人物“塔婆”（被称作“百子之母塔婆”，是人和鬼共同的母亲）。其中“尊”意为“王”，所以“尊唐盘”就是“塔婆再世之王”④</td></tr>
</table>

① 王建华：《从谱系看哈尼族和阿卡人的形成》，《第六届国际哈尼/阿卡文化学术讨论会论文集》，云南人民出版社，2010，第 25 页。

② “米耶”也被阿卡人尊称为阿培明艳（“阿培”意为曾祖母及其以上的祖先，也被赋予了“神”的含义），相传阿培明艳是天神旡玛最聪明的女儿，是管全人类的，她给阿卡人带来籽种，教给阿卡人种植五谷，阿卡人衣食住行的东西都是阿培明艳创造发明的，因此她也被看作阿卡信仰里的最高神。

③ 王尔松：《哈尼族文化研究》，中央民族大学出版社，1994，第 136~137 页。

④ 王建华：《从谱系看哈尼族和阿卡人的形成》，《第六届国际哈尼/阿卡文化学术讨论会论文集》，云南人民出版社，2010，第 25 页。

续表

代数	名称	说明
14		唐盘漫
15		漫合贪
16		合贪姐
17		姐利鸟
18		鸟起腊
19		腊贪奔
20		奔孙连 ——————— 贪奔细
21		连龙播　　　　　　　 细拉于
22		播嬷波　　　　　　　 拉于塔
23		嬷波香　嬷波梯　嬷波威　嬷波先　塔帕玛
24		香　如　梯三标　威　音　先　威　帕玛尤
25		脏　者　　　　　　　　尤　梭
26		

（首领谱）

资料来源：除标注之外，均来自田野调查。

家族

随着谱系不断分支，就逐步形成父系世系群，阿卡人称为"阿谷"。在学术界，从事阿卡研究的学者们普遍关注到了这一社会组织，但对其加以阐述分析时则使用宗族、氏族、家族等不同的学术名词，比较混乱。由于不同术语可能适用的语境和所指代的具体内涵有所差别，本章延续了阿卡人自己的说法，他们用汉语的"家族"来指代"阿谷"。需要明确的是，这里的家族基本上与世系群的概念相对应，同一家族的成员在家谱的传承下可以明确地上溯自共同祖先，是血缘关系明确的亲属群体。同时，阿卡社会还有另一个词——"爬然"，他们经常将其与"阿谷"混用，他们用汉语解释为"亲戚"，实际上是指家族内血缘关系在七代以内，亲疏关系更近的群体，内部严格禁止通婚。按照阿卡俗语"错奥麻窝涅窝"，意为七代之内都是家人，过了七代人不想分开鬼都要分开。在村寨内部，由于家族分裂尚不到七代，所以"阿谷"和"爬然"基本等同。只有在村寨外,"阿谷"和"爬然"的范畴才有所差别。

法国学者布歇里指出:"僾尼人的社会组织主要建立在氏族分支的基础上。"① 最初的村寨是建立在血缘关系基础上的,但由于外婚制,一个村寨的建立必须要有至少三个以上的家族参加方可。不同家族之间发生婚姻关系不会影响其谱系,因为女性配偶并不出现在其世系代数的计算之列。目前,寨中共有十个家族:威扎、邦郭、威昌、勒涅、内喝、玛尤、杰耶、普的、木邦、处些。在阿卡社会,家族会以族谱中某位先祖的名字作为称号命名,如扎松板寨中,"邦郭阿谷",就是以第30代祖先"邦郭"为称号。"威扎阿谷",则是以第36代祖先"威扎"为称号。这个称号约定俗成,是为整个村寨所认可的,在更大范围内也是相对固定的,偶有变动②。每个家族的形成和族源关系见表4-2。

表4-2 扎松板各家族谱系分裂情况

代数	家族谱系			
19	腊贪奔			
20	贪奔细			奔孙连
21	细拉于			连龙播
22	拉于塔			播嬷波
23	塔帕玛	嬷波先		嬷波梯
24	帕玛尤	先威		梯三标
25	尤梭	威永		标玛脏
26	梭切	永篇		脏者
27	切地	篇朵		者威
28	地季	朵门		威杰
29	季当	门邦	杰耶	杰耶
30	孟尼*	邦郭	耶益	耶尤

① 〔法〕布歇里:《哈尼族和阿卡人的父子连名制》,谢国先译,首届哈尼族文化国际学术讨论会论文集,1993,第225~231页。

② 例如上文中的"邦郭阿谷"是阿卡人中的一个大家族,在西双版纳境内,老挝和缅甸都有分布。在景洪、勐海和缅甸的大部分村寨被称为"门邦阿谷",实际是以尊唐盘下来的第15代祖先(即邦郭的上一代)"门邦"为称号。但他们传诵的是同样的谱系,并不影响彼此的认同。

续表

代数	家族谱系							
31	沙灭*	郭飘	益胡	尤扁				
32	灭者	飘别	胡罗	扁康	扁勒		扁起	
33	者仓	别又	罗仓	康瞄	勒涅	勒扬	起塞	
34	仓山	又达	仓尤	瞄波	涅塞	扬车	沙瞄*	
35	山尼	达杰	尤篇	波起	塞益	车岗	威召*	威扁*
36	尼帖	杰则	篇呀	起邪	益切	岗白	威扎*	威昌*
37	帖波	孟标*	呀飘	邪瞄	切孔	白俄	扎益	昌夸
38	波俄	季波*	威耶*	威扁*	孔康	沙杰*	益约	夸白
39	俄梭	波套	耶佐	扁桑	沙错*	沙普*	约车	白克
40	梭扎	套汉	佐白	桑内	错雷	普的	车梭	克比
41	扎阿	汉飘	白汤	内喝	雷拉	的吵	梭山	比仔

注：该表仅列到41代最后的家族"内喝"形成。往下不同家族在不同代数上分裂情况各不同，具体见附录五以41代开始承接的各家族谱系。另，处些、木邦家族由于各只有1户，谱系情况不详，未列入。表中可见"＊"标注的名字与父辈名字不相连，即父子连名断代的情况。大多以威、孟、沙、季为子代的开头。以"威""孟"为子代的开头的这种情况系父辈非正常死亡，或者几代单传、双胞胎、发育不健全，这种人无权做家族的祖先，不宜父子连名，采取与舅的称谓连名，改变承宗方向以求得平安多福，称之为"子拥"。在阿卡语中，阿威特指舅舅，只有晚辈可以称呼。同时阿孟是舅舅的统称，指女方的兄弟。以"沙"为子代的开头是指父亲有病，按传统被赶出寨子，本以为死了，但没死病好后又回来。"季"是指"完结"的意思，谱系至此已断，后面的名可随意取。

资料来源：书中图表除注明外，均来自田野调查资料整理。

谱系中的宇宙观和信仰

与藏缅语族其他民族的父子联名制谱系不同，阿卡人长达60多代，近1300年的谱系传承，既是家族血缘的连名，又超越了家族血缘连名，其承接了作为阿卡族群的历史，又联结着个人人生的价值与意义。

阿卡人的先民认为，世界诞生后，经过演变形成了天地、人、鬼、神和自然万物。它们构成了一个相互联系的有机整体，即人们所生活的世界。由此世界被分为天、地、人三界，天界上住着诸神，天地之间住着人，地界下住着鬼，三界之间并非彼此分离，而是互相联系，共同构成一个统一的世界。这一观念不仅体现在阿卡的各种史诗和神话中，也反映在父子连名的谱系中。

在阿卡人的宇宙观中，自然、人、神、鬼、魂之间密切联系、相互作用，共同构成世界。和人一样，神、鬼，甚至动物、植物都有自己的谱系，并且这些谱系之间不是互相孤立的，而是共享了一个谱系框架，自然界的万物都始于一个共同的开端，然后在不同阶段才不断分支出去形成不同的谱系。根据哈尼族古歌《烟本霍本》记载："在天的最高一层，有座雄伟的宫殿，里面坐着威严的天神奥玛（即谱系中的呒玛），她生下了天上地下的大神，世间所有的万物，也是她来生养。"呒玛传出了规矩神玛白、礼节神烟妣和万神之王米耶（也称为梅烟），米耶传下耶沙，耶沙传下沙拉和风神米沙、雨神即比、雷神阿惹、土神达哦、种子神姐玛、水神阿波、田神得威、地神朱鲁、水沟神阿扎①，神的一套谱系描绘了天界中诸神的亲缘关系和司职。

　　与神和人的谱系分叉一样，动物和人也有着亲缘关系。在人的谱系传到第十六代米耶驾，米耶驾不仅传下了人的先祖驾提锡，也传下了一切有脚会跑的动物的祖先伏哈、一切爬行动物的祖先优本和一切会飞的动物祖先优贝。植物和人之间没有直接的亲缘关系，但是按照传说："植物从哪里来？是老祖先从天神米耶那里求来的。是天神优妣撒出三把庄稼种，地上才有了庄稼；是天神优妣撒出七把老林种，地上才有了七千七百种植物。"② 所以植物是神给予人的礼物。人与神之间没有主奴之分，他们的关系是互助互惠的，诸神帮助了人，人要祭祀感谢神。

　　同样地，人和鬼也有着共同的祖先。在阿卡人的迁徙史诗《雅尼雅嘎赞嘎》中详细讲述了"人鬼分家"的故事：

　　　　在古老的传说里，汤帕是人类的阿妈，汤帕是鬼的阿妈。

　　　　汤帕是个好阿妈，她盖起了大窝棚，人和鬼都住在一间房里，人和鬼啊不分彼此，一间屋下走进走出。汤帕阿妈管教严，人和鬼都守规矩。她劝人和鬼互相谦让，在一起干活，在一起玩耍。她教人和鬼要互爱，人帮鬼、鬼帮人。

　　　　树活千年枝叶稀，人活百岁要衰老。汤帕阿妈年岁很高，汤帕阿妈终于病倒，人儿要争着看守她，鬼儿要争着看守她。人儿劝鬼快快出去，汤帕是人的阿妈；鬼儿撵人快快走开，汤帕是鬼的阿妈。汤帕阿妈叹气说：

---

① 哈尼语中"烟"即神，"本"即诞生和创造，"霍"为道理、规律之意。指神的行事记录。详见红河哈尼族彝族自治州人民政府编《哈尼族口传文化译注全集　第1卷》，《窝果策尼果》，云南民族出版社，2009。

② 红河哈尼族彝族自治州人民政府编《哈尼族口传文化译注全集　第1卷》，《窝果策尼果》，云南民族出版社，2009。

"人儿和鬼儿哟迟早要分家！"

……

没有汤帕阿妈吩咐，人和鬼不能分家。人和鬼啊，照旧住在一起，他们轮流干活，他们轮流守家。

轮到鬼儿看家时，家里丢失了鸡蛋，人怪罪鬼儿不老实；轮到人儿看家时，地里丢失了黄瓜，人又怪鬼儿嘴馋偷瓜。怪来怪去吵起嘴，吵来吵去打起架。人吵不赢鬼，鬼打不过人，人和鬼互不谦让，人和鬼闹着要分家。

人和鬼说定，从今以后啊，人能去的地方，人所居住的地盘，鬼儿不能去住；人看得见的地方，人摸得着的东西，都要归人管。血藤缠绕的地方，人看不见的地方，都算鬼儿的地盘。

人鬼分了家。鬼儿出去的时候，人儿躲在簸箕后面，悄悄看着鬼儿跑。簸箕的篾孔太密，鬼又跑得太快，人没看见鬼影。人儿出去的时候，鬼儿躲在筛子后面，悄悄看着人儿跑。筛子的篾孔大，鬼儿看见了人影。

从那时候起，人看不见鬼影，人和鬼不来往了；鬼却看得见人，鬼经常跟在人后。因此鬼可以对人作祟，因此人逢灾难都要怪罪鬼。从此鬼儿哟，永远遭人咒骂，人和鬼就这样永久分了家。大家互相争斗，世界没有了安宁。[①]

因此，与鬼共存，并将鬼从自己的生活空间中驱逐是人对鬼的基本态度。不仅如此，在阿卡观念中，人诞生之时，是一个不确定的种类，它充满了各种可能性，同时会成为人、神、鬼争夺的对象。世间万物都有灵性，灵魂的观念极为重要。每个人生下来都有12个灵魂。[②]灵魂和肉体融为一体，人才能活在世上。如果灵魂受到惊吓而离开身体，或者受到恶鬼的伤害，那么就可能有几个灵魂离开身体，即人就生病。如果灵魂彻底离开身体，人就死了。因此，在阿卡社会，只有等12个灵魂都生成后，他才能成为真正的人，就需要进行数

① 景洪县民委编《雅尼雅嘎赞嘎》，施达、阿海译，云南人民出版社，1992。
② 这些魂从身体由上向下分别是：脸盘牙齿头颅魂、眼耳鼻舌魂、头发脖子魂、手指指甲魂、手掌手臂魂、肋骨胸部胳膊魂、肠心脏魂、膝盖大腿臀部魂、踝骨小腿魂、脚板脚跟魂、脚趾甲魂。

谱命名的仪式即"阿威错苗夏苦"①，即标志着这个人的 12 个灵魂已经形成。人死魂不会消失，非正常死亡②的人，他的魂就会转化为恶鬼，所以不能为其举行丧礼，也不能葬入村寨的坟山；正常死亡的人，才能举行丧礼，同时丧礼中有一系列针对灵魂的仪式，如念诵指路经和叙述家谱，目的就在于让死者的灵魂能认识祖先的灵魂，并在经文的指引下，避开恶鬼，沿着一定的路线到达祖先的居住地，和祖先的灵魂在一起。对于一般的阿卡人，对鬼神和灵魂的观念属于一种混沌、原始的观念，鬼与神没有严格的区分。大体上神与鬼的区别在于其作用于人的方式，即与人的关系。例如祖先神，即家族内祖先死亡后，通过丧礼把魂从现实的村寨世界送到神圣的祖先世界的过程，灵魂升华为祖先神，过去世俗的情感转变为神圣的情感，并寄希望它给后世子孙带来福禄。而鬼又有善鬼和恶鬼之分。人鬼分家后，一般认为人与善鬼互不干扰，他们独立存在；恶鬼则会经常作祟，使人、村寨和家畜不得安宁，破坏人的身体健康和正常生活。同时，魂介于神、鬼之间，并能向两者转化。一方面，正常死亡的魂会成为祖先神，而非正常死亡的魂则成为破坏人们生活的恶鬼；另一方面，正是在此认知基础上，采取了敬神以祈求幸福，招魂以确保健康，驱鬼辟邪以求平安的信仰和仪式。

可以说，阿卡人的谱系不仅是血缘家族的谱系，还包含神、鬼、自然万物，是阿卡人对神、鬼、物、祖先和自我相互联系的一个谱系，是阿卡人对自然、社会和自我认知的结果，具有世界观和人生观的意义。③

阿卡社会的延续与传承

不仅在观念层面，在现实生活中，在阿卡人一生从出生、取名、婚姻、认亲、死亡的礼仪活动中，谱系都是不可缺少的部分。

一个阿卡人，从经历命名仪式获取"真名"后，个人才成为真正意义上的社会人，在生老病死、婚丧嫁娶、起房盖屋、驱邪避灾等一生中的各种仪式场合都需要用到真名，其本身就具有了神圣性，它意味着一种阿卡身份的获得，并以此进入父子连名的谱系中，个人将会与族群的神和英雄、自己的祖

---

① 即"认舅舅"的取名仪式，主要是当孩子出生后，请孩子的舅舅给取名。由舅舅杀一只鸡后，由他先喂一口饭和一口肉给孩子吃，并给孩子拴系有银圆的线，意为把舅舅的福气传给孩子。

② 在阿卡传统中，所谓的非正常死亡主要指：在村外死亡、被雷劈死、摔死、夭折、被火烧死、被水溺死、双胞胎死、被野兽咬死、被树木山石压死以及死于刀、枪。

③ 李少军：《诗性的智慧——哈尼族传统哲学思想研究》，民族出版社，2006，第 40 页。

先、亲属以及整个阿卡社会联系到一起，离开他们，离开这种历史和现实的社会关系，个体将失去意义和价值。

阿卡人在平时的日常生活中，尤其是在村寨内部彼此称呼大体有三种情况：一、称呼乳名，男性乳名多含"追"，包含"茁壮成长、快快长大"之意，如二追、阿追等；女性则多含"米"，形容婴儿"胖胖的，圆润的"，如米粗、米地、米帕。二、称呼绰号，如先普、沙普等；近年来汉话的绰号也越来越多，大黑鬼（肤色黑）、十二万（买的汽车花了十二万）。三、称呼真名，即按照父子连名取得的名字，两个字。近几年出生的阿卡孩子大多起了"类似汉名"的名字。不同于有些学者①提到的阿卡人根据不同家族有自己的汉姓，在扎松板，他们依旧是采用父亲的名为姓，只是使用了两个字为名，且多用汉名中常用的字。如：欧克——克文华（儿子），梭查——查雨轩（女儿）。但这样的名字一般也仅限于户口本上登记和在学校使用。即使在同一个村寨内，人们还是很热衷使用重复率极高的乳名，尤其对于不需要进入族谱的女性，在我绘制村寨每家家庭谱系图时候，很多人想不起自己家女性亲属的真名，曾出现了五六个"米粗"。乳名、绰号和真名都混淆使用曾使我对村寨人的认识一度陷入混乱。后来我发现，即使在很多正式文件档案中，诸如在我们看来象征着身份与财产所有权的户口本、林权证、身份证等上，都能看到乳名、绰号并存使用。再加上早些年村寨里的人"不识字，汉话也说不好，不敢和政府里的汉人打交道"，名字音译成汉字后，一个人总能对应着五花八门的名字。我曾帮寨子里的车龙写过一份递交当地派出所的更名申请，他儿子当年落户时填报人员把名字写错了，现在上学惹出很多麻烦。但对于大部分扎松板的村民来说，这种"和外面打交道的官方名字"是什么并不重要，"做迷信时候要用的真名"则是需要严肃对待的。这与阿卡人认为婚姻的缔结和取消在于群体内部的仪式举行而非一纸结婚证或离婚证是一个道理。

同样，谱系在婚姻缔结、丧礼中也具有重要作用，阿卡青年男女婚前恋爱自由，但真正要联姻成亲则必须超过七代，就是以家族连名谱系来进行确定；丧礼中一项重要内容就是请贝玛为死者的亡灵指路，将其灵魂送回祖先在的地

---

① 包括杨忠明在内的学者都提到有关阿卡人汉姓汉名的问题，其中林璋在《浅析汉文化对哈尼/阿卡文化的影响》中，详细列举了勐海不同家族使用不同汉姓的情况，并认为这种汉姓现象与中国历史上皇帝派汉人任哈尼族聚集区的军政长官有直接的联系。可能正是由于勐润地区的阿卡人相对于勐海较边缘，较少受到中心汉人的影响。见林璋《浅析汉文化对哈尼/阿卡文化的影响》，《西双版纳文史资料（十一）》，成都科技大学出版社，1994，第139页。

方。贝玛反复背诵连名谱系，一般先从死者在谱系中的真名倒叙上去，直到最古老的送米窝（有的则追溯到神谱或者天神呃玛①），然后又从最古老的祖先正叙到死者，这样灵魂才能回到祖先的地方，成为祖先神，保护其后代子孙。否则，如果没有背诵族谱，死者就会成为孤魂野鬼作祟人间，给村寨和子孙带来不幸和灾难。

父子连名谱系作为连接阿卡人的精神世界与现实生活的血缘纽带，在阿卡人的生老病死、婚丧嫁娶、起房盖屋、驱邪避灾等仪式的操演中不断地传播和保持，最终成为阿卡社会中家族成员的集体记忆和族群认同的标志。

在过去，阿卡社会约定俗成地认为，能准确无误地背诵自己家族族谱和家庭分支的人才是真正的男人。对家族谱系的熟练程度成为衡量一个男性学识的重要标尺，也是每个男性争取社会地位和公众敬意的手段。② 作为阿卡村寨中权威的"追玛"的首要职责就是能够熟记全寨所有家族的谱系。

在阿卡社会的交往中，两个完全陌生的阿卡人相遇，对方肯定首先问你是哪个阿谷，之后便各自背诵自己家族的族谱（阿卡语称之为"子各"，各为背诵）。通过"子各"，追溯各自的若干代祖先，最终会统一到一个共同祖先，由此便可知道双方的血缘亲疏关系和辈分排行以至于如何称呼彼此。新寨的车的告诉我，他曾经碰到过勐海那里来的人，他自称是亲戚，借口家里出事了来骗钱，车的就让他背家谱，结果他背不上来就被撵走了。

在当下阿卡村寨内的日常生活中，同属一个家族的家庭之间联系会更为紧密，在平时的农作和劳动中，互相帮忙，遇事互相商量，共同参与祭祀活动。每个家族都有一名德高望重的老人担任"爬摩"，即家族长老或族长，由家族中有威望的长者担任，负责处理本宗族内的纠纷、家庭矛盾，管理公共事务。而在整个村寨的范围内，国家行政体系下的村主任、村长等基层干部绝大部分出自村寨内的大家族，因为他们更容易得到来自本家族的支持。在扎松板共有 10 个家族，其中威扎、邦郭和威昌是最大的三个家族，历任的村干部绝大部分出自这三个家族，在我进行田野的时候，除了行政村杨主任来自威昌家族外，扎松板村长春张则来自威扎家族。如表 4-3 所示并且在橡胶经济兴起后，在村寨一级的橡胶贸易中收胶者也来自这些大家族，详见本章第四部分。

---

① 在除了丧礼以外的一般情况下，阿卡人不能背诵神谱，在他们看来这部分谱系是神圣的，只能铭记在心，不能轻易说出口；也有的认为这是还未形成人和人鬼共居时期的"鬼"的谱系，因此只能在非常庄严的场合下才能使用，如不分时间、场合随意念诵谱系，会招来危险，对活着的人不吉。

② 杨忠明：《西双版纳哈尼族简史》，西双版纳州政协提案法制委内部资料，2004，第41页。

表 4-3 村寨内部各家族所占户数分布

家族	威扎	邦郭	威昌	勒涅	内喝	玛尤	赞耶	普的	木邦	处些
户数	27	26	16	10	10	9	7	2	1	1

可以说，每个阿卡人心中都必须有一张清晰完整的村寨家族的谱系图，才能以此为依据，准确地推断出谱系的各个分支，明确家族间的亲属关系及其亲疏远近程度，明确自己所处的地位，以及与此地位相应的权利和义务。显然，家族和谱系是阿卡社会中各种关系分类的基础。

二 婚姻与姻亲：阿卡社会的人群结合与网络

从纵向上，父子连名制谱系形成了家族，并维系了阿卡社会的传承和延续。但不同家族之间的联结则需要依靠婚姻，换句话说，从横向上，婚姻就是让不同家族团体彼此联结起来的重要契机。姻亲比家族具有更强的多样性和活力，它所形成的关系网络在家族界限之外，又超越了村庄的边界。这个相互交错的亲属关系网络，构成了一个通婚圈范围内的阿卡区域社会。

婚姻规则及通婚圈

阿卡人奉行族群内婚，但同一个家族七代之内不能通婚，同时严格禁止姑舅表、姨表兄弟姐妹间通婚。阿卡人所实行的族内婚，还建立在严格区分支系的基础上。阿卡作为哈尼的一个支系，其本身内部还有着繁杂的分支，在西双版纳大体有则围、则交、则边、玛仁、木达等。这些分支在服饰、方言、风俗习惯、社会组织体制上多少有所区别。如则围的女性头饰为团头，即所谓的平头阿卡，则交的女性头饰为尖顶，即尖头阿卡。尽管则围和则交都是"脏则"的后裔，至今支系分裂也不过 30 代。但是则围和则交支系在 20 世纪 50 年代前一直矛盾尖锐，据说则交原来是大支派，后因两边争夺权势，与则围械斗战败，变成了小支派。不同的支系不住在同一个村寨，相互之间也很少有通婚。扎松板属于则围支系，而相毗邻的春光则属于则交支系，过去彼此间少有来往，但现在这样的界限开始模糊，最近两寨间出现了多例通婚。

扎松板的传统通婚圈基本上局限于则围支系分布的地域范围内，大多集中在扎松板附近的勐润、勐满、勐捧等乡镇下的阿卡村寨，以及相邻的老挝勐醒。最主要的集中在：勐润的小新寨、贺利、国防、曼坝伞、曼过龙；勐满的哥山府、坝腊、河图；以及勐捧的贺罗（一组、二组）、温泉、哥里图。偶尔有嫁娶到更远一些的关累镇的黄果树、南蚌等村寨。在与其他村寨的通婚中，其中现在 60 岁左右的女性很多是从坝腊嫁过来的，这主要是因为扎松板还没有搬到坝区之前，在山上与当时的老坝腊比邻而居，往来频繁。坝腊也是 20 世纪 60 年代才搬到勐满镇现在的位置。而在不同的时间段，扎松板也会相对集中于不同的村寨通婚，这主要是由于每个年龄段的男性都会结群谈恋爱，"一场的小伙子经常都是串一个寨子的姑娘，像寨子里 40 多岁的这一场好多找的都是哥山府的"。

同时，扎松板最多的是实行村内通婚。我刚进入田野的时候，他们总喜欢从我的房东家衍生出各种亲戚关系来向我介绍他们自己，似乎扎松板的每一个人都是村寨中错综复杂婚姻关系中的一部分，彼此有着千丝万缕、或远或近的各种关系，个人、家庭、家族都被联结到一个关系网络中。村民们，尤其是老一辈的人都很赞同这种村寨内部的婚姻，这不仅意味着双方知根知底，还意味着在日常生活中，除了可以依靠自身家族外，还能获得来其他姻亲家族的社会支持。在阿卡社会，介由婚姻关系会形成了一套亲属关系体系，即"呀咪—阿孟阿答"（下文会详细叙述），规定了一个家族与其姻亲家族之间彼此的责任义务。按他们的话说就是："要是都在一个寨子，搞什么事情更说得上话、靠得上了嘛。"

表 4-4　扎松板现存婚姻通婚件数

村寨名称或区域	嫁入（到扎松板）	（从扎松板）嫁出	说明
本寨	68	68	
新寨	4	5	
小新寨	—	4	其中 3 例为上门到小新寨
春光	—	7	
国防	7	3	
贺利	5	3	
曼坝伞	8	3	
曼过龙	—	7	
河图	—	2	
坝腊	14	9	
哥山府	18	6	

续表

村寨名称 或区域	嫁入 （到扎松板）	（从扎松板） 嫁出	说明
哥里因	—	3	
贺罗	7	2	其中 1 例为从贺罗上门
温泉	2	1	
老挝	18	3	其中 1 例为上门到老挝
农场	10	17	其中 1 例为上门到农场
其他汉族地区	22	9	17 例为从外地上门，外嫁到地区有勐腊、普文、景洪，以及浙江、安徽、山东
其他少数民族	1	2	一例为彝族从大勐龙上门，外嫁为象明彝族、景谷汉傣

　　表 4-4 为扎松板老寨内的通婚关系情况，更具体的通婚关系可见附录五各家族谱系图。在对扎松板现存在世人口（含仅有一方在世）统计中，共涉及276 件婚姻，519 人。其中 213 件在阿卡族群内部，占 77.2%；在扎松板村寨内部通婚的共 68 件，人数为 130 人（含一妻多夫制），全寨 65% 以上的家庭涉及村寨内婚。过去交通不便，扎松板阿卡人的通婚圈地域范围较小，相邻的几个村寨形成了一个稳定的通婚圈。橡胶经济发展后，摩托车、小汽车越来越普及，人们的交往半径大大扩展了。更重要的是，地域社会中传统的族内通婚规被打破了。图中还显示了除了族内婚外，在 1985 年以后，扎松板逐渐出现了与汉族通婚的情况，并且近几年来比例不断提升。目前与汉族通婚已有 58 例，占到婚姻总数的 21.0%。

　　如果对汉族通婚案例进一步深入分析，可见大体上分为两种类型：第一种大多发生在 2000 年以前，也就是橡胶经济效益尚未凸显的时期。这一时期通婚例数为 21 例，绝大部分是汉族男性上门，主要来自湖南、四川以及云南省内昭通、镇沅、墨江、红河等人口密度较高而资源承载饱和的农村地区。他们最初都是因为来到勐润附近找活路、讨生活的"盲流"①，在他们看来这里"生活更容易、更好在""只要肯干活就饿不死"。作为汉族，尽管他们在族群

---

① 这里是借用了勐腊档案资料中对除了农场支边移民外的非组织的流动人口的称呼，显然这带有一定贬义色彩，政府对此采取的是"清除盲流"的政策。

阶序上处于较高的位置，但是他们社会地位较低，在较为封闭的地域社会缺少能够动员的资源。上门到当地少数民族村寨，不仅能够使他们获得合法性身份，同时还可以享受到包括土地、社会关系等各种社会资本。第二种类型则是指农场的汉族。过去农场与地方的双重经济结构使得农场不仅在经济、行政基础设施和技术支持上远远优于地方，更重要的是，他们是"单位上拿工资"的"职工"，代表的是一个更高阶序的群体。在 2000 年橡胶经济效益凸显，尤其是 2007 年胶价暴涨后，扎松板的年轻人开始越来越频繁地和农场汉族通婚，其中嫁出去的要多于娶进门的，嫁入农场的婚姻为 17 例（含 1 例到农场上门的婚姻），而从农场娶进寨子的为 10 例。

与此形成鲜明对比的是：与老挝通婚的情况则逐渐减少。尽管寨子里的年轻人会与老挝姑娘交往，但由于现代民主国家的不同政治组织形式和经济发展的差距所建构的区隔，她们的身份和婚姻都难以获得合法性，也无法享受到医疗等各方面的社会制度保障，传统以血缘姻缘为纽带的跨境族群关系发生了很大变化。同样地，历史上傣族与阿卡人毗邻而居，尽管相互间可以"打老庚"，但是几乎从不通婚。如今，尽管扎松板凭借其在土地资源上的绝对优势逐渐瓦解了地方社会中族群间的差序格局，但仍然无法撼动隔绝傣—阿卡之间通婚的高墙。有关族际通婚在后文的族群关系中还会深入讨论。

舅甥关系与"拜舅"

对于舅甥关系，很多人类学经典中进行过深入研究。[①] 在拉德克利夫—布朗看来，舅甥关系涵盖两个命题相反的态度系统。一种情形是舅舅反映了家庭的权威，令人生畏和服从，拥有掌控外甥的权力；另一种情形是外甥反过来对舅舅行使亲密性的特权，多少把他当成牺牲品对待。更重要的是，在甥对舅、子对父的两种态度之间存在关联性。我们可以在这两种情形下都看到两个相同然而颠倒的态度系统：在父子关系亲密无间的群体里，舅甥关系严谨不苟；如果父亲是家庭权威的严肃体现，舅舅就会受到无拘无束的对待。对此，拉德克利夫-布朗解释为：说到底，继嗣关系决定着这些对立组合的含义。在父系制度下，父亲或者父系继嗣代表着传统权威，舅舅被看作"男性母亲"，受到跟母亲一样的对待，有时甚至可以用母亲的名字直呼舅舅。这在母系制度下颠倒

---

① 如：A. I. 理查兹的《班图中部地区家庭结构的某些类型》、拉德克利夫-布朗的《非洲的亲属制度和婚姻制度》、列维-斯特劳斯的《结构人类学》、博额思《南非的母舅》、古迪的《南非的母舅和外甥》等著作中都有相关论述。

了过来：舅舅代表权威，温情和亲密无间的关系则锁定在父亲及其世系上面。①

列维-斯特劳斯承接拉德克利夫-布朗关于舅甥关系的研究成果，认为舅甥关系的形式和继嗣类型之间的关系并不能完全说明问题。父子、舅甥之间的关联只是一个完整系统的一部分，这一系统里还有相互有机地联系着四种关系——兄弟姐妹、夫妻、父子、舅甥。② 据此，他衍生出一套社会关系图式来表达血亲、姻亲和继嗣群之间的基本关系。在他看来，婚姻是血亲和姻亲的和解机制。母舅与父亲是交易双方，一方给出一方接受，给出方因为把姊妹给出而成为对方（有限交换）或第三方的受惠者，因此大家互相欠情，并通过舅甥之间的微妙关系求取平衡，社会因此结成互惠整体。列维-斯特劳斯强调"基本的"东西不是家庭，"它们只是独立的词项"，他所关注的是通过交换女人而结成社会关系。"舅甥关系，就其最一般的方面而言，只是它的一个时隐时现的关联项。"③

在阿卡社会，舅甥关系正是作为一个显著的"关联项"，在社会关系中被赋予了独特地位。民间俗语中多有"天上雷公大，地上舅公大""大不过舅"的说法。阿卡社会实行"三代舅"，指外甥对舅的亲属称谓"阿威"可以延续三代，即如果称一个人为"阿威"，则还必须称其儿子、孙子均为"阿威"，一方面强调了舅甥之间绝对化的等级差别；另一方面则弥补了姻亲自身缺乏谱系传承，不如血亲牢固和具有延续性的缺陷。除此之外，如上文提到在父子联名制谱系中断代的情况，即当不宜父子连名时，则采取类似舅甥连名的方式：即与舅的称谓（阿威）连名，称为"威×"，有改变承宗方向以求得平安多福之意，同时也可看出阿卡人尊敬阿舅，有把阿舅视作父亲的观念。甚至有时候，舅权还会大于父权。例如：分家由阿舅主持，如何分配财产也是由阿舅提出方案，出现纠纷、争议亦都先由阿舅协调解决。

不仅如此，舅权最为集中地体现在一个人从出生、结婚到丧礼的各个阶段的人生礼仪中。阿卡人认为，一个人从生下来就要受到舅舅的庇护。一般当孩

---

① 见 A. R. Radcliffe-Brown, "The Mother's Brother in South Africa," *South African Journal of Science*, Vol. 21 (1924), 转引自〔法〕克洛德·列维-斯特劳斯《结构人类学》，张祖建译，中国人民大学出版社，2006，第44页。

② 〔法〕克洛德·列维-斯特劳斯《结构人类学》，张祖建译，中国人民大学出版社，2006，第44页。

③ 〔法〕克洛德·列维-斯特劳斯《结构人类学》，张祖建译，中国人民大学出版社，2006，第55页。

子出生后，就要举行专门的"阿威错苗夏苦"仪式，即"认阿舅"，并请孩子的阿舅给取名。由阿舅杀一只鸡后，象征性地喂给孩子吃一口饭和一口肉，给孩子拴系有银圆的线，并要给孩子一件自己的旧衣服。到外甥结婚的时候，必须最先通知阿舅，准备糯米饭和一只杀好的鸡，夫妻俩选定一个吉利的日子前往舅家恭请阿舅及全家人参加婚礼；在婚宴上阿舅作为最尊敬的客人，坐在正中的上席，而且只有阿舅用筷子翻动朝向他的鸡头时，其他客人才能用餐。同时，夫妻敬酒也是以阿舅为先，然后才去报答父母的养育之恩，阿舅在婚礼上的每一句言辞都代表着未来生活的前景，阿舅在哈尼族青年男女的婚礼上成为赐予幸福和美好生活的"神"，而且这是尊贵的阿舅独有的、不可代替的权利。① 当老人病亡后，其阿舅在丧礼中同样是重要的角色。一般来说，此时死者真正的舅舅大多也已过世，这里的舅舅多是指"二代舅"（舅舅的儿子，也称为"阿威"），有的则是在真正的阿舅死后又在村寨中重新另外认舅，只有阿舅在场仪式才能够得以进行。首先，必须到阿舅家报丧，然后才能再按亲戚关系亲疏远近依次报丧；接到报丧的外寨亲友会集中到丧家进行拜祭，即奔丧，其中，舅家的奔丧队是葬礼中最受尊敬的客人，受到特别的礼待。整个丧礼中，从给死者"喂饭"、砍棺木、出殡动棺到下葬，都是在阿舅带头下完成，具体细节见下一章丧礼部分。

除了人生礼仪，人们日常生活中各种驱鬼除灾、招魂治病的拴线仪式也不可以缺少阿舅。在外甥家举行庆生、上新房等活动中，都要有阿舅出席，并由其致祝词，向神鬼祈求家宅平安和人畜兴旺等。在这些场合中，一方面强调阿舅具有和神沟通的媒介，所代表的权威近似神权，是不可侵犯的，具有很强约束力；另一方面，阿卡仪式生活中阿舅所蕴含的文化意义，在实际生活层面把舅家与嫁出门的女儿在夫家的生活紧密联系在一起。

正因为舅在阿卡社会生活中不可或缺的作用，在传统社会时就有"认舅"的习俗。过去交通不便，阿舅所在的村寨路途遥远，或者阿舅过世等原因都需要在当地村寨内重新找一个人做阿舅。如今，随着扎松板通婚圈的不断扩大，尤其与汉族通婚的日益频繁，那些嫁入或者入赘到扎松板的汉族，也都普遍利用传统文化习俗，采取"认舅"的方式，在扎松板村寨内部建立起拟制的舅甥关系。

我的房东罗姐嫁到扎松板后就认了木邦阿谷的绝海为阿舅。"像我们嫁过

---

① 刘志松：《民间规则中的舅权——以我国少数民族为中心》，《时代法学》2006年第1期。

来的汉族，家里面的老人就会找个不是一个家族，但是关系好的人家，介绍了去认舅舅了嘛。相当于你一个外面来的人，在寨子里就有一个靠山，以后拴线什么用得着，不然连他们僾尼人的那些迷信都搞不成。"通过社会性的亲属关系的建构，两者间也建立起了一定的权利义务关系。首先，认了舅以后，阿舅和外甥之间就成了"呀咪—阿孟阿答"体系中的一部分（具体介绍见下文），这意味着舅家人结婚的时候要送给外甥家一头猪，反过来舅家人过世的时候外甥又会回赠给舅家一头猪。平日里两家人往来也更为密切了，搞仪式活动阿舅必须在场自不必说，逢年过节杀猪摆宴也都要叫上舅家，就连平日也都经常互相串门，如果家里有点什么困难也能互相帮助。我在田野的时候绝海的儿子生病住院，罗姐除了要前去探望外，还带去了 200 元的礼金。需要说明的是，这种拟制的舅甥关系并不具备阿卡传统"三代舅"的性质，缺少稳固的基础和代际的延续性。

可以说，对于一个个体而言，仅有父系家族单方面建构起来的亲属体系是不完整的，随着族际通婚的增加而兴起的"认舅"行为，一方面是在传统文化惯习下对仪式需要的变通，更是通过拟制舅甥关系来获得姻亲亲属体系的支持；另一方面则是族群边界被打破，从内婚制到族群间通婚的转变现实下的文化策略。拟制舅甥关系的建立，赋予了外来者一套社会身份和关系网络，"使个体与社会间的对话成为可能，也使得个体很好地融入社会，形成个体对社会的认同感"[1]。

"呀咪—阿孟阿答"体系

每个人都同时属于两个核心家庭，一个是他出生与被养育的家庭，另一个是他借由婚姻关系而建立的家庭。[2] 在阿卡社会，由于实行家族外婚，基于婚姻就会形成了一套亲属关系体系，即"呀咪—阿孟阿答"。所谓的"呀咪"，本意是指一个家族中的女性，与"呀尤"——一个家族中的男性相对应。广义上讲，"呀咪"既指所有在这个家族中出生的女性，也指由于婚姻关系而进入这个家族的女性。在一个家庭范围中，提到"呀咪"，一般是指后者的含义，即嫁入者。所以在亲属称谓中，儿媳、侄媳、甥媳都用"呀咪"来统称。但在一个家族范畴上，当提到某家族的"呀咪"时，则一般是指这个家族中

---

[1]　李丽媛：《民间社会中的拟亲属关系研究》，《西北第二民族学院学报》2007 年第 1 期。

[2]　〔美〕乔治·彼得·默多克：《社会结构》，许木柱等译，台湾洪叶文化事业有限公司，1996，第 113 页。

所有外嫁出去的女性。也就是说，对这个家族的男性来说，与他们在同一个家族中出生，而后嫁入其他家族的姑母、姐妹和侄女，以及她们嫁入的家庭都属于这个家族男性成员的"呀咪"。反之，这群女性和她们通过婚姻所形成的家庭则管她们出生的家族的男性亲属，包括叔伯、哥弟和侄子为"阿孟阿答"。"阿孟"和"阿威"意思相同，是对舅舅的统称。也就是说，当一个家族中男性的姐妹嫁出去后，他就成为她所嫁家庭的舅家。"阿答"意为父亲，也就是说，当一个家族中男性的女儿嫁出去后，他就成为她所嫁家庭的父家（见图4-1）。

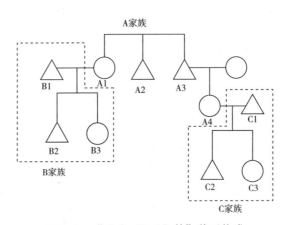

图 4-1   "呀咪—阿孟阿答"体系构成

如图4-1所示，在A家族中，A1、A4都为外嫁出去的女性，A1嫁入B家族，A4嫁入C家族。所以B、C家庭为A家族的"呀咪"。对B家庭而言，他们娶了A1，A家族就是他们的舅家，即"阿孟"；对C家族而言，他们娶了A4，A家族就是他们的父家，即"阿答"；所以A家族为B、C家庭的"阿孟阿答"。

可见，在"呀咪—阿孟阿答"体系中，形成了两个相互对应的固定群体，他们不仅有固定的称谓，更重要的是存在一套权利义务关系。他们在阿卡社会的亲属关系中占有重要地位，最突出地表现在婚礼和丧礼。

在婚礼之前，男方需要三番四次地到女方家求婚，直到同意后双方才坐到一起开始商量婚礼的具体事宜。其间，男方家要派出自己家族的"呀咪"代表给女方家亲戚依次敬酒、点烟；女方家则派出自己家族的"阿孟阿答"代表来敬酒、点烟。此外，按照20世纪50年代的调查："在结婚时，首先要给追玛等头人送猪前腿一只。还要分给姊妹一条猪后腿，阿卡语叫'雅米下巴'，此腿由姊妹们共同分，因此姊妹们要负责供应结婚所需的酒。"① 在扎松板，现在已经没有追玛，也没有听说需要送给追玛猪前腿。但是作为"阿孟阿答"在结婚时必须送给"呀咪"一头猪的习俗一直保留着。现在一般由结婚者将猪送到"呀咪"群体中的女性长者家，群体的其他成员来到长者家共同分食，小部分作为福气各家带回，其中猪后腿则留在长者家（见图4-2）。

图4-2　猪肉的分食与流动

结婚者将猪肉分给各个"呀咪"的过程中，猪肉实际上是从一个家庭流向家族内部的姑母、姐妹、侄女等女性亲属，又随着她们的婚姻进而流向了家族外的各个姻亲家庭，使通过父系家族谱系无法纳入的零散化的姻亲亲属得以有效整合。而这个猪肉流动的过程也是互惠的交换过程，当家族中的男性过世时，这个家族的"呀咪"则需要集体送给丧家一头猪，同样由"呀咪"群体中的最长者负责，其他女性凑钱，不足部分由长者贴补。从婚礼到丧礼，也就完成了猪肉流动的一个闭合回路。除了猪肉流动外，丧礼上阿卡人还有个说法，叫作"呀咪包那麻道，呀尤包那呀么"，意思是说：一个家族的嫁出去的女人要出死者所用的布料，男人则要杀一头牛（没有条件的时候杀猪）。死者的裹尸布也是由"呀咪"来准备，至今也是采用手工织成的阿卡黑色布料。同时呀咪中的每家都要出一床薄毯放入棺材中。出殡抬棺材的时候则由"阿孟阿答"抬棺材的前面，"呀咪"抬棺材的后面。

---

① 宋恩常、阿六、扎四调查，宋恩常整理《景洪县哈尼族社会调查》，《哈尼族社会历史调查》，云南民族出版社，1982，第116页。

可以说，与仪式中的背诵家族谱系来强调父系传承一样，"呀咪—阿孟阿答"体系在婚礼和丧礼等仪式场合中，同样作为一个必不可少的正式化和制度化群体出场，正是强调了其在社会结合中的作用。在日常生活中，女性与自身家族间的相互走动和互助则更为频繁。阿卡有句俗语"尼杰么阿那，阿孟阿答呀威达"，意思是有事的时候要依靠"阿孟阿答"。女性并非父系制度的依附者，而是自身生活空间及亲属关系的建构者。① "呀咪—阿孟阿答"体系恰恰是刚性的父系家族传承下的阿卡社会结构柔性的张力所在。

"串姑娘"与"打老姘"

在阿卡社会，年轻男女在婚前享有自由的社交活动。在扎松板虽然早已没有"公房"，但据说寨子里以前的寡妇家晚上就是年轻小伙"串姑娘"的场所。现在很多人家在男孩成年后（一般 16 岁以后）就会在家屋旁边为其单独搭盖一间房，他可以将相好的姑娘领来同住，姑娘也会跟着参加家里的劳动。一般情况下长辈不会干涉，婚姻也是建立在自由恋爱的基础上，一般两人相处一段时间后合适则谈婚论嫁，现在大多是姑娘怀孕了才正式结婚。历史上阿卡人曾有过领婚②、偷婚的习俗，一般家庭实行一夫一妻制，少部分则为一夫多妻，有两个妻子。

传统上，阿卡人的婚姻就享有较大自由度，男、女双方都可以提出离婚，即"米扎胡"。离婚也只需要举行一个简单仪式，男女双方以及家人，还有家族中的长者共同出席，要杀一只鸡，共同在饭桌上吃最后一次饭。吃饭时饭桌中间放一块木柴，双方以此相隔，象征夫妻从此断绝关系。一般来说，婚后若有子女大多归男方，女方会得到一定的补偿。过去山区生活贫苦，补偿大多是少量银圆。现在则会分给橡胶树，少则不过 100 棵，多则能有 400 棵，根据各家橡胶林地实际情况而定。尽管橡胶林地价格对当下的阿卡人而言可谓寸土寸金，但极少听闻离婚时因划分橡胶地而引发纠纷的。③ 一般离婚后的女性需要

---

① 李霞：《娘家与婆家——华北农村妇女的生活空间和后台权力》，社会科学文献出版社，2010，第 7 页。

② 即在男女双方自愿基础上，男方将女方领回家。领的时候要背着父母、女方村寨里的人知道，等领到家后再通知女方父母和女方村寨里的人。男方一般要罚钱作为给女方家长和村寨长老买酒喝。

③ 仅有的一例是扎松板新寨的车的家儿子与儿媳游小云（扎松板新寨办场汉族）离婚后，对方嫌赔偿的 200 棵橡胶树太少，将车的一家告上法庭。这在他家看来是无比耻辱的一件事，他解释为汉族女人太贪婪，阿卡人绝对做不出这种事情来。

尽快再嫁，一方面是因为如果没有夫家女性死后无法进入坟山，只能用席子裹尸后乱葬；另一方面是如果三个月内都不改嫁，意味着村寨中的男性均可与其发生关系，自身就成为村寨社会关系中不安定的因素。

除了离婚外，传统阿卡社会中认为偷情，即所谓的"打老妍"也是平常普通的事，并不存在严厉的道德评判。在阿卡日常生活中，人们茶余饭后的谈资大多是这方面的八卦新闻。譬如：我刚到田野的时候，寨子里有五六个年纪在 20 多岁、都已结婚生子的女孩，集体和外面寨子的男人们跑出去玩了一个星期才回来，回来以后有的家吵架、离婚又复婚，有的家男人也跑出去玩了，整个村寨都沸腾了，一下演绎出各种不同的版本。又如帕黑和寨子里面的两个寡妇"打老妍"，结果两个寡妇争风吃醋，大打出手。其中一人往另一人房顶上砸石头，另一人还告到了村委会，上演了一场闹剧。各家的女人们总是把各种渠道搜集到的消息带到小卖部这样的公共消息集散地，交换新的信息又传入各家。有的只是津津乐道于讲述故事本身，有的则带上揶揄打趣。

有意思的是，在寨子中的人和我讲述这些话语文本时，传达了一套看似自相矛盾的态度观念。他们强调了阿卡传统中对性所持有的开放态度，即作为一个与汉文化不同的族群其自身对于婚姻、性的认知。新寨的车的讲给我听：

> 合作社那哈，我是扎松板三队小队长，又是党员，结了婚嘛，那哈年轻小伙子一个，还妍着个小新寨的（女人）。上头就来人教育说我乱搞男女关系，说我作风不好，要处分我。我就和他们说我们傻尼人和你们汉族不一样，不兴这一套，小伙子小姑娘两个人愿意高兴就得啦。

在扎松板，我听过同样受处分的还有门车、飘的。从当时的勐润村公所工作报告的档案中也可见，"生活作风不正""乱搞男女关系""找两个老婆"等是阿卡基层干部普遍出现的问题。过去如此，当下也如此，从那些六七十岁老人们当年的风流韵事到当下的各种八卦新闻其实一直是与村庄生活共同延续着的文化的一部分；但与此同时，他们自身则感慨现在的社会风气不好了：过去的"串姑娘"变成现在的"乱姑娘""打老妍"也已经越来越常态化了。更重要的是，他们将其根源归结于橡胶经济带来的财富。

> 以前也乱嘛，但是有得钱乱不起来呢。找小姑娘要请烧烤、要请出去

玩，样样都要花钱。你看寨子里这些小子，拿着爹妈的钱，到处都有他的女朋友，村里有，外面有，老挝还有。不是串姑娘，是乱姑娘。

种橡胶以后倒是有钱了，现在乱得了不得。男人乱，女人也乱。我们（扎松板）还好，你去瞧外面，男女关系乱得很，男的打老姘，有的还跑到老挝养着个小呢，女的就在附近村寨到处乱。你再看看勐润街子喝冷饮呢，包房玩呢都是国外呢女人，所以说搞什么我们（寨子的女人）见着（男人）领着起国外女人最恨了，出去外面吃饭都不能让男人和她们坐一桌。

同样的行为，在过去和当下所遭遇的不同态度一方面当然可以看作国家权力深入带来的中国道德伦理观念和话语的影响；但另一方面，仔细探究同一行为背后存在的不同逻辑：像车的所说，过去强调的是双方的情感基础，往往是男性凭借自己个人能力、胆识和社会威望来获得仰慕实现的。而当下，这种关系更多建立在金钱财富的基础上，他们话语中反复出现的现金（钱）、冷饮店、KTV 唱歌的包房等恰恰是橡胶经济带给这个边陲小寨体验现代性的重要象征。有意思的是，他们自身将这种变化与电视上正在热播的台湾都市肥皂剧联系在一起，他们不止一次地和我说，现在的生活和男女关系和电视上演的太像了。他们用现代化消费体系的一套象征符号来对传统的“串姑娘”进行了重新诠释，在这过程中，货币成为重新界定社会关系和族群内部的权力地位的重要尺度，而在这有关婚姻与性观念看似矛盾的表象下，更隐含着人们对于族群内部发展的不平衡和关系紧张带来的焦虑。

三　家庭与亲属关系实践

在阿卡村寨社会中，不同的家族及其分支，让村寨社会构成渗透着强烈的血缘色彩，而彼此间的通婚关系又使村寨的血亲和姻亲关系变得错综复杂，形成一个网络社会。其中，彼此间的亲属关系构成了当地社会结构的基础。

亲属制度

亲属制度，又称为亲属称谓，指因婚姻、血缘或收养而产生的人际关系的用语，是现实亲属关系的反映。[①] 本书将亲属关系分为血亲和姻亲，血亲包含

① 麻国庆：《走进他者的世界》，学苑出版社，2001，第 122 页。

了父系和母系的直系和旁系亲属。具体见表4-5。

表4-5　扎松板阿卡人亲属称谓

亲属关系	汉语	阿卡语	亲属关系	汉语	阿卡语
直系血亲和姻亲亲属称谓					
父之父之父	曾祖父	阿波	父之父之母	曾祖母	阿皮
父之父	祖父	阿波	父之母	祖母	阿皮
父	父亲	阿答	母	母亲	阿妈
子	儿子	阿尤	女	女儿	阿布
子之妻	儿媳	呀咪	女之夫	女婿	阿呀
子之子	孙子	厄帕	女之子	外孙子	厄帕
子之子之妻	孙媳	厄玛	女之子之妻	外孙媳	厄玛
子之女	孙女	厄玛	女之女	外孙女	厄玛
子之女之夫	孙女婿	厄帕	女之女之夫	外孙女婿	厄帕
旁系血亲与姻亲称谓（父系）					
兄	哥哥	阿过	姐	姐姐	阿依
兄之妻	嫂嫂	阿处	姐之夫	姐夫	阿散
弟	弟弟	阿尼	妹	妹妹	阿尼
弟之妻	弟媳	阿么	妹之夫	妹夫	阿尼
兄弟之子	侄子	—	姐妹之子	外甥	—
兄弟之子之妻	侄媳	呀咪	姐妹之子之妻	甥媳	呀咪
兄弟之女	侄女	—	姐妹之女	外甥女	—
兄弟之女之夫	侄女婿	阿呀	姐妹之女之夫	甥女婿	阿呀
父之兄	伯父	答答	父之姐	姑妈	阿合
父之兄之妻	伯母	妈妈	父之姐之夫	大姑父	阿散
父之弟	叔叔	阿窝	父之妹	姑姑	阿合
父之弟之妻	叔母	阿么	父之妹之夫	小姑父	阿散
父之兄弟之子（大于Ego）	堂兄	阿过	父之姐妹之子（大于Ego）	姑表哥	呀厄
父之兄弟之子（小于Ego）	堂弟	阿尼	父之姐妹之子（小于Ego）	姑表弟	呀厄

续表

亲属关系	汉语	阿卡语	亲属关系	汉语	阿卡语
父之兄弟之女（大于 Ego）	堂姐	阿依	父之姐妹之女（大于 Ego）	姑表姐	呀玛
父之兄弟之女（小于 Ego）	堂妹	阿尼	父之姐妹之女（小于 Ego）	姑表妹	呀玛
旁系血亲与姻亲称谓（母系）					
母之父	外祖父	阿波	母之母	外祖母	阿皮
母之兄	大舅父	阿威	母之姐	大姨母	妈妈
母之兄之妻	大舅母	阿么	母之姐之夫	大姨夫	答答
母之弟	小舅父	阿威	母之妹	小姨母	阿么
母之弟之妻	小舅母	阿么	母之妹之夫	小姨夫	阿窝
母之兄弟之子（大于 Ego）	舅表哥	阿威	母之姐妹之子（大于 Ego）	姨表哥	阿参
母之兄弟之子（小于 Ego）	舅表弟	阿威	母之姐妹之子（小于 Ego）	姨表弟	阿参
母之兄弟之女（大于 Ego）	舅表姐	阿么	母之姐妹之女（大于 Ego）	姨表姐	阿参
母之兄弟之女（小于 Ego）	舅表妹	阿么	母之姐妹之女（小于 Ego）	姨表妹	阿参
姻亲关系					
夫	丈夫	哈及	妻	妻子	咪呀
夫之父	公公	阿答	妻之父	岳父	阿波
夫之母	婆婆	阿妈	妻之母	岳母	阿皮

　　根据默多克在对亲属称谓分析中，提出了包括行辈、性别、姻亲、旁系、分叉、相对年龄和称谓人的性别等在内的标准，[①] 以此来看扎松板阿卡人的亲属称谓的基本情况。

　　行辈标准：阿卡人的亲属称谓从 Ego 开始可以向上、向下各追溯三代，即可分为曾祖父母、祖父母、父母、自身及其同辈、子女、孙子、曾孙七个辈分。但与己身相隔几代的长辈亲属，阿卡人习惯从谱系上进行追溯，而非表现在称谓上。所以，在祖父母及以上的长辈称谓都是模糊的，只是按性别统称为"阿波""阿皮"；同样，在孙子及以下的辈分统称为"尤帕""尤玛"，所以行辈范畴主要有五代亲属。在这五代亲属中，祖父母辈和孙辈称谓都属于类别式，即只区分性别；父母辈、自身及其同辈、子辈则大体属于描述式，不仅区

---

　　① 〔美〕乔治·彼得、默多克：《社会结构》，许木柱等译，台湾洪叶文化事业有限公司，1996，第 113 页。

分性别，大部分区分了相对年龄、直系与旁系、血亲和姻亲。

性别标准：阿卡人在所有的行辈中，对男性和女性都区分性别，各有一套专称。只有在与己身处于同一世系群下的弟、妹之间（包括亲弟、妹和堂弟、妹），不区分性别，统称为"阿尼"，同样的弟媳、妹夫之间也统称"阿尼"。

姻亲标准：阿卡人的姻亲关系中，丈夫称为"哈及"，妻子称为"咪呀"。在父母辈的姻亲中，父方兄弟的姻亲与母方姐妹同称，母方姐妹的姻亲与父方兄弟同称，即父方平表与母方平表之间的称谓存在一致性。而父方姐妹的姻亲和母方兄弟的姻亲则不区分相对年龄，分别称为"阿散"和"阿么"。比己身辈分要低的子辈、孙辈嫁入的女性统称为"呀咪"，包括儿媳、侄媳、甥媳；男性统称为"阿呀"，包括女婿、侄女婿、甥女婿。

旁系标准：阿卡人对祖父母辈和孙辈不区分直旁系。但在己身同辈和上下两辈间，则按照父系制原则，父亲的平表与己身的兄弟姐妹同称，而父系交表、母系平表则同称。特殊之处在于，由于阿卡人实行"三代舅"，所以母系交表这三代都统称"阿威""阿么"。

分叉标准：阿卡人在区分与己身没有直接关系或更远的亲属成员时，例如对儿媳、侄媳、甥媳，其实并没有特别的称谓，而是把她们划入一个群体范畴，称之为女方家，即"呀咪"。可以说，通过"呀咪"这一称谓实际上是将关系疏远或难以归入父系类别的亲属关系置于一个认知范畴之内，进而扩充了亲属关系的范围。

相对年龄标准：阿卡人在与己同辈以及父母辈中，对同辈成员之间称谓区分相对年龄。在父母辈中，按照父系和母系平表区分相对年龄，交表不区分原则。在己身同辈的兄弟姐妹中，长辈区分为哥哥"阿过"、嫂嫂"阿处"、姐姐"阿依"、姐夫"阿散"；晚辈则不区分，妹妹、妹夫、弟弟、弟媳都统称"阿尼"。

称谓人的性别标准：阿卡人的亲属称谓并没有对 Ego 的性别做出特别要求，并不存在针对同一亲属而采用男性和女性专用的两套术语。

通过对以上几个标准的分析，大体可以总结出阿卡人亲属称谓中的几个特点。

首先，强调了父系血统的传承。家族作为阿卡社会中重要的社会组织，涉及同一祖先下的男性成员、男性成员的配偶以及未出嫁的女性。在阿卡亲属称谓中，虽然从祖父母以及以上的长辈并不区分父系和母系，只是按性别统称为"阿波""阿皮"，同理孙子、孙女与外孙子、孙女也没有做出区分。但按照寨子里的说法，事实上因为母系"过了两代就不亲了"，称谓的模糊正是由于母系间的关联维系代数有限，而不像父系一直可以从谱系上进行追溯。而在父母辈、自身及其同辈和子辈中，则都对血统远近有所区别。以同辈兄弟姐妹为例，按照父系原则，己身的亲兄弟姐妹与父系平表相同，最为亲近，其次是父系交表，最后为母系平表。母系的平表由于阿卡人独特的"三代舅"习俗，固定了称谓，处于特殊位置。父亲的平表与己身的亲兄弟姐妹同称，根据相对年龄分别称为"阿过""阿依""阿尼"，即父亲兄弟的子女与己身更近，属于直系亲属，区分相对年龄和性别。而父系交表由于不再与己身同属一个家族，属于旁系亲属。采用另外的称谓"呀厄""呀玛"，仅区分性别，而不再区分相对年龄。而母系则从血统上相距更远，母亲姐妹的子女则无论性别、相对年龄，统称为"阿参"。

其次，有效、分层地结合姻亲，将其纳入亲属网络中。相比于同一家族内的血亲，姻亲的称谓则较简单，大部分只区分性别，而不区分相对年龄。在姻亲称谓系统中，最为特殊的己身的母亲的兄弟舅舅"阿威"以及舅母"阿么"，这套称谓一直会在其直系男性中延续三代，也就是己身舅舅之子，即己身的舅表哥、舅表弟也统称为"阿威"，他们的儿子也同样称为"阿威"。反过来，舅称呼对方都直呼其名，哪怕辈分、岁数都小于对方。这也对应了前文所指的"三代舅"。舅作为姻亲体系中一个关键性的节点，通过三代使用同样的亲属称谓，即意味着彼此间的权利义务关系将会延续更长时间。除了以舅、甥之间这样点对点的高效结合方式外，还有广泛的群体性结合，即"呀咪—阿孟阿答"体系。"呀咪"也就是女方家，是一个群体范畴，儿媳、侄媳、甥媳的统称都是"呀咪"。这个称谓既可以具体指代嫁入己身父系家族的女性个体，也可以泛指己身所在的父系家族外嫁出去的女性，包括姑妈、姑姑、侄女等，甚至在更大范围内包括她们嫁入的另一个家族本身。和舅甥之间个体化的结合方式不同，"呀咪—阿孟阿答"所指的是两个由于婚姻关系结合的群体，彼此之间也都明确存在权利义务关系。只是作为泛化的关系，其不如舅甥关系在人们日常生活中频频出场，关系也只维系一代，随着女性老去后就会逐渐退出"呀咪—阿孟阿答"体系。

最后，传统阿卡家庭是按血缘和世系组成的父系大家庭，家庭内部父辈和同辈都区分了相对年龄标准，长幼尊卑严格有序。父辈中比父亲"阿答"年长的伯伯称为"答答"，伯母称为"妈妈"，而比父亲年幼的叔叔、叔母则分别称为"阿窝""阿么"；同辈中哥哥、嫂嫂分别称为"阿过""阿处"，而弟弟、弟妹则分别称为"阿尼""阿么"。长辈均区分性别，且使用专称，而晚辈有的不区分性别（如弟、妹统称为"阿尼"），有的则使用统称（如叔母、弟妹都统称"阿么"）。这样的称谓规则也是与现实生活中亲属关系对应的。过去，已婚的兄弟多居住在同一家庭中，长兄为家长，负责管理生产、金钱等家事，长嫂则负责全家内务，如饲养家畜、煮饭、安排姐娌劳作等。在民族调查中记载有的女性甚至因为无法胜任"阿处"而离婚的。① 现在，尽管已经向核心、主干家庭转变，但在很多仪式场合，长辈仍具有象征意义，例如：在男女婚姻缔结中，要由男方的长兄、姐夫、舅舅带上酒，去女方家求婚。通常在晚上睡觉的时候求婚，女方父母如果不同意就不起床，由长子或长媳代替父母拒绝。

可以说，阿卡人的亲属关系既不同于汉人社会，用细致的、有差别的亲属称谓详细区分父、母系及血统之亲疏远近不同；也不同于很多处在前工业化时代的非复杂社会，大多以一个亲属称谓来涵盖一种亲属类别，通过简化亲属关系来扩延亲属范围，实现最大限度的社会结合。阿卡的亲属称谓通过区别父系与母系、长幼、家庭内外，在于区分人群的基础上，又对不同谱系、不同类别的人群进行不同程度的结合。

亲属称谓不仅表示生物学意义上的血缘关系，是亲属相关者在意义领域中基于系谱关系，用语言体系进行的人群分类。在人类学看来，它也意味着一套社会性的权利与义务，与下文中提到的家庭、居住以及继嗣息息相关。

分家与家庭类型转变

如果从动态的视角把家庭放在社会变迁的范畴中给予讨论，那么可以更好地理解变迁中的社会结构特点。过去，阿卡社会在刀耕火种时期广泛实行父系大家庭。由于兄弟因集体生活在一个家庭里，所以人口多。按社会历史调查记载一般一个家庭维持在 20~30 人，有的大家庭甚至能达到 60 多人。② 这种大家庭具以下特点：从家庭的实体房屋上来看，一个父系大家庭包括了大房子"拥玛"和在它周围盖的小房子"拥扎"，每对夫妻和成年未婚男性都有自己的小房子。并且，在大房子中有三个火塘，一个男火塘，一个女火塘，一个煮

---

① 宋恩常、阿六、扎四调查，宋恩常整理《景洪县哈尼族社会调查》，《哈尼族社会历史调查》，云南民族出版社，1982，第 115 页。

② 按照当时的调查，在景洪县勐景洪南中寨阿卡人的家长制大家庭中，路南山一家有 63 人。见宋恩常、阿六、扎四调查，宋恩常整理《景洪县哈尼族社会调查》，《哈尼族社会历史调查》，云南民族出版社，1982，第 116 页。

猪食的火塘。在小房子中也有一个火塘，没有结婚男性小房子中是不能设火塘的。而农忙季节每对夫妻都不会住在家里，而是住到山上地里各自搭建的房屋"牙航"。从经济上来看，农业生产和家畜饲养都是集体进行的，生产工具由一个大家庭集体购买，但小农具如砍刀、锄头则分给每个已经达到能劳动的成员使用和保管。尽管在父系大家庭中，已婚的夫妻有一个独立的住所和炉灶，但人们并不认为从大家庭中分离出去，家长仍然有分配家庭成员从事各种劳动以及财务支配管理的权力。

这种大家庭一般在父母死后才正式分家。除了每对夫妻各自的衣物、首饰和个人自己使用的劳动工具外，需要分割的物品主要有：家畜（包括鸡、猪、牛等）、生活用品（碗筷、锅、盆），以及当时主要的财产金银和半开。女子没有财产继承权，只能在出嫁时获得一笔嫁妆。如果家里没有儿子，女儿也可以招赘，入赘的女婿也能继承家庭的财产，也较少受到社会歧视。和汉人社会不同，在早期阿卡社会的分家中，土地并没有被纳入分家所分割的财产中。过去在山上的时候由于只有山地，山地资源充沛，定期的轮耕使得这些土地没有被长期占有的必要，自然也就从来没有作为财产的一部分在分家中重新分配。下坝后，每家都分到了一定的水田。但是在集体化时期这些土地归村社队所有，也并不属于可以分家的范畴，"过去我们傻尼人穷得很，家家都是，某得说有值钱呢，分么就是些锅、碗啊"，类似于汉人社会中"没有财产的农户以分灶作为分家的指标"。①

20 世纪 80 年代后，开始实行了家庭联产承包制，如何分地成为寨子里分家的一项新内容。土地作为一项基本的生产资料，被分为了两类：水田和山地②。水田作为稀缺资源，采取了平均分配的方式，寨子里的每个成年劳动力，无论男女，都分到了定额的水田。这也是现在每户水田面积相差不大的原因。而山地的分配则完全不同，扎松板山地资源丰富，且过去橡胶尚未发展起来，山地的价值没有凸显之前，实际上并没有实行分配，而是采取传统阿卡号地的方式，根据个体或家庭需要和劳动力来使用土地，多劳多得，并且土地还处在村寨内部的流动中，尚未完全固定。与傣族等级制占有土地的方式不同，这种区分有限资源和无限资源（至少在橡胶经济发展前扎松板的山地远没有

---

① 麻国庆：《分家：分中有继也有合——中国分家制度研究》，《中国社会科学》1999 年第 1 期。

② 这种划分大体上是对应了现在的农地和林地，但农地中（主要指在农权证上的土地）还包括少量村寨周围的林地，面积不大，平均每户不超过 5 亩。

全部得到开发），将有限的水田平均分配，而山地的占有并非均等，但其强调了土地的流动性，是一种平权山地社会的土地利用方式。

在这一背景下，早期的分家事实上只是对水田在家庭内部的再分配，并且这种分配是在国家既定的分配框架中，按照个体分得同等份额的水田。在村寨内通婚的情况下，女性也能获得同样份额的水田，由于土地不能在村际间转让，外嫁的女性则丧失了分家获得水田的机会。

随着橡胶经济的发展，过去充足的山地资源变得炙手可热，最初既考虑平等又满足需求和能力的分配原则却形成了当下扎松板村寨每户山地占有悬殊的局面，加之国家的"三定"政策使得山地不断固定化，丧失了流动性的山地最终导致了村寨内部社会的不平等。这种不平等影响了婚姻的缔结，以往阿卡人村落和个体之间的贫富差距不大，婚姻缔结较少考虑双方的经济情况，随着橡胶经济发展，林地成为衡量一个家庭财富多少的重要标准，人们希望女儿能嫁到个"橡胶王子"，或者儿子娶媳妇的时候能带来一些林地作为嫁妆。

更重要的是，山地的升值不仅使分家变得更加复杂精细，而且山地从无限资源转为有限资源后，过去兼顾均等和多劳多得的原则再难两全其美了。在分家过程中，实行任何一条顾此失彼的原则都有可能会引起家庭内的矛盾和争议。例如，在前面提到过的杨主任家，他父亲一直在老挝，当时他弟弟帕梭一直在外面（跟着乡镇的歌舞团跳舞），家里的林地是他辍学后带着妹妹帕尤开出来的。分家后他们三人分得的土地分别是：杨主任107.7亩（含流转的30亩，2037年可收回），帕尤36.37亩，帕梭69.47亩。除去卖掉的林地，杨主任和其弟弟基本是均分（由于杨主任的橡胶林开割的不如帕梭的多，所以按照收入来看，目前割胶收入只是帕梭的一半多），帕尤因为是找的上门汉族，也比一般外嫁的女性分到更多土地。虽然杨主任在兄弟间主动采取了平均的分配原则，但从多劳多得的角度，人们并不完全认可这种分配结果。村寨里的人有的认为帕梭是"命好"，有的觉得杨主任"心好""不划算"。尤其分家后的日常生活中，大家庭的妯娌间难免发生争执时，分家的旧事就会被重提，但总体来说，在家庭内部并没有引起大的矛盾。但在先仓家，当年开山的主要劳动力是大儿子仓军，分家时候他拿走了绝大部分的土地，弄得和两个弟弟关系僵化。他又好赌成性，卖光了土地。据说他在老挝赌钱欠了高利贷的时候，他的弟弟们也不去救他。现在他偶尔回寨子里也不去父母、兄弟家。

此外，现在在扎松板这样的村寨中，分家的时间则提前了，至迟到幼子结婚时就会完成分家。依据共同居住的家庭成员构成，过去的父系大家庭已经不复存在了，取而代之的是核心家庭和主干家庭。如表4-5中所示，在扎松板116户家庭中，核心家庭66户，主干家庭49户。主干家庭中，家庭代数为二代的有4户，三代的有34户，四代的有11户。一般家庭中大多有1~2个孩子，家庭规模比过去大大缩小。

表4-5　扎松板家庭类型与家庭规模

类型	2人	3人	4人	5人	6人	7人及以上	合计
主干家庭			5	25	12	7	49
核心家庭	8	23	27	6	2		66
残缺家庭	1						1

注：1. 考虑到扎松板婚姻的不稳定性，暂时离异无配偶，以及寡妇或鳏夫所在的家庭均未列入残缺家庭；表中残缺家庭为父死亡，母改嫁后，子女单独形成的家庭。

2. 该表数据来源于2012年笔者入户调查数据统计，总户数为116户，由于分家等因素，与2007年林权证统计数据（总户数为108户）有所差别。

如孔迈隆在对20世纪60年代台湾南部客家农村的研究中发现，"烟寮"（从事烟草生产的农村）特殊的耕作方式与家庭规模之间的关系——烟草耕作中需要按照季节集中地投入劳动力，而最经济、最好的方式就是维持大家庭。① 类似地，橡胶经济的发展也对当下分家和家庭规模的变化起到了一定作用。橡胶在定植后，尤其适宜小家户规模来进行日常的胶园管理和割胶。通常是以夫妻两人为单位，同骑一辆摩托上山割胶，割好后有的直接下山，清晨再由孩子去收集好胶乳，驮运下山卖胶；有的割好后则在橡胶地旁边搭建的房屋中休息，到清晨后收胶下山。在主干家庭中，老人也不会从事与橡胶生产有关的劳动（最多捡橡胶籽来卖，或者喂猪）。同时，由于橡胶经济吸引了大量移民，橡胶生产的稳定外部劳动力市场已经建立起来，即使在那些橡胶地很多或者需要更新定植橡胶地的家庭中，大多也采取了雇用外来劳动力这种更为灵活可变的方式来实现对劳动力的需求。

在寨子里，从大家庭中分化出来的家庭，一般在原来大家庭住宅的四周建房起屋。如今在扎松板的村寨图上还可以大体看出家庭分化聚集而居的分布。家庭不断分化、重新组建发展成新的家庭，如此循环往复，一个家庭得以发展

① Cohen Myron L., *House United, House Divided: the Chineses Family in Taiwan*. Columbia University Press. New York. 1976. 转引自麻国庆《家与中国社会结构》，文物出版社，1999，第155页。

成庞大的家族，进而形成了一个村寨中不同的家族聚居分布的现状。如图4-3所示，几个比较大的家族中：勒涅家族分布在村寨北部，邦郭家族集中在中部，威昌、威扎家族分别沿左右两条村内主道分散在中、南部，其他小家族则混杂其间，但也多是两三家亲戚相邻而居。当然，由于人口增加也会不断打乱这种既有格局，近十年来，分家的家庭大多周围已经没有足够的土地，只好迁到寨尾，所以寨尾的住宅又呈现家族混杂的分布格局。

除了村寨中的家外，过去由于交通不便，人们在农忙时候会在地里搭建的房屋"牙航"里居住。这一传统依然也还保留着，尽管现在每户都有摩托车，去到自家橡胶地最远也不超过半个小时，但是每家在橡胶地旁都搭建了简易木板房或空心砖房。割胶的时候很多人家会选择在山上住或者两头跑的居住方式。还有的人家雇用或者承包外地人汉人割胶，这些割胶工基本上住在过去的"牙航"里，偶尔到街上采购商品，到寨子里的主人家吃饭、结账等。

四　村寨橡胶贸易中的亲属实践

橡胶作为一种富含文化意义的物，除了其生产外，其贸易交换环节同样值得考量。从橡胶进入村寨开始，最初由于产量少，一直由农场的植胶企业代为加工和收购。到了1978~1980年，由于土地纠纷，场群关系恶化，勐润很多村寨出现了私设收胶点、抢割胶树、抢收胶乳等现象，抢收的胶乳加工后卖到各地收胶站，"既无法保证产品质量，又扰乱了市场"。[①] 对此1980年后国家专门规定了地方民营橡胶仍由农垦部门统一收购，[②] 强调了橡胶的统购统销政策。改革开放后，橡胶由指令性计划改为指导性计划，收购价格实行双轨制。20世纪90年代以后，橡胶开放了经营权和销售权，可以说，进入了市场化运作模式，形成了与国际市场接轨的橡胶贸易体系。已有的研究已经关注到对于少数民族来说，"胶树已经把他们与国内、国际市场联系在一起，深刻地改变了他们的生活方式和思想观念"。[③] 但这套资本主义市场体系如何与地方社会"联结"显然还未引起重视。

村寨作为产区初级市场，其橡胶收购的理想状态应当是在平等自由的市场原则下交易，价格作为市场体系的运作机制。而之所以将村寨的橡胶贸易置于亲属

---

① 中华人民共和国农业部农垦局、农业部发展南亚热带作物办公室编《中国天然橡胶五十年》，中国科学技术出版社，2004，第30页。

② 国务院于1980年以国发〔1980〕202号文件做出了地方民营橡胶仍由各农垦部门统一收购的决定。

③ 尹绍亭：《雨林啊胶林》，云南教育出版社，2003，第5页。

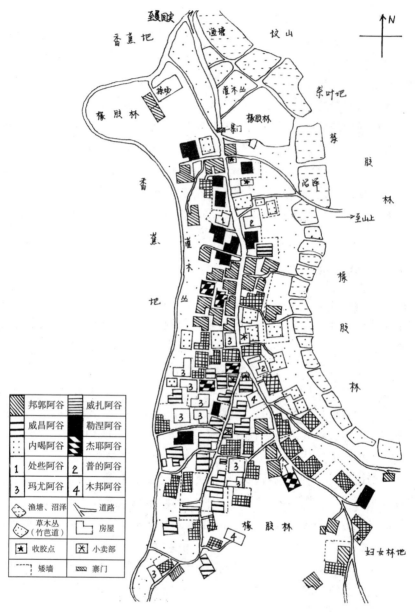

图例：

邦郭阿谷	威扎阿谷
威昌阿谷	勒涅阿谷
内喝阿谷	杰耶阿谷
1 处些阿谷	2 普的阿谷
3 玛尤阿谷	4 木邦阿谷
渔塘、沼泽	道路
草木丛（竹芭道）	房屋
收胶点	小卖部
矮墙	寨门

图 4-3　村寨内家族分布

关系这一主题中来讨论，是因为在我对村寨橡胶贸易最初的观察中，发现似乎很难用一套经济学常识来对人们在村寨市场的卖胶、收胶的行为做出合理解释。而随着我逐渐梳理村寨中的各大家族谱系及其之间复杂的联姻关系后，这一经济行为背后的地方性社会文化逻辑也就清晰起来。尽管如 Dove 所言，橡胶的引入通过破坏了传统生计模式，中断了人与人之间的传统互惠交换。① 但这套传统社会关系在某种程度上在村寨的橡胶贸易中得以再现。与市场经济下一般商品交换建立起所交换的客体之间物的关系不同，阿卡社会中的橡胶贸易所建立起的是交易双方之间人的关系——一套基于父系家族谱系运作的亲属关系。

村寨的橡胶贸易体系

在村寨一级，橡胶作为初级产品主要以鲜胶乳的形式进行贸易，每天从各个分散的家庭集中到个体收购者，再由个体收购者贩卖到乡镇一级的制胶厂。个体收购者会设立收胶点，大部分设立在村寨内，还有的设立在村寨间道路沿途。一般每个村寨都有收胶点，村寨内的收胶点大多被本村寨的家庭财力雄厚的垄断，在户数较多、橡胶产量高的村寨内，还可能不止一个收胶点。

目前在扎松板，共有 3 个收胶点，收购者都是本寨的，分别是海则、春张和捌聪，三人都是 25～30 岁的年轻男性。其中，海则属于邦郭阿谷，春张属于威扎阿谷，捌聪属于勒涅阿谷。从收胶者的角度来看：由于海则五年前开始从事收胶，时间长、规模大，每天收购胶乳的重量为 4～5 吨。除了本寨人外，附近一些村寨的汉族、傣族也会在他这里卖胶，多的时候能占到他收胶总数的一半；在春张和捌聪则分别从 2010 年和 2011 年 5 月才开始收胶，胶乳重量分别在 1.5～2 吨和 1.0～1.5 吨，除了偶尔有其他村寨的人外，卖胶的基本是自己家族内的亲戚。收购者的数量不总是一成不变，此前几年内村寨中从事过收胶的还有春梅、梭查、则查等人。此外，处于传统社会中的收购行为也带有很大随意性，家族内部事务需要帮忙、"栓线"仪式、庆生摆宴等都能使收胶短期中止。

在这个贸易体系中，更稳定的则是作为卖方的各个家户。从卖胶者的角度来看：尽管在扎松板老寨村民的日常活动范围内有多处收胶点，但是，除去 12 户不卖胶乳②的家户，以及雨季山路陡滑，有的家户偶尔会在沿途卖掉胶乳

---

① Michael R. Dove, Living Rubber, Dead Land, and Persisting Systems in Borneo: Indigenous Representations of Sustainability, Bijdragen tot de Taal-, Land-en Volkenkunde. 1998, 1: 20-54, http://www.kitlv-journals.nl.

② 主要包括两部分家户：一是由于橡胶需要种植后 8～10 年才能割胶，目前没有正在开割的胶林或刚开割胶水极少，只能依靠捡地皮胶和碗底胶来卖杂胶或者帮其他家割胶的家户，有 6 户；二是胶产量高的家户，有 6 户，他们将胶乳加入凝固剂凝成为胶块，存放在自己家仓库，等到足够一车（约 1 吨）后送到制胶厂加工，可以省去中间环节的差价，但要承担橡胶价格波动带来的风险。

外，有 80%～90% 的家户相对固定地在这三个收胶点卖胶。

在村寨市场，每天早上收胶之前，各制胶厂会告知收购者当日干胶单价。在收胶点，收购者同样会开出一个收购干胶单价，对胶乳进行称重，并使用微波仪测量胶乳的干含①。按照胶乳重量×干含×干胶单价计算后得到收购价格。因此，理论上看，收购单价应该被看作人们经济行为的决定性因素。

在扎松板老寨，实际的情况则是：人们很少关注不同收胶点的收购单价差异。即使他们得知有更高的收购单价，也会认为买家会"吃干含"，最终到手的价钱未必就高。干含本身是一个通过精密科学仪器测定，并依照检测标准②计算后得到的客观数据。在当地，它意味着用一台"看不懂""上万元"的机器，再对照一张"密密麻麻全是数字"的表格，最终"他们用计算器按出多少就多少"的一个主观结果。与收购单价相比，针对不同收胶点和不同卖者干含的变化很难一目了然，更具隐蔽性。在当地，有"送干含"的说法，人们讨价还价的对象也不是价格而是干含。收购者私下也会抱怨扎松板老寨喜好攀比干含，使得测量指标普遍过高，基本比实际高出八九度，相应地，收购单价也是附近最低的。当地社会通过对干含的操控，使它失去原有的科学、标准、客观的属性，成为可商榷、主观的工具。事实上，在亲属关系中，干含的操控是最难衡量的，亲属间的复杂关系、社会等级、亲属间财富的多寡都有效地影响着其起伏。最为接近实际标准的情况，往往出现在非亲属的范围内，表现为纯粹的商品形式。

因此，在橡胶的村寨贸易中，人们经济行为所依据的显然不是理想化的市场经济逻辑。在当地人的观念中，橡胶贸易并未被看作与他们传统社会中其他经济活动不同的一种所谓现代市场经济下的活动，他们通过买卖双方的贸易实践，改变了市场体系下某些要素的属性，并将其嫁接到他们熟悉的社会文化脉络中。橡胶贸易不只是一种经济行为，交换的不只是货币与物，而且有丰富的文化意蕴，所遵循的经济逻辑是一套亲属关系的分类体系（见图 4-4）。

---

① 干含是指胶乳中的干胶含量。是胶乳使用中橡胶的有效成分。在 100 克胶乳中橡胶所占的数量（克）就是干胶含量。单位为"度"。受到胶树品系、树龄、环境等因素影响。胶乳的干胶含量通常为 25 度至 30 度（即 25%～30%）。
② 国家标准 GB8299-87《天然浓缩胶乳干胶含量的测定》。

村寨橡胶贸易中的亲属关系现象

个案一：

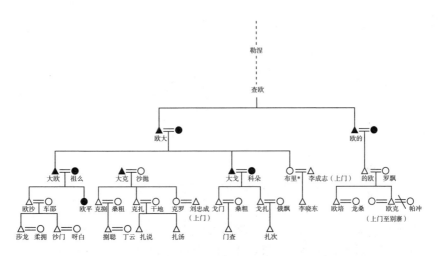

图 4-4　勒涅家族橡胶贸易中的亲属关系现象

*布里：意为"最小的"，由于其出生当日父亲过世，故按照习俗不能连名。

在勒涅阿谷中，除了欧培家不卖胶乳外，在9家中有7家是在捌聪家固定卖胶。捌聪是在我调查当年5月才开始收胶，每日的收胶乳量在1.0~1.2吨，除了偶尔有其他村寨的，大部分固定卖胶的是本寨同一个家族内的亲属。其中包括外地汉族上门的亲姑妈克罗和奶奶布里。尽管都是亲戚，有时也会有不愉快。捌聪的亲姑妈克罗曾经和笔者抱怨捌聪，说他年轻人，有时候自己赌钱输多了就会压低干含，平时都是39~40度的干含他才给34~35度。"要是我们这些家族亲戚不卖给他，他哪里收得到胶水。"话虽这么说，但她还是一如既往地在捌聪家卖胶，她认为除非不卖胶乳，自己家屯胶坨，不然如果到其他家卖胶，"亲亲戚戚的，（脸上）难瞧"。

当然也有特例。在勒涅阿谷中，没有在捌聪家卖胶的两家，一家是捌聪的堂兄沙龙。在捌聪没有收胶之前，由于妻子桑拥是海则的堂妹，所以一直在海则家卖胶。但在捌聪收胶以后依旧卖给海则。捌聪有时喝酒了就会骂两句，也会在家族内引起议论。另一家是堂叔欧克。因为欧克和妻子帕冲离异后就到附近另一个寨子上门，其土地虽然还在，但实际上是帕冲在劳作管理。对于离异的女性不再受前夫家族的约束，可以有选择卖胶点的自由。她自己是威昌阿谷的，总是和自己家族的兄弟姊妹一起，相对固定的在海则家卖胶（见图4-5）。

个案二：

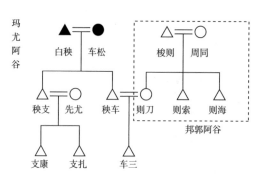

图 4-5　玛尤家族橡胶贸易中的亲属关系现象

玛尤阿谷是寨子里的小家族，家族内也没有收胶的人。他们卖胶的情况就更为复杂了。首先，对秧车家来说，他的妻子则刀是邦郭阿谷的，与春张家算是"也扯得上亲戚"的姻亲关系，因此秧车固定地在春张家卖胶。其次，对于秧支家来说，女人都是外面寨子嫁过来的，没有本寨的姻亲关系。他的大儿子已经结婚，但还没分家，两个儿子会轮流去收胶和卖胶。支康没有固定的卖胶点，他总是这家卖几天，那家卖几天，"老卖一家他们给的干含低"；支扎则不同，他和海则年龄相仿，是"一场的"（玩得好的朋友），在海则的收胶点经常见到他们一块儿抽烟、闲聊。因此他家的卖胶是因人而异的：支康卖胶是流动的，而支扎则一直固定地卖给海则。

个案三：

邦郭阿谷中，车飘家的大女儿飘切嫁给威扎阿谷的央鹊，是春张的母亲。因此车飘的三个儿子——飘胡、飘当、飘张就是春张的舅舅。春张是从2011年才开始收胶的。在此之前，飘胡、飘当、飘张三家都是在自己家族中的海则家卖胶。当春张开始收胶后，他们则在自己的外甥春张家卖胶。2012年7月，春张的侄子出车祸住院，春张在医院照顾他，有一个月没有收胶，这段时间飘胡、飘当、飘张又一致地转到海则家卖胶。春张还专门用阿卡人俗语"大不过舅"来做出解释，在他们看来，舅甥之间这样做是理所当然的（见图4-6）。

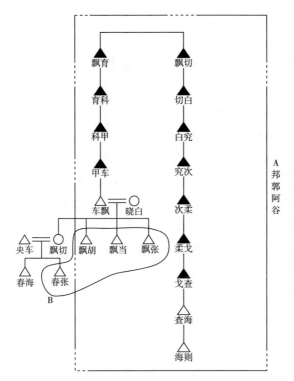

图4-6 村寨橡胶贸易中的亲属关系现象

橡胶贸易中的亲属关系分析

表4-6 家族与村寨橡胶贸易选择情况汇总

家族名称	威扎	邦郭	威昌	勒涅	内喝	玛尤	杰耶	普的	处些	木邦
总户数	27	26	16	10	10	9	7	2	1	1
卖胶乳总户数	24	24	13	9	8	7	7	2	1	1
流动卖胶	—	—	10	1	2	4	1	1	—	—
固定卖胶										
同族关系	18	20	—	7	—	—	—	—	—	—
姻亲关系	3	3	2	1	6	2	6	1	—	1
其他（地缘、朋友）	3	1	1	0	0	1	0	0	1	0

注：1. 本表是以文章所分析的对橡胶交易选择的制约因素为分类原则，实际生活中选择可能是在多重因素共同作用下，此情况下则按照最主要影响因素划分。

2. "—"意为本栏不存在此类情况。例如：仅有三个家族有收胶点，故剩余家族不存在卖给本家族的情况。

3. "0"意为理论上存在此类情况，但实际中没有发生。例如：其他家族中存在与收购者为朋友或邻里关系的家户，但实际中这没有成为影响他们卖胶的因素。

从以上个案中可以看到橡胶贸易中的亲属关系的种类主要包括以下几种（见表4-6）。

一、同一家族的关系。卖给同一个"阿谷"中的收购者显然是履行的义务之一。阿卡社会约定俗成的一个习惯就是能准确无误地背诵自己家族族谱和家庭分支。在当下的村寨生活中，每个阿卡人的生老病死、婚丧嫁娶、起房盖屋、祛邪避灾等仪式活动依旧围绕家族来展开。背诵谱系的意义正是在于每个人都需要准确地推断出谱系的各个分支，明确家族间的亲属关系及其亲疏远近程度，明确自己所处的地位，以及与此地位相应的权利和义务。

在3个拥有收胶点的家族中，除去不卖胶乳的6户外，在57户中共有46户长期固定的在本家族的收胶点卖胶乳。正如个案一中的克罗抱怨自己的侄子干含给得太低，家族内部的交易常常是非竞争性的。这也体现了传统交换中互惠原则——物质利益被社会性所压制。

二、姻亲关系。正如上文所述，在阿卡社会，基于婚姻所形成的亲属关系体系被称为"呀咪—阿孟阿答"。在这套体系中，最重要的是舅甥关系。在阿卡社会，强调以舅为尊，舅甥之间存在一套权利义务关系。这不仅表现在阿卡人的命名、传统仪式和日常生活中，同样也被实践到村寨内的橡胶贸易中。除了个案二外，类似的情况还有在捌聪的舅家桑黑及其儿子黑章，都是固定在他家卖胶乳。

除此之外，当缺乏男性父系谱系或者依靠父系谱系建构起来的亲属体系在日常生活中难以提供足够的支持时，人们更多地寻求"呀咪—阿孟阿答"体系的支持。主要包括三种情况：一是外来上门的汉族，他们在当地没有谱系和家族，这样的家庭无论是在仪式活动，还是日常生活中都以女方的家族为重心；二是当女性离婚后未改嫁或者家庭中男性死亡，尽管家族谱系还在延续，但女性不再受到男性家族规范的制约，她们的行为更多地寻求自身家族体系的支持；三是当男性家族内没有收胶点时，则会优先选择其姻亲家族中的收胶点。

三、其他人际关系的影响，包括地缘、同学、朋友等。这些影响存在个体差异，与上述关系相比也缺乏普遍性。例如，原本村寨中家户的地理分布大体与家族吻合，但由于村寨土地有限，邦郭阿谷的番梭分家后就搬离传统家族的聚集区，从寨子中部搬到寨子头，进入威扎阿谷聚集区。正如远亲不如近邻，他也就在春张家卖胶。由于三个收购者都是20~30岁的年轻人，因此朋友关系也主要在这个年龄段中起作用。如个案三，这种影响仅局限在个人而非家庭层面。

　　在这些亲属关系种类中，父系家族是阿卡社会的重要构成法则。在橡胶贸易中体现在：在村寨的不同家族范围内，同一家族内的收胶者享有优先权。只有在本家族内没有收胶者或者男性缺乏可追溯的父系谱系时，才会卖胶给姻亲家族。所以，尽管如个案一中的克罗抱怨自己的侄子干含给得太低，但一如既往在捌聪家卖胶。当然，实际生活中个体化的亲属关系实践并非都如此一致。正如个案一中捌聪的堂兄沙龙将姻亲家族优先于父系家族，即违背了这种理想规则。但这种"违规"会引起捌聪和家族内的争议，其实恰恰说明了规则的存在。

　　这些亲属关系不仅是一种分类范畴，同时也强调亲属关系的序列和等级。类似于汉人社会研究中的"类"和"推"的概念，作为范畴，血缘群体（阿谷）、姻缘群体（呀咪）等都是一种按"类"的原则的划分。但是"类"的概念，只能说明一种静态的存在，而不能说明其动态的运行逻辑。不同类别中的关系是以"推"的原则来展开的。[①] 在阿卡社会，这套"推己及人"的社会结合方式是按照由父子联名制形成的谱系为原则向外扩展的。这意味着对一个阿卡人来说，与同一个父系家族内的其他成员之间的亲属距离并不都是一样的。每个人都能依据家族谱系的各个分支衡量其亲疏远近程度，从而明确相应的权利和义务。在扎松板老寨，由于不存在同一家族内有两个收购者的情况，因此无法在橡胶贸易中看到同一家族内部的成员如何由"己"向外"推"的亲属实践过程（从某种程度上说，不存在这种情况就是防止家族内部的分裂）。但个案三中作为姻亲的舅甥关系的纳入为这一思考提供了可能。

　　在个案三中，飘胡、飘当和飘张三兄弟尽管属于邦郭阿谷，但在邦郭阿谷这个大家族中，每一个分支、每相距一代都会不断拉长亲属间的距离，如图4-6所示，他们与同一家族的海则已经相距甚远。尽管相比父系家族，姻亲缺乏谱系表述，亲属关系仅仅局限在一两代内。但在传统的仪式和日常互动中，特别是在经济上，姻亲尤其是舅甥之间同样存在一套固定的权力义务模式。舅甥关系虽然不在一个家族内，但对于个体而言，却是家庭内部极为重要的关系。所以，当他们的亲属关系中出现了两个收购者时，并且处于不同的亲属关系种类时，他们就需要从个体家庭的角度，通过评估社会角色以及推算亲属距离来指导实践。

---

　　① 麻国庆：《类别中的关系：家族化的公民社会的基础——从人类学看儒学与家族社会的互动》，《文史哲》2008年第4期。

橡胶贸易中生成的借贷关系

事实上，扎松板的橡胶贸易除了揭示出传统社会结构本身外，同时也表明，在商品生产、市场和现金流带入的新环境中，传统的社会结构所呈现出的弹性与张力。作为行动者的个体实践往往会根据社会变化对这套关系加以变通和利用，就是一种实践性亲属关系。在村寨的橡胶贸易中，最明显地表现在：即时的交易行为可能会扩展为延时性的互惠模式。

橡胶作为商品的交换是一个买卖行为，仅仅代表一项商品的交易。在阿卡社会，橡胶贸易既包含即时的买卖本身，同时又隐含着一套有关借贷的权力和义务的延时性关系，即卖胶给某人意味着当有需要时卖胶者有向其借款的权力，其也有借款给卖胶者的义务。在村寨中，收购者手上都有一本专门记账的本子，每笔借款从一两百元到两三万元不等，还款形式主要从每日卖胶收益中抵扣。这种借贷频繁出现，以海则为例，2011 年一年在村寨内借出的现金就高达 30 万元。卖胶者大多借款金额也不过几千元，这对于割胶的大部分家庭来说也并非一笔非借不可的金额（他们大多省吃俭用个把星期就可以攒下），然而双方似乎还是对这种借贷关系乐此不疲。在这一过程中，人们不断通过选择，确立彼此间的信用关系并形成了新的联盟，在传统的亲属关系之外延伸出新的关系网络。通过人们能动性，这些关系网络不仅运用在橡胶贸易和借贷上，它们还能进一步扩展到日常生活中的各方面，尤其在各家庆生、摆酒等场合。

当然，这种互惠关系的形成最显见的作用还是实现个体利益。对于借款者来说，能借到多少钱成为衡量他们社会资本的指标。寨子里的几个年轻人曾很自豪地和我说，只要他需要，立刻就能借到 10 万元。尽管收购者对于还款情况有所顾虑，但他们还是尽可能多地吸收债务人，成为橡胶贸易中建立控制关系的手段。正如捌聪所说的：收胶的关键在于"放钱"，"一年放到四五十万，关系搞好了，别人也不好意思不去你那卖（胶），哪怕干含低也不好说什么"。他们寄希望通过借贷产生的权力的实施和义务的履行，形成更为稳固、更高收益的贸易关系。

第五章

橡胶流动下的族群关系

在本书开篇，我就对田野点所在区域——勐润进行过一个概括性描述，粗略地勾勒出扎松板阿卡人周边的自然环境和族群生态。阿卡人与傣、汉等民族之间的族群互动可以说是整个西双版纳乃至更大区域内长时段的族群关系史的微缩，既包括历史上建立地方王国的傣族与周边山地民族的交换与共生关系，又包括由新近的橡胶发展带来的大量汉族移民进入地方社会后的融入与互动。在这一章中，我将更深入地探究在当下多民族高度杂居的地方社会中，一方面，国家作用和地方社会中各种族群关系，如何塑造了橡胶在这一地域流动的轨迹；另一方面，橡胶种植对当地不同的族群的日常生活、社会文化以及族际关系造成了何种影响，以及当地的不同族群如何应对这一影响，最终生成和重构了族群区域格局。

一 阿卡与傣：传统"山地"与"坝子"族群关系

对于夹在两大文明古国——中国与印度之间，包括中国西南和东南亚在内的这一地区，由于其区域文化丰富性和族群复杂性，一直颇具学术研究传统。早在费尔南·布罗代尔在关于印度支那的宏大论述中就关注到了这样的现象：在印度支那的宽阔地带，自文字史开始以后，这个地带相继有来自佛教、伊斯兰教、基督教的文明，以武力、商业、宗教、"政治经济学"等不同"文明方式"渗入。虽然如此，该地的"山-谷"地貌相对立的结构决定了这些文明无法彻底改变当地社会的命运。到了近代，"平原上人口过多与山区半空虚的状态仍然形成对比……平原种植的是水稻，使人口有可能在红河、湄公河、湄南河和伊洛瓦底江三角洲大量集中起来……居主导地位的文明正是建立在这种农耕方式和密集的人口上……然而，在地势较高的地方，在所有这些国家的山区，人数不多、原始和半独立、持泛灵论信仰的民族用刀耕火种的方式种植作物。他们仍然继续存在"。① 同时，这对族群关系不仅被视为一种研究对象，同时由此所产生的区域文化的内在能动性，还提供了可能的民族志书写模式。埃德蒙·利奇②、詹姆斯·斯科特③等诸多著名学者也是始终围绕这对族群对立和共生关系来做文章，在世界人类学领域占据一席之地。可以说，山地—坝子相互区别且共生的族群关系在这一区域的族群研究中具有重要意义。

可以说，这也是我对初入田野点的所见所闻的直观认识。正如导论一开始就提到的：在西双版纳，除了少数傣族聚居的比较大的平坝，剩余的广大地区都存在多民族高度杂居：很多时候，仅在一个行政村内部，就形成傣族村寨沿着公路或水系分布，四周辐射交错着其他包括阿卡人、克木人、瑶族等在内的山地民族村寨的现象。由于这种历史上长期的高度杂居，不同民族存在频繁的往来互动，使得他们在习俗、语言、神话、宗教上都相互影响，甚至一些文化特征更多是一种地域文化的概念。在这样一个特殊区域，如果仅仅想要从特定的单一族群来认识他们的文化，显然会割裂社会生活的完整性。正如利奇在《缅甸高地诸政治体系》中所提到的，对于居住在河谷，在灌溉农田中种植水稻的掸（傣）人，以及居住在山地以刀耕火种式游耕的克钦/景颇人来说，他们在外表、语言和一般的文化上表现如此不同，也因为如此，以往研究中，关于克钦人的民族志就不提掸人，而关于掸人的民族志也不研究克钦人。然而克钦人和掸人几乎在哪儿都是近邻，在日常生活中他们也常相互牵扯到一起。事实上，离开了与掸人的关系，克钦作为一个范畴就不可能被理解或定义④。所以，尽管作为一部在阿卡村寨基础上完成的民族志，但他们与周围族群互动而构成地域社会显然也是他们日常生活中重要的一部分。

当将视野投向更广阔的地域社会时，我很快意识到：当下橡胶经济的兴起，将利奇、斯科特等人从不同角度阐释过的这对族群关系带入了全新的阶段。过去不同族群在互动的基础上形成的族群认同、观念、文化都与橡胶的流入发生了作用和反应。当然，若要彻底地理解这其中发生了什么，首先必须先看橡胶流入之前的在西双版纳山区—坝子间的族群现象。

---

① 〔法〕布罗代尔：《文明史纲》，肖昶等译，广西师范大学出版社，2003。
② 〔英〕利奇：《缅甸高地诸政治体系》，杨春宇、周歆红译，商务印书馆，2010。
③ James Scott, *The Art of Not Being Governed: An Anarchist History of Upland Southeast Asia*, Yale University Press, 2009.
④ 〔英〕利奇：《缅甸高地诸政治体系》，杨春宇、周歆红译，商务印书馆，2010，第1页。

传统山区—坝子间的族群关系

从历史上看，自 1180 年傣族部落首领叭真入主勐泐即位"召片领"，在西双版纳建立了第一个族群政权①开始，傣族占据了便于水利灌溉、作物生产更为高效的坝区，与生活在山区、半山区的包括阿卡人在内的山地民族至少在形式上形成一种统治与被统治的关系。有关这种山区—坝子间的族群分布的形成历史记载不多，大多集中在口碑传说和早期的社会历史调查中。相传阿卡人的祖先最早生活在元江一带，后因为战争的原因，被迫陆续外迁，到了距今二十代以前迁居至元江、墨江，又因为和汉族统治者打仗，战败之后，逃至景洪的澜沧江边。② 当时后有追兵，前面又被宽阔的澜沧江阻隔着，他们便派人和傣族的召片领商谈。在接受了臣服其统治的条件下，才由召片领派船只接到了澜沧江西岸。③ 有的研究也指出，历史上在阿卡人、基诺族、布朗族等与傣族之间为争夺平坝资源和地方统治不断发生斗争④，最终才形成了山区—坝子间的族群分布格局。

这在民间传说中也有所反映：

> 远古时候，僾尼和傣家原来是一对亲兄弟，居住在一个家里。傣家是哥哥，僾尼是弟弟。那时候高山和平坝都属于兄弟俩，他们相亲相爱，不分彼此。过了很多年，兄弟俩都儿孙满堂，不够住了，挤得连饭也无法坐在一起吃，兄弟俩只好商量分家。傣族大哥喜欢捕鱼捞虾，想要江河纵横的平坝；哈尼兄弟爱围猎捕兽，想要野兽成群的山林。但想归想，讨论划

---

① 谢世忠：《Sipsong Panna 王国八百年——1181～1956. 傣泐——西双版纳的族群现象》，台湾自立晚报社，1993。

② 传说从元江迁来，原因是阿卡人在那儿与汉人争土地，双方赌嘴：各拿一件东西写上字放入元江，看谁的东西漂得最远，土地就是谁的。汉人聪明，把字写在竹筒叶上，阿卡人把字写在铁锅上，双方同时把东西放到江里。阿卡人的铁锅一放下就沉到江底，汉人的竹筒叶浮在江面随水流得很远。于是阿卡人不得不从元江搬出来。传说搬来的时候他们还带着元江田地的契约，后来房子着火被烧掉了。见中央访问团二分团调查，高文英整理《镇越县情况》，《傣族社会历史调查（西双版纳之一）》，云南民族出版社，1983，第 33 页。

③ 见西双版纳傣族自治州调查整理，西双版纳哈尼族社会历史调查《哈尼族社会历史调查》，云南民族出版社，1982，第 100 页。但同时也有认为西双版纳最早居住的是阿卡、基诺、布朗、拉祜等山地民族，傣族进入较晚。傣族进入后，双方发生了战争，之前居住的民族战败被赶到了山区。见中央访问团二分团调查，刘杰整理《车里县情况》，《傣族社会历史调查（西双版纳之一）》，云南民族出版社，1983，第 15 页。

④ 郭家骥：《云南民族关系调查研究》，中国社会科学出版社，2010，第 288 页。

分土地时谁也没有把心里话讲出来，兄弟俩你推我让，谁也不愿首先开口要地。后来他们决定用家里养的牲口去分地，骡子代表哥哥，马鹿代表弟弟，骡子走过的地方分给哥哥，马鹿走过的地方分给弟弟。

分地皮这天，兄弟打开圈门，把两牲口吆喝出家去。骡子奔向平坝到河边找青草吃；马鹿跑上山去，钻进了林中草地。哥哥高兴极了，弟弟也满意。从此之后，哥哥住在平坝，成了坝子的主人，弟弟住在大山上，成了山主。

分家那天，妇女们分衣裳布和裙子布。分衣裳布的时候，傣家阿嫂只要了一小段，其余的布全让僾尼弟媳带去。僾尼弟媳心里过意不去，所以分裙子布的时候她只拿了一小截，剩下的都给傣家阿嫂。缝衣服的时候，傣家阿嫂上身布不够，做的是紧身小衣裳，裙子布太多，做的是长筒裙；僾尼弟媳衣裳布太多，做成又长又大的衣裳，裙子布太少，做的是又小又短的百褶裙。

两家人虽然分开，但是一直保持兄弟之情。傣家哥哥捕鱼总要送一份给僾尼弟弟，僾尼弟弟打猎也总要分一份猎物给傣家哥哥。直到现在，他们的儿孙仍然你来我往，互称兄弟。傣家烧火的时候，还专门把三角架的一方空出来，留给往来的僾尼人烤火。[1]

在扎松板，人们和我更多提到的是另一个用水和火分家的版本。

僾尼和傣族原来是兄弟两个，僾尼族是大哥，傣族是弟弟。本来哥俩家在树上住，后来生呢娃娃太多住不下了，闹矛盾，就要分家。僾尼族喜欢烧火打猎，就说用火来分地。傣族爱洗澡，就要用水来分。两弟兄吵来吵去，哪个都说服不了哪个，就决定两个办法都用。说好了火烧到的地方划给僾尼，水淹到的地方划给傣族。火点起来一直从坝子烧到山上，弟弟傣族聪明，马上在后面放水，水很快就把坝子里面的火熄灭掉啦，但是再多的水也没有办法淹没高山。所以僾尼族就到山上住，傣族就在坝子里面住着了。

对于上文中两个分家故事的话语分析中可见，尽管同样是以阿卡人为主

---

① 整理自《亲兄弟》，载杨胜能搜集整理《哈尼族民间故事》，云南人民出版社，1984，第50页。

位，但也略有不同。版本一从现代国家立场出发，修辞上渲染了各民族亲如兄弟，彼此相处融洽友爱，其旨在建构多元一体的民族关系。版本二则更多是阿卡人的历史记忆和自我定位的写照，其中与版本一最大的区别在于兄弟排名相反，即在阿卡人的自我讲述中，阿卡人为长，傣族为幼。不同的讲述者都强调了长幼有别的次序，在老人们和我讲述的另一个有关傣族和阿卡人为何不通婚的故事中，傣族则成了一个觊觎阿卡人财产的女婿，侵占了岳父的家产，最后将其赶到山上去，由此阿卡祖宗立誓不与傣族通婚。在傣族的记载中，也有类似情节，至今还流传着"火烧的山上是僾尼，水淹的地方是傣家"的俗语。但这类传说极少将傣族与其他民族的关系定位为同根同源的兄弟，而是更强调了作为已经形成"傣泐"独立政权的傣族，为了占据平坝资源而采取的征服过程以及最终形成的区域统治地位。

除此之外，各种传说和神话还用于解释不同族群在起源、文化交往和生活习性上的差异。其中一则是关于阿卡人为何没有文字的传说：

> 僾尼族原来和汉族、傣族一样，是有文字的。但是不一样的是，汉族把文字写在纸上，傣族是写在叶子上，我们僾尼族是写在牛皮上。但是僾尼族天天都在山上走，碰着下大雨就把牛皮淋湿的，字就模糊掉啦。僾尼族急了赶快点起火来，说是烤干的。烤着呢牛皮老实香啊，僾尼族忍不住就把它吃掉了，你看我们到现在都最喜欢吃烤牛皮就是这样子了，所以文字就不有了。

此外，也有说法是这样的：

> 阿卡的祖先和汉人在一起读书，汉人老师教学生把字写在纸上，教阿卡学生把字写在牛皮上烧了吃掉。老师说："你们阿卡生来就很聪明，牛皮上的字烧了吃掉后，就可以记在心里，以后都不用读书了。汉人的字写在纸上，不随时带在身边，也是会忘记的。"[①]

这些说法大多是在与周围汉族、傣族等有文字族群对照之下产生的。这在斯科特看来，则更是一种"逃离策略"，是为了躲避低地国家（在这里则是指

---

① 中央访问团二分团调查，高文英整理《镇越县情况》，《傣族社会历史调查（西双版纳之一）》，云南民族出版社，1983，第35页。

傣泐王国或者更远的中央王朝）高压统治计划的主动选择。为了更好地解释山地民族如何塑造了一种逃离的生计方式、社会组织与意识形态，他甚至大胆揣测这些社会的无文字传统是刻意的选择，因为文字历史其实不利于这个逃离的弹性社会，口语反而具有优越性，可以因地制宜地加以诠释转译。[①] 斯科特将这些山地民族放弃文字看作他们为了获得一个可以不受国家管制的策略性位置的主动选择，在这里并非要以这两则传说来论证斯科特的宏观理论架构，而是试图说明至少作为口头传承，这些传说都反映出阿卡人对于自我和他者的认知的文化阐释。而从它们的言说方式来看，都强调了阿卡人与傣族、汉族一样具有一段有文字的历史，他们并非完全站在他者的对立面，而是通过模仿他者塑造出一段文字丢失的历史。

在勐泐族群政权存在近 800 年的历史中，尽管傣族始终处于优势和支配地位，与阿卡等山地民族之间存在对立关系，但区域内整体上处于一种和平共居的模式。据朱德普先生研究考证，自 1180 年到 1956 年共 39 任召片领统治过程中，在战乱中度过的竟有 10 任之多。究其战祸根源，主要是进入 16 世纪以后，洞吾王朝、木梳王朝的屡次入侵，以及在傣族统治集团内讧引起的战乱。反之，数百年来在傣族与各山区民族之间，从来没有发生过一次记载在册的战乱。[②] 这种统治族群与被统治族群间的和睦相处，在民族关系史上是少见的。有学者将其归结为傣族政权采取的一系列协调民族关系的政策措施，具体包括：山坝分置，实行差别税负，山区的负担总体来说不重；通过采取坝区族群首领与山区族群联姻通婚的方式，将山区族群首领纳入傣族统治秩序中；封赐山区族群精英为头人，由其管理本族内部事务，民俗依旧。[③]

勐泐政权的一系列政策措施确实从大局上维护了傣族的统治地位，但同时，和各民族和平共居的模式还得益于山区和坝区族群之间共生互补的关系。由于地形地貌、海拔气候以及资源物产的不同，历史上自然形成了山区和坝区族群之间互惠互利、互通有无的贸易关系。在坝区，水稻的生产相对富余，而山区则大多无法在粮食上自给自足；并且坝区出产食盐、陶器等生活必需品，山区的阿卡、基诺等则有种植茶叶、棉花的传统，同时擅长狩猎采集；在早期交通不便的情况下，由平坝及其所辐射的四周山区，形成了一个相对独立的地

---

① 庄雅仲：《书评：The Art of Not Being Governed：An Anarchist History of Upland Southeast Asia〔不被统治的艺术：高地东南亚一段无政府主义的历史〕by James C. Scott〔詹姆士·史考克〕》，《台湾民主季刊》第七卷第一期，2010 年 3 月，第 175~178 页。

② 朱德普：《泐史研究》，云南人民出版社，1993，第 389 页。

③ 郭家骥：《云南民族关系调查研究》，中国社会科学出版社，2010，第 297 页。

理单元和生产交换系统，两者间形成了一种自然生产分工。在族群间的物的流动交换，使西双版纳很早就形成了许多集贸的"街子"，每年粮食收获后，傣族将稻米、铁质劳动工具、盐巴、针、药品以及一些日常生活用品等带到街子上，等待山区的族群下山换取各种皮草山货，包括茶叶、柴薪、草排、棉花、土靛、薯芋、野生菌类、兽肉兽皮、竹笋等。早期西双版纳的茶叶都是由傣族从山区民族那里换取后又转售给内地汉族商人的。在民间，处于一个贸易圈内的族群间长期地你来我往，一方面，受到傣族的影响，和外界社会接触较多的阿卡老人都会说简单傣语，阿卡语中诸如打火机、医生、电影等外来物品也采用了傣语借词；另一方面，经济上的来往也就成了文化的交流，互相"打老庚"，在各自的民族节日、结婚，以及上新房的时候都会相互祝贺、交往密切。

　　总体来看，在橡胶经济发展前，山区与坝区的族群大体上处于一种相互对立又依存共生的微妙关系中，其中，傣族作为区域内的强势族群，在政治、经济和文化方面都居于优势和支配地位。在传统的稻作文化中"水田"作为一项宝贵的土地资源，往往被傣族占据，成为其维持统治关系的一种手段；而诸如阿卡这样的山地民族是没有土地所有权的。尽管由于实行刀耕火种，占据了大量的山地，但在稻作文化体系中这些土地的价值是没有得到认可的。新中国成立后，从政策上实现民族平等，又采取了一系列特殊政策和措施，扶持山区民族的经济发展，但总体山区的社会经济发展还是明显滞后于坝区，区域族群关系存在阶序化的社会结构。

橡胶进入对族群关系的冲击

　　然而，这套由土地资源利用方式所衍生的族群关系在橡胶进入后发生了颠覆性的变化。由于橡胶对地貌、海拔、水热条件有着特殊要求，无法种植在水田里，适宜生长在坝子边缘的山地和丘陵地带。尤其勐润坝子周围的山地就处于最理想的植胶区[①]，在橡胶生势和产量上都优于其他地貌。更重要的是，阿卡人比傣族拥有更多的山地。表 5-1 是扎松板周边几个自然村土地占有情况，这些村寨与扎松板同属曼贺南行政村，其中傣族和阿卡人村寨都为单一民族

---

① 1984 年农垦系统对整个勐腊的宜胶耕地的土壤普查核定中，根据地貌、海拔和切割程度，大致划分了两个等级，即低热坝边缘低山丘陵植胶区和低山峡谷植胶区，其中低热坝边缘低山丘陵植胶区包括勐捧、勐润和勐满等坝子边缘，多为浅切割低山丘陵，山势趋缓，年均温、绝对气温、湿度、年降水量、年蒸发量、日照时数、干燥度、雾日等指标显示，其是最为理想的植胶区。参见云南省勐腊县志编纂委员会《勐腊县志》，云南人民出版社，1994，第 231 页。

（排除嫁入和上门的少量汉族），捌零寨和新联寨则是 20 世纪 80 年代后从墨江、澜沧等地迁入的移民村寨，其中也有大量哈尼族，但与阿卡相互都不视作同一族群，彼此也往来较少。

首先看水田，早期的阿卡人是完全没有水田的，自 60 年代政府将其迁入坝区周边后他们才获得水田，但也不足傣族村寨的一半。但作为一项有限资源，傣族和阿卡人占有水田的绝对值差距并不大，其中水田最少的阿卡村寨（小新寨）与水田最多的傣族村寨（曼勒龙）之间的人均水田面积的差距也不过 2.6 亩（见表 5-1）。相比之下，两者在山地面积上的差距则可谓巨大。

表 5-1　曼贺南行政村下属各村土地占有情况

单位：人，亩

寨名	人口	民族构成	水田	橡胶地	人均水田	人均橡胶地
曼贺南	306	傣	607	1510	2.0	4.9
曼回尖	377	傣	950	2104	2.5	5.6
曼勒囡	126	傣	326	201	2.6	1.6
曼勒龙	353	傣	1044	407	3.0	1.2
曼纳龙	233	傣	350	387	1.5	1.7
扎松板老寨	501	阿卡	320	9070	0.6	18.1
扎松板新寨	166	阿卡	130	3139	0.8	18.9
小新寨	199	阿卡	83	1948	0.4	9.8
春光寨	270	阿卡	227	2713	0.8	10.0
捌零寨	113	汉、拉祜	90	851	0.8	7.5
新联寨	178	哈尼、汉	138	935	0.78	5.3

注：该统计数据来源于曼贺南行政村村委会要求各自然村自行上报的数据。参照我田野所获得的关于扎松板老寨、新寨以及曼回尖的土地相关数据（主要依据各家农田证和林权证统计），不同口径数据存在细微差别，但不影响总体比较。由于我所掌握的仅为三个村寨数据，故在此不做调整和校对。

在表 5-1 中我并没有使用与"水田"相对应的"山地"，而是使用了"橡胶地"，这是因为像曼勒囡、曼勒龙以及曼纳龙①这三个寨子处于勐润坝子的中心，其实是完全没有山地的，但为了发展橡胶经济，将一部分水田改造成了

---

① 曼勒囡、曼勒龙、曼纳龙三个傣族村寨是 1972 年农业学大寨时期从勐远搬来的，当时的政策是"哪里有水田开发哪里"，当年搬来了 70 多户。

橡胶地，其他的傣族村寨多少也存在这样的情况。但由于不符合橡胶理想生境，种在坝子里的橡胶长势和产量都受到影响。即便如此，傣族人均所拥有的橡胶地最多的曼回尖村也还不到 6 亩。相比之下，阿卡村寨的橡胶地最少的小新寨也差不多接近其 2 倍。而像扎松板（包括老寨和新寨）由于地靠勐润和勐满两个坝子的交接处，其间有着广阔的山林，其林地一直延伸到勐满地界，人均 18 亩多的林地在整个版纳地区都属罕见。在附录六、七、八、九、十中还有扎松板老寨、新寨以及毗邻的曼回尖三寨以家庭为单位的土地详细情况（含橡胶地和水田），作为橡胶林最多的阿卡村寨和傣族村寨，扎松板每户近百亩的橡胶地与曼回尖每户 30 亩的橡胶地相比，差距确实不容小觑。

由于橡胶在单位面积内产生的经济效益要远远高于诸如水稻等传统作物，过去族群间在土地资源利用方式上的差异造成的在占有山地面积上的差距，最为直接地转化为两者在经济收入上的差距，山区的社会面貌发生了翻天覆地的变化。几百年来人们观念中山区生活落后于坝区的观念彻底瓦解了，从 2007 年开始，在西双版纳景洪周边的个别乡镇如大勐龙乡的一些村寨，就已经出现了山区阿卡人的收入在历史上首次超过了坝区傣族的情况。在勐润，尽管由于阿卡人种植橡胶的时间普遍比傣族要晚，但随着橡胶开割面积的逐年扩大，目前至少在像扎松板这样的村寨，人们的平均收入已经大幅赶超周边的傣族。尽管扎松板在 2000 年前后的土地流转高潮中失去了大量橡胶林，但在占有林地的绝对数量上依旧远超周边傣族村寨，土地的使用方式的变化不断引发这些村寨社会生活和区域社会关系的持续波动。

历史上，傣族除了与汉族通婚外，是不与山地民族通婚的。据社会历史调查资料记载，勐混有一个傣族妇女嫁了六次，最后只能嫁给一个濮满人（今布朗族），竟传为笑柄。[①] 现在，山地民族经济地位的迅速上升，使得传统地方社会中族群间的阶序格局也开始调整。阿卡人越过傣族与当地观念中更高等级的汉族通婚，在前文中详细介绍了村寨中出现的汉族嫁过来以及上门女婿的情况，尤其在近几年他们越来越多地与曾经在地方社会占据优势地位的农场通婚，这在十年前几乎是闻所未闻的。与此同时不变的是，傣族与阿卡人虽然总是毗邻而居，如今又都种植橡胶，相互间可以"打老庚"，但是几乎从不通婚。

在社会文化迅速变迁的当下，即使像汉族这样的外来族群似乎轻而易举地打破了当地族群的内婚制，但区域内传统的族群边界却依旧泾渭分明。按社会

---

① 中央访问团二分团调查，李兆东整理《佛海县情况》《傣族社会历史调查（西双版纳之一）》，云南民族出版社，1983，第 23 页。

历史调查资料记载：阿卡人的古礼不能与傣族在一起住，更不能通婚，尤其在他们祭祀的时候，绝不能让傣族的人通过其村寨，否则就不吉利了。① 寨子里各种人也都反复向我强调，不能与傣族通婚，是"老祖宗时候就定下来的规矩"。当我进一步追问何为这一规矩时，人们给出的答案则呈现了个体化阐释的多样性。

寨子里原来的书记欧培说："我们以前住在山上，傣族住在平地坝子，这里以前都是被傣族统治的，我们和他们相当于水火不容，老祖宗时候就定下不结婚的规矩。"这个显然是一种较为普遍的表达。

老人扎帕说："老人说呢，僾尼族和傣族就是两个亲兄弟，僾尼是老大，傣族是老二，这个是老祖宗定下来的规矩，谈朋友可以，但是不能结婚，大家是一家人，亲戚不能结婚了嘛。后来分家以后他们住在平坝，我们住在山上。他们吃的是糯米饭，我们吃的是山谷米，就说是糯米饭和山谷米饭捏不拢了嘛。"旁边的人还补充道："傣族么最小气了，我们僾尼族不爱吃糯米饭，不好消化。傣族最喜欢吃了，吃这个省钱，一家人一顿饭就一小撮米就够了；吃糯米还不用菜来下饭，一小块豆豉、一小条鱼就够傣族一家吃一天，吃完的鱼骨头丢给猫都不吃，搞什么来？吃得太干净，猫都嫌没得味道。"

杨主任说：

> 傣族会计划，勐润街上每天都是我们寨子的人在吃在喝，你看什么时候有傣族？他们很不在外面吃，钱都去搞投资了。僾尼族要面子，讲排场，最爱享受了嘛，你看着现在橡胶收入很高，赚了多少差不多都花了，不像傣族会计划。年轻人么天天跑勐润的 KTV 玩嘛，一场（玩的朋友）请吃饭呢。我们这里年轻人哪点有说出去打工的，有么有，其他地方的年轻人外出打工都是挣钱带回家，这里的是出去玩，打工一个月赚的两三千都不够自己花，还要家里给寄过去。

年轻人二追则说："这个是老祖宗传下来的规矩，和傣族在一起会得病"，当我问他会得什么病的时候，他说是"米牙"，在阿卡语里，其实就是遭鬼、变鬼的意思。

年轻人梅章说："找小姑娘会找（傣族）呢嘛，结婚不会。他们说汉话都

---

① 中央访问团二分团调查，宋文治整理《车佛南三县阿卡人（哈尼族）》，《傣族社会历史调查（西双版纳之一）》，云南民族出版社，1983，第 55 页。

说不清楚，四七不分，说'吃饭'都是说'七饭'，玩不拢。不像汉族，他们和我们一样，只是他们当官的比我们多。"

此外，在傣族看来，宗教信仰是一个重要因素。曼勒龙的波万远的说法是：

> 波万远："生活不一样，性格也不一样嘛，会在不拢。他们（阿卡）信的是鬼，不像我们要供庙，要拜神。"
>
> 我："那你们会不会和汉族结婚？"
>
> 波万远："会嘛，整个寨子有 1/3 的家里有汉族，上门的都有十多家，有湖南、四川、昭通、墨江的。年轻人读读书也会想嫁出去。"
>
> 我："那汉族生活和你们一样？"
>
> 波万远："一样嘛，汉族来了也就信（神）了嘛，也和我们一样拜庙。"

在少数民族人口近万的勐润地区，傣族与阿卡通婚的案例只有屈指可数的四例，其中一例已经离开勐润，夫妻二人在勐腊单位工作，但我在勐腊见到的时候已经离婚。在日常生活中，经常被人们提起的是新寨的一个女人不顾家里反对，嫁给了曼贺南的傣族人。据说，"她和傣族在一起的时候，掉头发，整个头都要秃光了，傣族那个男人也是一天看起病歪歪的。两个人在不拢，天天吵架打架闹离婚，说是两边家里人都不有帮着劝（和）呢。后来离婚以后，再见着她，嘞，发现头发也长出来了"。人们在很多场合下都用这个例子来向我证实"老祖宗传下来的规矩"的正确性，连我的房东罗姐也悄悄地和我说，原来她根本都不信这种说法的，现在看来"他们僾尼族怕是和傣族真是哪点不合，犯冲着"。

在我的田野中，也目睹了一场并非严格意义上的阿卡人与傣族的婚礼，寨子里的姑娘切花嫁给和她一起在勐腊打工的小伙子。之所以说非严格意义，是因为小伙子是从景谷到勐腊来打工的汉傣[①]，虽然具有傣族的民族身份标签，

[①] 也称为"旱傣"，是与"水傣"相对。按照民间说法，"旱傣"居住在旱地，"水傣"居住在水边。也有认为"旱傣"居住在山地，以种植"旱谷"为生；"水傣"则居住在水边，以种植水稻为生。按照李拂一先生在《十二版纳志》中对"旱傣"与"水傣"的解释："旱傣"应作"汉傣"，就是受汉文化影响较多的傣族；"水傣"当是"纯傣"，就是没有受到外来文化影响，保存傣族传统文化的傣族。在普洱以北的景谷、景东地区的傣族，在改土归流后大量受到中原文化熏陶，称为已经接受汉文化的"汉傣"，在西双版纳、德宏等地，由于沿袭了土司制度，这一地区的傣族基本上保持了傣族的传统文化。

但是与这一区域中传统傣—阿卡的族群还不可混为一谈。但显然，村寨里来赴宴的人们并不看好这桩婚事。他们告诉我切花以后日子就不好过了，景谷穷，不像版纳种橡胶那么富足，嫁给傣族每天有干不完的活儿；还有人说切花在家日子也不好过（在寨子里，她家橡胶地几乎是最少的），不然怎么会嫁给那种地方的傣族。最神奇的是，在切花身上再现了"老祖宗传下来规矩"的灵验，结婚前一天，小伙子突然染上了疹子，无法来亲自迎娶切花，实际上这场婚礼是小伙的哥哥、嫂嫂们代办的。

可以说，人们既从传说、信仰、生活方式、思想观念等一系列的文化因素上清晰地描绘出族群间的边界，又从生理、自然因素上诠释了族际婚姻的边界的原生性，且不可逾越。这既是一种既定的文化规则，又作为能动性选择在人们当下的通婚实践中得以不断再生产。

当然，这种通婚禁忌的维持也与傣族和阿卡在广泛层面上族群交往的疏远有关。历史上山区和坝区自然生态环境不同、资源物产不同，由此产生了族群的互补性和相互依存。橡胶种植业的大规模发展，逐步使山区和坝区传统多样化的生计方式丧失了生存空间，这块土地上原来生存的多种多样的植物、动物及其多样化的生计来源，逐步被单一的橡胶树所取代，山区与坝区族群在生计方式、产业结构和经济发展模式上逐渐趋同，因此山区和坝区族群间互补性和相互依存度都急剧缩小，致使以往联系紧密的族群关系逐渐淡化乃至疏远。当然，这种区域内传统族群关系的疏远，是与扎松板阿卡人在整个现代国家进入，以及市场经济作用下与更大区域、更远交往范围内的其他民族特别是汉族发生紧密联系相伴随的。在我的田野中，通过对寨子里举办庆生、上新房、过年等飨宴场景下，只有像杨主任、刘老板（做香蕉套袋生意）等这些掌握地方社会资源，并需要稳固这些资源的政治和经济精英们才会邀请傣族前来做客，而一般家庭则更多邀请那些日常生活中经常打交道的人，诸如学校的老师，以及勐润街上做生意、修摩托等的人，他们大多是汉族。

二　汉族移民：多重、弹性的族群关系

和历史上形成的阿卡人与傣族的传统关系不同，绝大部分的汉族是从20世纪下半叶才开始进入这一区域，在此之前，在勐腊仅有易武、尚勇等茶叶产地有少量汉族从事茶叶贸易。直到橡胶种植业兴起，在国家力量和市场经济利益的合力作用下，带来了大量的外来汉族移民，有学者也将其称作"橡

胶移民"。① 在橡胶引入的半个世纪，西双版纳汉族人口激增，据相关数据②统计，西双版纳的汉族人口由 1955 年建立自治州时候的 1.7 万，上升到 2000 年的 28.9 万。这也使得这一区域的族群构成发生了巨大变化，形成了傣族、汉族和包括阿卡等在内的其他族群三足鼎立的格局（见图 5-1）。

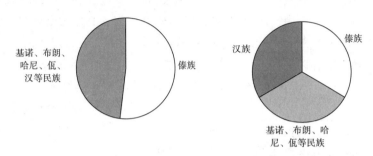

图 5-1　1952 年（左图）与 1983 年（右图）西双版纳民族构成对比③

尽管汉族移民的迁入与橡胶种植有着密切关系，但不同时期，不同形式迁入的汉族与地方对接和互动过程都有所不同，同时半个多世纪以来，他们彼此的关系也在不断调整和变迁中。

20 世纪 50~70 年代的政策性移民

早期的汉族移民是在国家力量的推动下以橡胶国有农场政策性移民形式进入当地的。20 世纪 50 年代，最早的一批移民主要是：部队复员专业军人④、昆明市自愿垦荒队的青年⑤、省市机关下放干部⑥。随后 1959 年底至 1960 年初，以及 1960 年底至 1961 年初，分两次迁入的三万支边湖南移民成为橡胶移民的高潮。1959 年，农垦部、化工部党组在"关于大力发展天然橡胶的报告"

① 苍铭：《云南边地移民史》，民族出版社，2004，第 64 页。
② 1955 年的数据来源于《西双版纳傣族自治州概况》，云南民族出版社，1986，第 125 页。2000 年的数据来源于西双版纳州第五次人口普查资料。
③ 苍铭：《云南边地移民史》，民族出版社，2004，第 70 页。
④ 主要是昆明军区 13 军和 14 军、华南林一师和林二师、昆明军区直属队的 2 万余名官兵，主要分派到盈江、陇川、芒市、金平和西双版纳的景洪、勐腊、勐海等地，创办了第一批农场。
⑤ 主要是 1955 年 12 月昆明青年志愿垦荒队分赴各军垦农场或组建青年农庄。其中 550 人到黎明军垦农场。后 1958 年北京华侨补习学校 350 名归侨学生到达勐养农场。
⑥ 主要是 1958 年 1 月省级机关干部 600 余人下放到勐阿农场，昆明下放居民 18 人到勐养农场，56 人到大渡岗农场。

指出，"主要植胶区如海南岛及云南南部劳动力均极缺乏"①，请求党中央解决云南橡胶种植中的劳动力问题，建议将当年复员军人全部留下。为实现第二个五年计划结束时（1962 年）云南全省橡胶发展达到 200 万亩的计划，1960 年云南省委向中央报告请求从外省再移民，以弥补 17 万割胶工人的缺口。因国家对橡胶和偿还苏联贷款的紧迫需求，中央当即决定从湖南支援新疆的 60 万人中抽调 5 万人到云南。从 1959 年底到 1960 年，湖南省向云南西双版纳、红河、德宏等地移民 36695 人，其中西双版纳安置 22236 人。移民主要来自湖南的祁东、醴陵、祁阳三县农民。此次移民后，由于亲朋好友引荐，1965～1966 年，湖南省有 18 个县的 1.15 万人自然地迁移到西双版纳等地，被各农场接收。② 1968 年 2 月北京首批下乡的 56 名知青抵达西双版纳的东风农场，知识青年上山下乡又一次拉动了大规模的汉族移民。1968～1971 年，来自北京、上海和四川的 10 万多名学生来到云南边疆地区，但到 1979 年时大多返回了原籍。

除了这几次较大规模移民外，每年都有大量的汉族干部、工人、教师、学生和技术人员陆续来到西双版纳支援橡胶种植业的发展。到 20 世纪 70 年代后期，大规模、有组织的橡胶移民停止了，各橡胶国有农场主要采取招收当地少数民族入场的方式来解决劳动力不足的问题。③

如此大规模的政策性移民如同空降部队一般突然降临到传统、封闭的少数民族村寨周围，有的农场距离村寨甚至不足 50 米。尽管国家投入了大量建设经费和人力、物力，但最初农场的一切，可以说都是在地方的帮助下获得的。"勐捧农场第一块用作苗圃的土地，是向傣族农民买来的，地价仅仅为 150 元，实际等于当地群众支援国家建立橡胶基地的表示。"④ 在刚刚经历和平解放的西双版纳，善良质朴的少数民族对于这些突然到来的汉人的态度是好奇而友好的。

> 1970 年，农场三分场四队刚成立时，职工们睡觉的稻草都是僾尼人老乡送给的。后来盖房子，要打草排作屋顶，可全队上下没有一个人会。当时正值大雨连绵，职工们白天顶着雨干活，晚上淋着雨"睡觉"。邻近

① 《云南省志·农垦志》，云南人民出版社，1998，第 77 页。
② 苍铭：《云南边地移民史》，民族出版社，2004，第 66 页。
③ 苍铭：《云南边地移民史》，民族出版社，2004，第 67 页。
④ 张宁：《国营勐捧农场与原住民的协同发展——以梭罗寨僾尼人为例》，载尹绍亭、〔日〕深尾叶子主编《雨林啊胶林》，云南教育出版社，2003，第 39 页。

　　贺罗寨的僾尼人老乡知道了这件事，男女老少全体出动，老的七八十岁，小的不过八九岁，都来帮四队打草排，两天时间，就把全队盖屋需要的草排全部打完。中国古语所说的"雪中送炭"大概就是这种情形吧……农场在站稳脚跟后，也忘不了回过头来"做"群众"工作"。20 世纪 60 年代，农场刚进了几台东方红-54 和铁牛-40 型拖拉机，领导便派机务长和另外两名司机到周围村寨帮助机耕。当时，少数民族同胞从来没见过这种神通广大的东西，把三位司机看成了神人，请他们到缅寺里跟大和尚一起吃饭，拖拉机也被请到缅寺前，接受焚香顶礼。三分场邻近有好几个僾尼人村寨，寨子里识字人很少，有的甚至还用结绳记事的方法。到年终分配时，三分场马上派财务人员支援，很快就帮老乡们把分配工作搞完。僾尼老乡高兴得不得了，把财务人员看得跟寨子里神通广大的贝玛一样，从此跟分场亲如一家。[①]

　　在扎松板，类似的情节也时常被老人提到。据说寨子里车龙家女儿龙文清刚出生的时候得了脑膜炎，这在当时的村寨被视为不治之症，就是被农场医生救活的。尽管农场与地方在民间层面的交往呈现出和睦互助的一面，但两者之间"双重经济结构"的问题[②]却使得在更深层面上，族群区隔越发明显。农场是一个"按时出工，吃饭有食堂，娃娃有托儿所"的小社会，相对于当地人会把自己称为"老百姓"，农场职工则自称为"老工人""农场人"；在基础设施上，有农场在的地方就有公路，至少是水泥路，但远离农场的村寨大多只有土路；农场有自己的电网，原来扎松板供电都需要靠农场，这两年农村电网改造以后才与之分离，但即使现在，我在田野中经常也碰到村寨停电，但农场却有电的情况；并且在体制上农场隶属农垦系统的垂直领导，在行政级别上，"农场当官的比同一级别的地方高出半级"。这直到 2012 年农场改制划归地方后才改变。如此种种，都使农场的外来移民获得了身份、待遇和心理上的优越

① 张宁：《国营勐捧农场与原住民的协同发展——以梭罗寨僾尼人为例》，载尹绍亭、〔日〕深尾叶子主编《雨林啊胶林》，云南教育出版社，2003，第 39~40 页。
② 杜玉亭认为，身为国营农场的职工，每月有国家供给的口粮（42 公斤）和工资（平均 100余元），享受到社会福利；同时具有经济实力，橡胶开发和加工，以及各项基础设施都由国家投资；为发展橡胶服务的科研技术力量（除了热带作物研究所外，各农场都配备了技术员），而且其内部建制也与农村大相径庭。这些显著的区别使得农场成为优于当地农村社会的"城镇型小社会"，参见杜玉亭《超禁式应用研究——西双版纳橡胶种植业的双重经济结构问题》，《民族田野五十年——中国特色民族学的足迹》，云南教育出版社，2009，第229 页。

感。再加上彼此语言不通、习俗相异，族群间的边界清晰而明显。

不仅如此，农垦系统作为特定历史条件下的产物，其存在的最终目的在于保障国防及工业现代化建设的需求，这就注定其与地方社会自身的发展之间的隙罅，最终演变成了激烈的"场群矛盾"。

最初的族群冲突起源于"牛害"。过去，当地的少数民族，尤其是阿卡人养牛采取的都是放养方式，把牛赶到山上就不管了。这样牛就会乱跑，有的钻到农场的橡胶地里。橡胶的幼苗对牛有一种特殊的吸引力，牛最爱吃。但是橡胶苗或者幼树一旦被牛啃过就无法存活。尽管后来农场吸取教训在橡胶林周围专门设置了"防牛沟"，但这样的情况还是在所难免。农场职工碰到自己辛苦种下的胶苗毁于一旦，心疼起来就会追打牛。但是在阿卡人看来，牛就是命根子。如此一来双方难免争吵甚至斗殴。

在勐润区的档案资料中，就记载了1980年勐润公社对扎松板与附近橡胶一组之间牛害引起的纠纷的调查情况和处理结果。

调查结果：损毁当年种植橡胶35棵，每棵按1.50元计，合计52.5元整。三年定植橡胶51棵，按每棵7.00元计，合计357元整。两项合计：409.5元整。

赵金根同志意见：

1. 一队职工应负主要责任。我的意见赔三分之二，合273元。

2. 牛主放野牛，违反乡规民约，应负一定责任，赔三分之一，合136.5元。

处理结果：

这次纠纷主要责任在于橡胶一队。原因：1. 该队经营的这片橡胶林，由于管理不善，耕牛多次进入，损坏橡胶数量较大。而该队并不引以为戒。直到去年十二月底匆匆挖了防牛沟，根据现场看到三处防牛沟，有两处勉强可以，但质量不过关，已经责成重新加工。有一处没有挖对头，而依靠一些旧篱笆和飞机草遮盖，致使这次耕牛侵入。而该队负责人，拒不承认自己过失，态度恶劣，建议领导加强对橡胶一队的管理和教育，否则这类损坏橡胶的事很可能再次发生。

2. 扎松板生产队部分社员放野牛，根据八二年十一月十六日定的勐润地区乡规民约，该生产队耕牛主人亦应负一部分责任。由于当时耕牛损坏橡胶以后，橡胶一队的领导没有给耕牛主人看现场和清理被破坏的胶苗，故现在社员意见较大。现建议，该队队长以及牛主人已承认错误，并愿意赔偿部分损坏，但赔偿损失不超过三分之一。①

此外，还有些非法收购乳胶的商贩唆使傣族、阿卡人偷割橡胶，偷盗鲜乳胶、地皮胶、碗底胶等，导致农场和地方关系时有紧张。此后，场群矛盾不断升级，其根本原因则在于：土地。据统计，在1974年至1980年这一"场群纠纷"频繁的时期来看，勐捧农场与地方每年平均纠纷达到32起之多。从1974年至1997年累计发生了较大纠纷22起，其中，直接由土地原因引起的就有14起，占63.6%。②

回到国营农场形成时期来看，在土改之前，传统封建领主土地所有制下，傣族的农村公社土地公有的特点本来就使得农民们土地私有观念薄弱，山地民族的土地私有观念更不明显。加之支援国家建设的名义下，大量土地，尤其是地理位置优越、交通便利的平坝丘陵划拨到国营农场。在很多地方，国营农场的胶林从不同角度包围着村寨，有的寨子失去了传统的山林，有的失去了水田，有的失去了作为薪柴的树林，有些失去了放牧牛马的空间，甚至有些令人敬畏不能触动的坟山也变成了国营胶林，从而影响了当地族群的生存环境。1986年春节，当时的总书记胡耀邦在访问西双版纳时，鉴于场群矛盾突出，曾指示民族村寨300米内国营农场的橡胶要还给农民，但由于涉及国家战略物资生产而难于实施。

如果说早期的场群矛盾主要是涉及生存空间的话，那么民营橡胶发展以后则更多是经济发展和资源竞争的问题。1987年的时候，勐满农场9个分场的全部职工人均占地16.4亩，其中橡胶地12亩，这些土地都是交通便利的坝区和平缓的坡地宜林地。相比之下，当地少数民族村寨的农民人均水田1.9亩，偏远的林地也只有2.8亩。③为了获得更多的土地资源，有的村寨甚至不惜偷伐国有天然林。同时村寨与农场间的土地纠纷不断，致使场群关系持续恶化，一度成为制约边疆安定团结的关键。这时，国家才开始意识到只有实现区域资源和利益的共享，才能获得稳定和发展。于是有的地方将整村整寨纳入农场，成为国营农场的一部分；有的农场帮助周边村寨种植橡胶，并从经济和技术上

① 勐润区档案资料，勐腊档案馆，卷宗编号：76-1-3。
② 张宁：《国营勐捧农场与原住民的协同发展——以梭罗寨僾尼人为例》，载尹绍亭、〔日〕深尾叶子主编《雨林啊胶林》，云南教育出版社，2003，第39页。
③ 杜玉亭：《超禁式应用研究——西双版纳橡胶种植业的双重经济结构问题》，《民族田野五十年——中国特色民族学的足迹》，云南教育出版社，2009，第229页。

给予支持。在政策上，农场不再一味地拓展胶林，而更强调取之于民，用之于民，其上缴国家的利润通过提留补助地方，以实现族群的和谐共生。20 世纪 90 年代以后，场群关系才趋于缓和。

近几年来，随着民营橡胶种植面积的不断扩张，农场在经济上的优势已经荡然无存，尤其面对像扎松板这样土地资源丰富的阿卡村寨，经济已实现完全逆袭。同时，由于农场管理僵化、政企不分、社企不分带来的矛盾日益突出，内部贫富分化严重，从 2012 年开始已经走到改制的道路上，农场制度上的优势开始削弱。2015 年 11 月，国家又发布《关于进一步推进农垦改革发展的意见》，从制度层面进一步明确新时期农垦社企分开的改革方向，即生产经营企业化和社会管理属地化。社会管理属地化要求将农场承担的社会管理与公共服务职能纳入地方政府，包括公检法、基础教育、基础医疗、公共卫生等。由于历史遗留、利益分配、地方关系等多种因素交织，改制推进难度较大，近年来改制带来的群体性事件频繁发生。此时，更为深入、频繁的社会融入和族群互动才刚刚开始。一方面需要应对制度改革带来的身份转变的新问题；另一方面，制度性保障的消失，使得农场与地方资源竞争加剧，农场面临二次融入的过程。

20 世纪 80 年代后的自发移民

除了成规模的政策性移民外，20 世纪 80 年代后，在橡胶的市场化发展推动下，自发性移民陆续迁入。不像农场职工具有高度的同一性，这类移民既包括了由于橡胶经济所产生的吸附力，以非组织的形式自然流入的各种零散的小商小贩；也有像捌零寨、新联村这样的整村移民迁入，如今也是地方上的自然村；还有一类颇具地方特色，被称为"办场"。他们大多是在 1979 年后大量知青返城，为了解决劳动力短缺的情况，农场和地方在墨江、镇沅等地以招工形式引入的移民。在勐润，不仅农场，机构精简前的各行政机构，包括政府、教育局等都有办场，土地面积广的行政村或者自然村也有办场，大体上，前文中所出现过的种植场、橡胶组等都属于"办场"的性质。但是，我田野了很长一段时间，始终都找不到一个人可以为我解释何为"办场"，它究竟是一个什么性质的单位。甚至，在我自认已经把勐润周边大小村寨搞清楚的时候，我连办场的影子都没见过。那些在摆宴、小卖部、收胶点、勐润街子上见过的众多的办场人如同神仙一般，在我面前晃过后就无影无踪了。

直到春节的时候杨主任作为村领导被传说中的曼回尖办场邀请吃"杀猪饭"，我才得以同行一探"庐山真面目"。让我吃惊的是，根本没有任何经过机械化铺整的路面通向办场，我们骑摩托车走过农场的橡胶林，又走过阿卡人的橡胶林，深入在我看来已经人迹罕至的大山腹地，突然，面前出现了一条不足10米宽的小河，河面上用竹筏简单搭建了浮桥，浮桥对面隐约就出现了民房村庄。我们停好摩托车，走过这座浮桥就是曼回尖办场了。杨主任告诉我，当时是旱季，等雨季来临的时候，河面涨水，常常冲垮浮桥，有时这样一断就是十多天。办场不断向上面反映也没有丝毫回音，这里俨然成了现代版的"世外桃源"。

图 5-2　山林深处的办场

过去，在这片区域族群间的居住格局大体上是：傣族住坝区，阿卡住山上。而现在，以勐润街子为中心，在坝子内沿公路辐射开来的是国营农场下属的分场和傣族村寨，而在平坝与崇山交会的丘陵地带则是 20 世纪 60 年代被政府迁移下山的阿卡人，而隐匿在过去阿卡人居住的大山深处的则是这些新兴出现的汉族村落。我对这个此前闻所未闻的汉族群体越发产生了兴趣，而问及的当地人似乎很难将这一群体描述清楚。直到我在村委会看到一份"曼回叫村小组全体村民的申请报告"，才大体了解了"办场"的历史和牵涉当下复杂的利益分配。现将大概的内容摘录如下：

> 我全村民来源于云南省镇沅县古城新建村等 6 户，现由于分家已发展到 16 户。1978 年 1 月自行搬迁到勐腊县勐润区政府曼降田头居住，1978~1994 年当了七年黑户。后勐润区党委政府响应州下发清理自流人员文件的要求，并规定 1980 年 8 月 26 日前流入本地区内的，当地政府给予落户安排。我村符合当时上级政府文件要求的落户标准。1983 年底，勐润区政府和各大队开始具体安排落户，并做了如何划分人员、土地的决策。经决定，我们 16 户人，由曼降安排 5 户，曼回尖安排 5 户，扎松板安排 6 户。

我村陈宗福等 6 户人员，村委会领导直接安排由扎松板划分土地。1984 年 1 月，区党委领导、区长和大队领导亲自带领我村民看建房地点、划分给我村的山林及界线，还帮我们取名为"曼回叫"村。当时我们砍好坝、烧好后，出现了扎松板闹分队，分出了一个新寨，这个地点就被新寨占了。后我村搬了三次家才正式搬迁到现住所。而当时划拨给我们的600 亩山林，我村在 1985 年砍种橡胶 152 亩后，1986 年新寨领导发动本村群众把剩余的 400 多亩全部砍种山谷了。当时我村处于从内地搬来的角度，也不敢讲，不敢言。当时各村民思想感到非常沉落，有的村民感到没有发展前途到处打听重新搬家的想法。

1990 年村委会为响应上面下发给每个村委会一定要建一个办场的文件，多次动员把我自然村寨纳入办场。1991 年我村成为曼回尖村委会办场，双方签订协议，我们按照 30% 的提成负责开发了曼回尖集体林 380亩。2004 年曼回尖村委会为了归还长期拖欠勐润信用社贷款，欲将集体林卖给大老板。我村考虑到自己橡胶比较少，打算将自己的 30% 留下。后双方协商定价，我村承担了 255700 元信用社贷款。

现我村一致决定向村委会领导、乡党委政府申请，根据我村以前落户的实际事实，帮我村向上级汇报恢复原来的自然村寨。同时根据对此前划分给我们的土地给予承认并办理林权证。

从这份申请中可见，所谓的"曼回叫村小组"就是我曾去过的曼回尖办场，我曾问过周围很多人，除了杨主任知道这回事外，普通村民没有人听过"曼回叫"这个名字，在所有正式的官方文件中也找不到。显然，作为一个自然村的名称，"曼回叫"并没有得到国家行政体系和民间社会的认同。正如这份申请所提到的最关键的问题：户籍与土地。没有当地的户籍，意味着他们没有政府认可的合法性身份，无法享受到医保、社保，以及国家的各项惠农补贴和基础设施投入；而没有土地的所有权和承包权，他们只能租种或者打工割胶维持他们不稳定的生活。这份 2010 年提交给勐捧镇党委、政府的申请至今仍没有得到解决。据闻现在出台了新政策，已经将部分办场转为勐腊县城镇户口，这样可以解决申请中的户籍问题，但作为非农户口，他们无法得到当地政府划拨的土地，这又彻底封死了他们依靠橡胶种植致富之路。作为橡胶经济发展的特殊产物，当下办场大多承载着如此复杂的"历史遗留问题"。

此外，这些自发性移民不只是身份模糊，更是被视作"盲流"，在勐润乡档案资料中频繁出现"清理盲流"（而非申请中自称的"自流人员"，同时档案中使用带有贬义的"流窜"而非"流入"）。这也就可以理解为何当新寨抢占土地时，他们会出现"从内地搬来的角度，也不敢讲，不敢言"的情况。这种身份的污名化进一步表现在绝大部分的档案资料、政策文件和学术研究中将毁林开荒的责任归结为外来"盲流"人口。如果说农场的汉族移民曾一度占据着区域族群格局中优势地位的话，诸如办场这样的移民则既处于"无政府状态"，又不断被地方社会边缘化。这两类汉族群体间的差异也反映在与阿卡人的族群关系上，尤其是通婚关系。如第四章对与汉族通婚案例的分析中，早期与阿卡人通婚的大多是这些自发性汉族移民，随着民营橡胶经济效益凸显后，与农场汉族通婚日趋频繁。

橡胶经济下的族群想象与认知

如果说阿卡人与傣族之间的关系可谓泾渭分明的话，阿卡与汉族之间不仅由于通婚关系而族群边界日益模糊，同时由于汉族群体来源的多样性，族群关系更具有多重性和复杂性。阿卡人与汉族在日常生活中密切的族群互动，使得每个人似乎都掌握了一套与汉人接触沟通的方式。在勐润，通用一种语言，用云南方言读字，但音调和语调却带着浓重的湖南口音，这一区域中无论阿卡人、傣族还是农场人、办场人，都会说这种特殊方言；他们和傣族在一起时称"打老庚"，和汉族在一起则称"老表"等。不仅如此，对于汉族，扎松板每个人都能说上一套自己的感性认识。对于汉族，我听到最多的是"勐润街上原来推个小车摆摊的，才几年已经在勐润街上开 KTV 了"，"曼回尖修摩托的小陈都在勐润街上买着房子了"这样的话。尽管汉族内部千差万别，但在扎松板阿卡人眼中，其共性在于：精明能干，能吃苦，会挣钱。例如寨子里年轻女孩会说："现在我们僾尼好多小姑娘都喜欢找汉族，汉族男人勤快，对自己老婆好了嘛；在外面又有本事，什么活都会搞，会找钱。不像僾尼族，谈朋友的时候对你好，结婚就不好了，又喜欢喝酒，又喜欢赌钱，还会在外面乱了嘛。"还有，寨子的人曾和我说起镇沅来上门的小康（康生福），说他"精打细算"，并进一步解释："能吃苦，平时又小气，苦呢钱都攒得买地，他家的地都是买来呢，他家老岳父的地都被他买完啦。"总之，这个说法颇具解释力，因人不同，其背后的感情色彩和内涵也极丰富。

当然，在阿卡人印象中的汉族远非如此单一，下面我会用两个例子来进一步呈现阿卡与汉族之间在当下橡胶经济中如何完成对彼此的认知与想象。

案例一：

刘老板是 20 世纪 80 年代到扎松板上门来的四川人。他与寨子里其他家的交往不多，也不算一个公众人物，但是据说在外面人脉甚广，人经常都不在家，不是跑老挝，就是跑勐腊、景洪。所以，寨子里的人都管他叫"刘老板"，他家不仅自己种橡胶，还在老挝通过国家替代种植的平台租种了上千亩橡胶地。此外，他还在勐润做香蕉套袋①生意，在扎松板和附近几个寨子做幕后的黑彩②庄家。现在他家里的经济收入在寨子中可谓数一数二，去年还率先盖起了外观精美的两层洋房，格外醒目。起初，每次一说到他，绝大部分人就会以他为汉族的典型，回到上面的解释思路：他的精明能干使其发家致富。

然而，随着田野的深入，人们开始展现给我另一种解释思路，或者说讲述给我另一个并非真实的故事版本。在这个故事中，刘老板成了一个神秘人物，有人私下猜测说他有可能是靠卖毒品起家的，"不然从哪里搞到那么多钱来投资，那哈子家家都穷得很"，此外，寨子里的人们经常能见到外面的人来刘老板家，门口也经常停着外地牌照的车子。刘老板告诉我这些都是外面的大老板，都是上面的朋友介绍来找他，托他找关系疏通边防，带他们去老挝看林地谈生意。在这里也被称为"老挝代办"。然而，又有人揣测，说这都是假象，实际上刘老板是给这些人做介绍，给内地单身汉讨老挝媳妇的。还有人一本正经地告诉我，刘老板做黑彩庄家，其实找不了多少钱，而是"洗钱"，他们解释道："不然如果不搞点这些生意，突然赚了好多钱就说不清了嘛。"

案例二：

我至今还记得一次我从勐腊到我田野点的班车上，后座的两个汉族讨论买林地的事情。其中一人推荐可以买阿卡人的，他得知有比较合适的要转卖。另一人不同意，坚持要买汉族或者傣族的，他认为阿卡人"野蛮""少数民族习气重"，害怕其中途毁约或者协商不合，"拿着刀来砍人"。

---

① 即指实行套袋技术后在香蕉果实成形后用专门的纸板、塑料袋等包装进行套袋，用来防止病虫、鸟害，明显改善果实外观。

② 该地的黑彩主要是通过个人或团体利用国家发行的彩票，私自搭建平台，在原有的基础上创造新玩法提高中奖率，凭借数字彩票的变幻莫测坐庄赚钱，其开奖号码是全国统一的。这在整个勐润地区（可能更大范围内）都存在，但是庄家不同，一般每个寨子都有多个固定投注点，庄家都是寨子中财力雄厚的人。

我刚到田野点的时候，我的房东罗姐是农场的汉族，对于她嫁给阿卡人，她解释说："过去农场的更愿意找傣族，觉得他们僾尼族更野蛮，现在也无所谓了。有的女的还更愿意找僾尼族，嫁给傣族天天都要干活，地里干完，家里干，找僾尼族轻松不是，现在日子也更好过。"

后来我和她更熟一些，她就说她找上杨主任也是"看上他没有僾尼族那些不好的习惯"。更有意思的是，她说起她生孩子时候，"进手术室了我家爹妈还喊我脑子里面要想得汉族这边，不要想着僾尼族和寨子里面，说是不然生出来的娃娃像他们僾尼族一样。结果打掉麻醉，我迷迷糊糊脑子里面就像做梦一样呢场景，我一看，哎呀，完了，就像小卖部那点，全是寨子里的人在打麻将……后面出来我都不敢和我爹妈说起这个事。"

故事的真实性显然都无从考证。但它让我们看到的是伴随着橡胶的流动，族群之间日益频密的来往，文化接触和交流不断加强，文化差异和社会分层也可能被凸显，甚至会强化对彼此族群的刻板印象和文化偏见。一方面，汉族对于山地民族的遥远蛮夷想象并没有由于频繁通婚而完全消逝，而是更为隐匿的藏在日常交往的背后；另一方面，阿卡人在对汉族"精明能干"的初印象背后，其实还隐藏着更深层次的想象，并以此来解释汉族何以在橡胶经济发展中获得大量财富。首先，过去阿卡等云南边境的山地民族大多从事鸦片种植，这也形成了内地很多汉族对于异邦他者的想象，如今这一带有污名化的想象"卖毒品起家"，反过来被阿卡人"模仿"运用到汉族身上，是对"汉族何以实现扩大化再生产"的地方性解释，背后也隐含着对其注重财富积累这种与阿卡人不符的文化逻辑的批判；进一步来说，对有关贩卖妇女等情节的塑造更突出强调的是汉人财富获得的非法性（更准确地说，是违背温情脉脉的地方文化和伦理道德的），是在掠夺当地社会资源和破坏传统价值体系的基础上实现的。正如小康通过购买其岳父土地致富，一方面它有违传统阿卡社会注重通过慷慨互惠获取个人在社会中的威望和地位的价值观念，但另一方面它又实现了当下在橡胶发展中以财富论英雄的现代价值观。所以，正如陶西格对亚马孙橡胶热中殖民者和当地印第安人之间的"辩证性想象"，几乎没有什么确实证据支持，却相互加强而使事实与幻想混合，滋长了暴力和恐惧。① 阿卡人与汉族对于他

---

① Taussig Michael, *Shamanism, Colonialism, and the Wild Man: A Study in Terror and Healing*, Chicago: The University of Chicago Press, 1987. 以及黄应贵《历史与文化》,《历史人类学学刊》2004 年第 10 期。

者的想象，不仅塑造了当下多重复杂的族群关系，更彰显出以汉人为代表的现代性与传统文化逻辑的冲突。

三　作物流动与更替中的区域族群关系

前两节中，我以橡胶这一作物为切入点对这一区域阿卡—傣族之间传统的山坝族群关系，以及新近的汉族移民的关系分别进行了历史的、深入的考察。事实上，这一区域优越的水热条件下的热区资源，使得经济作物更替日益频繁，大大加速了区域人口、商品、信息和资本的流动，不仅改变了人们的社会生活，也为重新审视区域、国家、社会与人群之间的关系提供了新的契机。

香蕉的兴起与族群区域格局调整

除了橡胶之外，在这一区域另一个资源配置的重要变量就是香蕉。一方面，与橡胶在西双版纳长达半个世纪的发展历程相比，香蕉的规模化种植不到十年，对比之下可以更完整地再现这一区域作物更替演进的过程及其背后的动力机制；另一方面，香蕉的兴起在很大程度上重新适应、修正和调整了橡胶经济所导致的族群区域格局。

正如本书中多次提到的，当下的勐润，甚至在更大的区域范围内，基本形成了坝子里栽种香蕉，山地上种植橡胶的生态景观。橡胶与香蕉，这两个恰巧音同的植物不仅主宰了当地的植被分布，更重要的是几乎垄断了当地所有的经济来源。换言之，本书讨论的焦点是橡胶，但是如果绝口不提香蕉的话，似乎有一叶障目之嫌。但同时，对于绝大部分的扎松板阿卡人来说，香蕉和他们的生活确实又很难扯上太多关系。因为他们已经把为数不多的水田租给了外地老板栽种香蕉。从2005年开始，不断有外来的老板到西双版纳租种水田栽种香蕉。租金也从最初的一年每亩600元，涨到800元、1200元，据说最近勐润国防村附近的租金已经高达2000元/年。这一数字金已经远远高于村民种植水稻获得的收益。现在，扎松板的土地全部以村委会集体出租的形式承包给广东、四川来的两个大老板，每年在1月、2月结算当年的租金，香蕉老板会直接交予村主任后再分配到每户，村民有需要也可以找到老板预先支取。

除了固定的租金收益外，地里香蕉的长势如何、收成如何、价格如何都不是他们关注的范围。其实，过去香蕉一直是这里的传统作物，西双版纳曾被誉为"头顶香蕉，脚踩菠萝"之地。过去人们房前屋后大多会种上几棵香蕉树，现在勐润街子和傣寨门口也会出售"老品种"的粉蕉或者芭蕉。但现在，商业化运作的香蕉种植总是在地里就被砍好，一箱箱地包装好，直接运往省外销售。作为香蕉的产地，既从未见到它在本地出售，也从未见过人们自己食用，当地人总和我说"那种香蕉也是给人吃的啦？吃不成，喂猪差不多"。确实如人们所说，它唯一和村寨生活扯上关联的是：扎松板的老人们有时会在"砍蕉"以后，到香蕉地里拣拾那些卖相不好、表皮不够光亮的废蕉，用背箩一筐筐背回来，切成薄片晒干后磨粉，用来喂猪。

　　尽管和当地人生活看似无关的香蕉并不是本书讨论的重点，但对我这样的外来者，始终存有好奇，尤其当我看到一辆辆挂有"粤""川"字车牌的保时捷越野车在颠簸不平的乡间土路上满面尘灰地飞驰而过时，格外扎眼。这时，寨子里的人就会告诉我，这就是"外地香蕉老板"的车。一般人知道的也就这么多，因为这些外地老板极少和地方社会发生真正的接触，他们只是偶尔巡视，在香蕉成熟时才出现。杨主任作为与之打过交道的地方精英，自然知道的多些。他告诉我，在勐润有三个香蕉大老板，两个广东的（据称为恒丰公司和三水公司），一个四川的（没有名字），他们几乎垄断了勐润坝子一半以上的香蕉地。据说原来四川老板刚来种香蕉的时候自己并没资本，还在银行借了200多万元的贷款，这几年蕉价一直不错，没几年就还了贷款，车也买了，还赚了不少，成了真正的"老板"。进而，杨主任讲道：和橡胶相比，香蕉的利润更大，虽然投入更多，但是市场行情好的话，一般当年就能回本，第二年就能翻番，"来钱更快"。这样一夜暴富的事听多了，我不禁会有这样一个疑问：如此一本万利的生意为何要让外来老板赚去？换言之，这里的土地不是属于阿卡人和傣族吗？他们为何不像种植橡胶一样，自己栽种香蕉来赚钱？

　　这个疑问很快就在以杨主任为代表的一批阿卡村寨中"第一个吃螃蟹的人"的失败经历上得到了解释。从理论上讲，除了和橡胶一样必须具备土地外，香蕉的栽种还面临三个主要问题：劳力与技术、资金以及市场销路。首先，香蕉属于劳动力密集型产业，和橡胶相比，其可谓真正的精耕细作。在香蕉种下前，需要将整个土地翻挖，以便高畦深沟、基肥堆沤。还要覆膜、架设皮管以便以后淋水灌溉等。最复杂的还数施肥。由于使用现代的香蕉种植技术，一般亩产可以到 2000~3000 公斤，高产的蕉园亩产甚至可达5000 公斤。要想实现这样的产量，意味着在其生长发育过程中需要吸收大量的营养物质，也就是说需肥量很高。一亩产量为 2000 公斤的香蕉，其果实加上茎、叶的重量可达 9000 公斤，这至少需要吸收 20 公斤纯氮、5 公斤五氧化磷、43 公斤氧化钾。① 和橡胶一年仅需施肥 2 次相比，香蕉全年从栽种前到挂果期全程几乎都需要施肥，施肥需要 15 次左右，而且工艺复杂，在苗期需要沟施、穴施，施肥后覆土；中后期则采取根外追肥，进行喷施。最重要的是，香蕉栽种不同时期肥料需要根据实际长势组合搭配，同时所面临的病虫害情况更复杂，风险更高。可以说，种香蕉是一种既需要劳动强度又讲求技术经验的活计，对劳力的"素质"要求远远高于橡胶。

进一步来说，对资金的需求也就不言而喻了。同样用橡胶来对比，一位农场的老职工曾和我说过，农场从定植到可以开割（约 8 年）的橡胶，早期每亩投入大概在 2000 元，而扎松板这样的少数民族村寨有的投入还不足 1000 元。而杨主任告诉我，按照上述施肥的方法种植香蕉，每年每亩的投入大概 6000元。如果土地肥力差些，或者追求高产，投入还要更高，绝不能像种橡胶那样"靠天吃饭"。"种橡胶不施肥，不打药顶多胶水少点，开割晚点，起码不有的多大损失；香蕉施肥少了，长不大呢外面老板不要，长呢不好看价格就压得低，前面投进的钱就找不回来了。"

而香蕉、橡胶作为经济作物，都处于更大市场体系的支配下，但两者在市场销路上则是不同的模式。橡胶作为初级产品，在当地的销路模式是通过各个分散的家户集到个体收购者，然后汇总到乡镇一级的制胶厂。只要愿意，任何人每天都可以获得不同收胶点、制胶厂的公开的橡胶报价，橡胶区域贸易市场的透明度相对较高，市场发育相对较成熟（但也恰恰形成了基于族群内部亲属关系的垄断局面）；而新兴的香蕉产业市场信息则严重不对称，主要是依靠地方的香蕉"代办"在运作。因为香蕉的收购商大多来自北方，他们对当地社会缺乏了解，不会贸然与当地栽种香蕉的农民直接联系，而是依靠在乡镇一级或者人口聚集点（像岔路口等地）的中介人，这些人大多是汉族移民，他们一方面更容易与外界沟通并建立社会关系网络；另一方面他们在当地的人脉较广，消息灵通。其中有的只是起到牵线搭桥的作用，既带领采购者实地考察香蕉长势，并且还负责双方价格的商议，从中收取提成；还有的代办则掌握了更多自主性，他们可以自行确定价格，有的还发展到自己负责组织香蕉包装、卡车运输等环节，而购买者在贸易过程中不需要在场。无论如何，代办都是当下香蕉贸易的关键角色，虽然经济利益仍然是贸易过程中的决定性原则，但他们所享有"买谁的香蕉，出多少钱买"的权力，使得他们既可以仗着所持有

---

① 见一亩田香蕉种植技术大全，http：//www.ymt360.com。

的社会资源压低香蕉价格，也可以本着维护关系网络的目的薄利多销。

　　这也就意味着，若要依靠香蕉致富，不仅要懂技术、种得好，还需要在当地社会建立起社会关系网络，这种关系网络和橡胶村寨贸易中的亲属关系网络不同，这是跨越阿卡族群内部，在区域社会族群间，甚至是与外部世界的接触和互动。这也就是为何在扎松板首先尝试栽种香蕉的是杨主任、村长老七①还有新寨的张查两兄弟，而他们的失败也让更多跃跃欲试的人打消了这个念头。

　　首先来看他们为何会失败。当我开始田野的时候，新寨的张查两兄弟已经种了两年的香蕉了，但是由于不懂技术，种出来的香蕉不仅没人收购，还把攒下的积蓄都花光了，贷款也还不上。寨子里的人告诉我："香蕉不像橡胶，难伺候，我们僾尼族种不来。原来新寨张查两兄弟种了两年，人家外面种出来的多大？还要给香蕉打美容呢药，拉长（香蕉）呢肥料；他们也不兴打（没有打），好好不会管理，也不懂技术，自己乱种，种出来的就跟山上野生小芭蕉一样，小坨小坨的，外面老板来看了都不想要，价钱都给不起来。"

　　再来看杨主任和老七，他们是我来到前半年多才种下的，当时的水田已经都租给外面来的老板了，他们是以自己的职务之便从老板手中以每亩1200元的价格，每人又租回来了20多亩。吸取了张查兄弟的经验，他们首先就致力于解决技术问题。其中最重要的就是通过结交附近帮老板管理香蕉园的技术员，建立起他们与外界的社会关系。这一过程中，一方面，两人的村干部身份是重要因素，按他们的说法就是"外面的人看着（是村干部）会给面子"；另一方面，这种关系更需要日常生活中的经营和维持，"时不时要请来家里面吃顿饭，搞点野味，竹鼠、蜂蛹这些"，"他们有时上勐腊去就开车送送他们"，这样下来，他们两人分别和三个技术员（都是广西人）建立起了较稳固的关系，技术员时常会根据他们香蕉的长势和病虫害情况帮他们配施复合肥料和农药，到了香蕉成熟时期还会提供给他们一些市场价格信息。技术问题解决了，但存在的问题还很多，比如老板转手租给他们的土地大多是靠近勐润河边的沙土地，不仅土地肥力差，追肥的花费更多，而且每年雨季大河涨水就会淹没香蕉地，产量也受到影响。而最根本的原因在于香蕉的市场价格极不稳定，到我结束田野时，他们已经卖过四次香蕉，大体上他们每次卖蕉的时间都处于这个价格周期的低点，他们显然还没有掌握这套价格运作的机制。即使不是在最低的位置，但由于他们种植的规模较小，成熟香蕉的数量无法单独凑够一车（运

①　老七本名叫攀桑，在家里排名老七故得名。一般大家都是称呼其绰号，少有知道他真名的。

香蕉的车一般为载重量超过 8 吨的大型货车），需要代办寻找其他卖家凑足一车，其间可能就错过了最佳的卖蕉时间，同时代办也会尽可能地压低价格。这使得他们的香蕉常常是这个区域中同等品质的香蕉收购价格最低的。在近两年的香蕉种植中，他们每人投入了近 20 万元，亏损 10 多万元，杨主任自己嘲讽道："橡胶地里赚的钱又贴去香蕉地了，白干一场。"

可见，相比橡胶，香蕉种植业通过技术、资本、社会关系网络等方面大大抬高了进入的门槛，而对于阿卡人来说，其传统刀耕火种下形成的生计惯习以及在橡胶经济中的再生产和创造，至少目前都还暂时无法在香蕉种植过程中成功地实践。所以，在勐润，香蕉栽种大部分是由外地汉人投资者所控制，大规模的种植不仅由资本家提供资金、技术，同时雇用外来劳动力，据扎松板所在的行政村曼贺南村委会估算，其行政村范围内，雇用栽种香蕉的外来劳动力超过 400 人，这些人大多来自省内红河、镇沅、墨江等地，他们不同于割胶的打工者，基本与当地社会少有交集。除了承包当地的土地外，香蕉种植实质上是隔绝了当地社会的一种投资运作的过程。

和阿卡村寨不同的是：附近的傣族在出租一段时间水田以后，看着外面的老板一年就赚到上百万元，也开始投入香蕉种植中。不同的傣族村寨实践的方式也不尽相同：首先，像曼过龙、曼勒龙等水田较多的村寨，近几年开始逐渐收回部分土地来自己种植香蕉，他们不雇用任何劳动力，而是以家庭为单位，每天都起早贪黑地在香蕉地精耕细作，他们还在村寨但凡能种植的地方都种上了香蕉。不但如此，他们比起外来的汉族投资者更少地使用农药和化肥，而通过增加劳力投入和收集使用农家肥的方式来缩减开支。简言之，他们通过更为复杂化、精细化的香蕉种植，实践了一种在有限资本、土地基础上的农业"内卷化"[1]。其次，像曼贺南、曼回尖这样自身水田并不太多的村寨，他们并没有放弃高额的租金收益，而是利用了边界流动性，跨过国界，到老挝租种更便宜的土地种植香蕉。这既是当下傣族发挥其自身能动性的一种策略，从某种程度上来说，也是传统生产逻辑使然。傣族种植香蕉起步较早，使他们得以在外来汉族占据的香蕉收购市场中也建立一定的社会资源网络，同时他们更强调族群内部的团结，并以此制衡外来汉族形成的垄断局面。无疑，在香蕉种植上，傣族比起阿卡人占尽先机。

---

① 这里的"内卷化"主要指的是格尔茨对爪哇农业研究中提出的观点。见 Clifford Geertz, Agricultural involution: the process of ecological change in Indonesia, Berkeley: University of California Press, 1963: 80。

由此可见，我所围绕香蕉的讨论显然不是为了就事论事，而是至少说明了：如今，傣族在外来汉族投资者的带动下，以内卷化的香蕉种植和跨界购买租种香蕉等方式来改变其在橡胶经济中的劣势。曼勒龙的老书记波万远就曾和我说过，早几年，在"橡胶经济一统天下"的时候，由于没有山地，老村长曾带领寨子里的人半夜偷砍了一大片国家天然林，后来老村长被抓起来，全寨的人还凑钱要请律师打官司，"那哈子，寨子里的人生活不好过"。后来开始种香蕉了，曼勒龙每家都种，这几年日子好过多了。"过去么是僾尼族日子更好过点，这几年香蕉找钱么差不多啦"，他带着骄傲的语气说。

如前文所述，尽管过去这一区域传统的族群关系在橡胶经济的发展下发生了改变，但其作用下的区域族群格局尚未确立，新一轮的调整又在香蕉产业下开始了。换句话说，过去较长历史时段中形成的相对稳固的族群关系在一波波的经济作物引入和与外界频繁接触中，越来越具有流动性。在这一过程中，不同族群所具有的不同的文化行为逻辑自身在外界变化的基础上不断对族群关系适应、修正和调整。使得原有的一套汉族、傣族和阿卡人之间的明确的族群阶序受到经济因素作用开始松动，在复杂多变的外力作用下，新的阶序又无法形成，使其变得更加模糊、多元，而更具情境性。

流动与稳定：区域族群关系与地方社会体系

一直以来的人类学研究都充分关注到这一区域独特的族群关系。历史上，这一区域各族群之间的往来与互动，作为一个自发的历史过程，可以说源远流长，甚至远远早于现代民族国家的形成，通过群体的迁徙、定居，以及通婚和互市，族群间不仅产生了不同程度的交流和互动，并且在地方化进程中构建出了作为一个整体的人文地理单元。[①]

利奇早在《缅甸高地诸政治体系》中，就主张结合区域中诸社会体系的复杂关联来考察族群意识和其认同建构，从而强调族群建构的动态特质。例如，将克钦人的政治体系看作克钦人—傣人/掸人关系的一个函数，看作对需要组织东南亚陆上贸易的一种反应。历史学者杨斌特别关注了公元2世纪以来，西南丝绸之路的探讨以及云南在古代欧亚大陆交通中的枢纽作用，揭示了云南在前资本主义世界体系的扩张和融合中的重要性。他指出过去云南被看作中国边疆和蛮夷之地，事实上，作为中国向东南亚延伸的通道，在中国与东南

---

① 段颖：《区域网络、族群关系与交往规范——基于中国西南与东南亚田野经验的讨论》，《广西民族大学学报》（哲学社会科学版）2016年第7期。

亚的商贸关系和政治支配关系中具有重要的地位和作用①。这些研究大多倾向把中国西南与东南亚跨境地带视作东南亚乃至印度与中国之间的缓冲带，大多隐含着将其看作"族群走廊"或历史关系通道的概念。

而斯科特同样提出以 Zomia 的概念来将中国西南和高地东南亚视作一个整体，强调这里生活的人群，并非被文明淘汰或被社会边缘化，而是主动选择逃离文明中心和国家，从而体现出高地族群的政治立场和主体选择。而高地和低地之间，为一种同质与异质相互依赖的共生关系，族群性则体现于流动而松散的社群交往和经济交换中。② 相似的是，周建新在考察中国南方毗邻的大陆东南亚地区的族群认同时所说，这一地区存在一种文化交汇混合与地理上隔绝与复杂并存的情况，并且历史上地多人少，人地关系宽松；良好的生态系统提供了丰富的可再生资源，人们虽然普遍贫困，但又不至衣食无着；众多的族群分布于此，但没有绝对强者，互动关系往往是弱弱相互制衡；这里山高林密，客观上阻挡了外部强势族群及其文化的进入，避免了原有系统动态平衡的瓦解。因此也表现出多样性文化的彼此兼容，相互依存，即文化共生现象的普遍。③

可以说，不管是国内还是国外学者，都对这一区域的族群关系形成了一些基本共识：比如族群关系共存共生，却又变化流动。无论是利奇，还是以走廊和通道的视角，这一区域的族群互动，其实也正是一种文化关系的表达，既关乎边界与认同，又涉及由此形成的生存心态，同时包括区域内不同群体间的资源分配、竞争与共享。族群互动的过程，可能发生不同族群之间的涵化，也可能因为政治经济实力的强弱而发生族群意识与认同倾向的偏移，各族群依照当下的生存需要，有选择地接受来自异文化的准则和规范，若将其置于长时段的历史进程中，则可以看到不同文化的借用、叠加与杂糅，最终沉淀于族群的历史记忆，甚至逐渐成为某一族群的文化遗产。④ 因此，不仅很难通过一个单一族群来认识这个族群本身，而且无法通过一个单一族群来认识这一区域。区域内的族群关系始终都不是静止，而是流动的。

---

① Yang, Bin. Between Winds and Clouds: the Making of Yunnan (Second century BCE-twentieth Century CE). Unpublished Ph. D. Dissertation, Boston: Northeastern University. 2004.

② James Scott. The Art of Not Being Governed: An Anarchist History of Upland Southeast Asia, Yale University Press, 2009.

③ 周建新：《跨国民族类型与和平跨居模式讨论》，《广西民族学院学报》2002 年第 4 期。以及周建新《跨国民族"和平跨居"模式再讨论——以中国南方与大陆东南亚跨国民族地区为例》，《中南民族大学学报》2005 年第 6 期。

④ 段颖：《区域网络、族群关系与交往规范——基于中国西南与东南亚田野经验的讨论》，《广西民族大学学报》（哲学社会科学版）2016 年第 7 期。

　　但不可回避的现实是：国家和市场作为重要的变量在区域社会中起到越来越重要的作用。尽管历史上这一区域从来就不是一个封闭的地方社会，其传统的族群关系格局从来都是在频繁的族际互动和更大文化体系的接触中得以形成。但这是没有外界强势文化力量作用下的一个由内自生的过程。民族国家兴起后，尤其在中国、泰国等东南亚第三世界民族国家的经济崛起后，这一区域的经济活动以及与国家（内地或者说中心地带）互动过程使得国家分界在学术视野下越来越清晰。过去，利奇的研究总是强调泰国、老挝、缅甸和中国的族群间的界限只是国界而非民族文化的界限，而后的王筑生和何翠萍的研究显然已经关注到景颇人如何在社会主义中国框架下协商他们的认同。尤其近年来，这一区域市场带来的新的经济活动、经济贸易网络及其国家兴边富民、精准扶贫等一系列政策的强势落地，为这一区域传统族群关系格局的演变带来了更多不确定性，加剧了文化间的"串联"和流动的历史进程和族群间互动的复杂性。当下区域族群格局形成正越来越多地取决于外部的国家与市场，成为一个被动的过程，其中经济因素起到了越来越重要的作用。尽管本书一直强调了萨林斯关于社会如何生产取决于文化的观点，但在全球化进程中，市场力量变得无比强大的当下，地方社会生产什么其实已经在很大程度上不掌握在当地文化手中。单一作物的种植，以及对外部市场和货币收入的依赖不仅增加了地方社会的风险性①，同时增强了地方社会的同质性，山—坝互补的族群关系会被打破，传统族群间互动的形式也开始萎缩，但同时各种新兴的，以及与更大范围的族群接触正悄然开始。

　　与此同时，在这一区域流动的族群关系背后，地方社会体系却也呈现出自身的稳定性。虽然橡胶大大改变了传统地方社会中汉族、傣族、阿卡等山地民族的传统所处的生态位，族群间的差序格局也开始调整，但从我田野以后，近十年的更长时段来看，这并没有成为这一区域族群关系变化的趋势。相反，随着胶价的下跌，新的物种不断引入热区，西双版纳经历了一个从橡胶到香蕉、甘蔗、坚果、药材等作物不断更替的历时性变化过程，土地利用方式又开始呈现多样化，同时新的族群共生原则又在不同族群互动往来中生成。族群关系并非完全被动地从属于生计转型，而是处于不断适应、调整甚至博弈中。在这一过程中，地方社会体系中的一些根本属性和特征反而沉淀出来，甚至反作用于区域社会生活的其他方面。

---

　　① 杜娟：《选择性减少，风险性增加——以橡胶树与曼勒村傣族商业化土地利用为例》，载尹绍亭、〔日〕深尾叶子主编《雨林啊胶林》，云南教育出版社，2003，第78~98页。

　　随着全球化的兴起和扩张，区域和族群的边界不断被打破，为提取出这一区域族群关系自身的运作机制，理解地方性的整合活力，在重新审视这一区域经典理论的基础上，将原有的解释体系推向一个新高度提供了契机。这一区域在过去几百年的山川河海相连、互动往来形成的整体社会生态体系，在短短数十年间受到现代国家、外来移民、市场、资本和技术的冲击下，区域社会的整体性和稳定性是如何维持的？族群关系看似形成于特定自然生态和经济文化中并受其影响，但在外界环境激烈变迁背后族群关系如何调整、维持或生成？不同族群如何在变化中重新界定"我群意识"和"他者"并建立新的地方性规则逻辑？这些都是值得深入探讨，而本书未尽之意。

第六章

结　论

在扎松板阿卡人身上，我们可以清晰地看到一个地方传统社会，经由半个多世纪以来的橡胶种植业发展，卷入国家化、市场化的现代性体系的历程。以往在对这一区域族群卷入橡胶经济的研究中，着重勾勒了在这一历程中，地方社会传统生计方式和社会文化迅速变迁，地方文化体系和社会发展模式出现转型的图景，即社会在向着"脱嵌"道路上行进历程中的各种变迁与不适应。相比之下，本书分别从阿卡人的生计方式、社会关系、族群关系和观念信仰等方面入手，在对阿卡社会日常生活中特殊的经验细节及背后一套地方性文化逻辑的民族志深描中，刻画出当下他们"半工半农""又土又洋"的村寨生活的同时，强调了社会的"变"与"不变"的两面，揭示了这样一个状况：在看似极速变迁的社会文化现象中，地方社会自身的文化机制依然触摸可及。在既承认卷入更大体系的力量的同时，也关注到地方社会有其自身文化逻辑的生活图式。在此基础上，我试图进一步揭示的是橡胶进入后，新的地方社会秩序的形成机制，也就是回到本书最初提出的问题上：借由橡胶经济引入的现代化体系与地方社会是如何"连接"的？阿卡社会继替背后的文化逻辑又是如何运作的？

一　卷入与再嵌：橡胶与阿卡社会的连接方式

正如政治经济学派在宏观层面所看到的：资本主义生产方式在扩张的过程中将不可避免地吞噬传统社会与文化。而本书并非仅仅以一个阿卡社会借由橡胶卷入现代性和资本主义体系的过程来为此做注脚，而是更希望刻画出橡胶这种新的物与传统社会的连接机制，即生活在转型社会中的人们在资本主义和传统的关系中冲突、转换和调试的过程。

作为物，橡胶带来的是传统生产方式的转型。在传统社会生产方式向市场主导生产方式转型的过程中，首先需要面对的就是使用价值和交换价值之间的矛盾。橡胶的生产是为了获取胶乳，而胶乳是一个在当地社会没有丝毫使用价值的产品。它无法在当地消费，只能通过交换后在工业社会获得价值。因此，橡胶的种植、割胶实质上是工业生产过程，是现代工业产业链上的一端，而非传统的农业生产。

进而，虽然同样在田间地头，这一生产和传统农业生产就有着根本的区别：在传统农业下的刀耕火种本身既是生产，又是生活的一部分，它和生活中的社会关系、节日仪式、信仰禁忌等其他部分相互配合，最终整合成一个阿卡人生活的理想和愿景，人们日常生活都为之努力。而现代的橡胶生产则更类似于工业社会中工人的生产劳动，人们的生产与生活被割裂开来，人们需要从自己整个生活中分割出一部分，人们需要调整生活时间、生产方式和劳动强度来配合实现与其无关也超出认知范围的生产目的，人们无法使用被他生产出来的胶乳，甚至不知道胶乳会去向何方，橡胶的生产和交易仅仅是获取金钱的手段，而他们对于手段本身缺乏热情和兴趣。

不仅生计如此，在传统农作中，尽管他们无法左右气候，但他们积累了一套与神灵沟通的途径。人们可以感知到农作物生长的整个过程，自给自足的经济形式使农作物的丰收或歉收与他们的生活存在他们可以认知的因果关系。而卷入世界橡胶产业体系中，庞大、复杂的市场运作使他们完全无法认知作为商品的橡胶的价格，而橡胶价格的时涨时跌使他们的劳动与收获之间的联系无迹可循。现代橡胶产业为了实现产出的最大化，调整了人们生活的时间和劳动方式，人们为了配合割胶，实际上牺牲了每个人生活上的配合，失去了正常的作息，失去了传统劳作中的人与人的互助和协作，失去了生活的完整。

可以说，在橡胶与阿卡社会连接的过程中，最本质的是深层观念、意义和价值的文化逻辑的冲突与调适。费孝通早在对中国手工业中的人性与技性的讨论中就明确指出了这点：

> 这个（现代资本主义）制度中的基本精神并不是从人本观念上发生的。造成资本主义的固然出于生产力的膨胀，使人能在消费之余累积财富用作再生产。可是若是生产的目的最终在于人的享受，则资本主义必然受限制。资本主义能无限发展是因为在生产过程中生产本身是目的。生产，再生产，使得经济活动的动力脱离与个人的享受而陷入财富积累本身，使利益成为决定生产的枢纽……这一切都充分表现了手工业的成全性，它迁就人性的。它是加强社会联系的力量。人不能是一个经济动物，更不是

一个抽象的经济人。人和人的联系也不能专门是利害的结合，活动的配合。人是很复杂的，人的生活中固然不能没有经济活动，但是经济活动的目的是在成全人多方面生活的满足。若是为了客观财富的积累来牺牲人其他方面的要求，在我们看来是不合理和不合人性的悲剧。①

这种传统社会与资本主义体系精神的根本区别实质上正是波兰尼所谓的"嵌入"与"脱嵌"之区别。在他所谓的原始嵌合社会中，经济动机与经济制度都是蕴含于社会制度总体之中；而现代社会中市场与社会的分化，可以看作一个脱嵌的过程，即市场相对于社会而言，具有了相对独立性和自主性。不但如此，市场的逻辑反过来还渗透到社会中，侵蚀社会生活的情感逻辑和关系性质。②

作为现代西方工业产物的橡胶，从其种植、管理到割胶都形成了一套科学化、标准化的操作流程，其贸易市场遵循全球天然橡胶价格机制。从逻辑上讲，橡胶的生产交换是一个脱嵌于地方社会的过程，在任何可以适宜种植橡胶的地方都可以生产具有普遍使用价值和交换价值的橡胶，它不仅脱嵌于当地社会传统生产和生活方式，同时它还脱嵌于传统文化的约束，传统的信仰、观念和习俗中都不存在与之相关联的部分。

然而，地方社会不是说在任何时候都会对现代社会和世界采取无条件接受。波兰尼提出市场是一种脱嵌的力量，并把自己的触角伸到社会，用市场的规则来替代社会规则，这是荒谬而危险的，同时，也指出为了避免其带来的伤害，社会会自发形成自我保护机制来反抗。这种反抗其实就是反脱嵌，或者说再嵌，这也正是本书中我所反复强调的，即人们如何通过传统逻辑来理解外来的橡胶及其所代表的一套外来现代经济体系——他们往往将现代性的部分元素嫁接和整合到地方社会制度中，从某种程度上讲，依然是从属于当地社会结构、文化观念和生活方式的，即代表着西方现代经济行为方式的橡胶经济实质上是"嵌入"阿卡社会中。更准确地说，这是一个"再嵌"过程。这就如同存在一系列无法做出功能区分的"总体性社会事实"③，在现代社会仅仅以经济上交换价值存在的橡胶，在当地社会被重新赋予了更丰富的社会价值和文化

---

① 费孝通：《人性和机器——中国手工业的前途》，《费孝通文集（第三卷）1941-1946》，群言出版社，1999，第387~400页。

② 〔英〕卡尔·波兰尼：《大转型：我们时代的政治与经济起源》，冯钢、刘阳译，浙江人民出版社，2007，第50页。

③ 〔法〕莫斯：《礼物——古式社会中交换的形式与理由》，汲喆译，上海人民出版社，2002。

意义，通过橡胶的生产和交易，来完成社会关系的维系、宗教仪式等习俗所规定的权利义务，或者博得社会意义和价值。也就是说，经济活动需要在保证经济有效运转的同时，维持了社会的整合和延续。

与此同时，与橡胶连接后的阿卡社会也不再是纯粹的传统社会，而是经由橡胶而完成了传统再创造的社会，包括受橡胶影响改变的生活方式、创造出新的经济活动和实践，以及重新界定的亲属关系、再造的族群边界等。脱嵌与反脱嵌（再嵌）作为两股力量，相互交织，相互作用，从而形成了新的经济社会秩序。①

二 实践：地方社会的生产与再创造

如果说让后现代主义者感到悲哀的是资本主义及其背后的权力对人的奴役的话，那么这本民族志至少表明：资本主义尚未终结传统的经济模式，在西双版纳阿卡社会经由橡胶经济的发展卷入现代社会的同时，橡胶经济本身又再嵌入了地方社会，其中恰恰能动地反映了人的社会性和作为实践的主体性。

所谓的实践，早在马克思那里就得到了重视，人的存在是实践的，而非观念的。这体现在其辩证史观中，即人一方面创造了历史但又并非全然自由、不受客观条件制约地创造历史。到了布迪厄，人的实践所具有的这种主客体糅合的二重性逻辑得到了充分阐述。事实上，透过这种具有二重性的实践本身，才能真正理解阿卡社会所处的传统与现代复杂交错的状态，即人们围绕着橡胶的实践活动总是在阿卡社会既有的社会历史情景中开展，受制于这一情境中的时空架构，同时也不断修改了这一情境，带来前所未有的社会变迁；人们在橡胶生产交换的过程中不仅复制传统社会规则，同时也创造着新的规则，并将其再度融入和内化到社会生活中的其他方面；并且，实践是策略性的，其中常有个体即兴发挥的能动性，传统社会结构的客观制约变成个人在变迁的社会中谋略的工具，进而当下的社会往往呈现出更多模糊性和不确定性。因而，对于作为行动主体的阿卡人和社会世界的实践状态，可以贴切地表述为"存在这样一个现实：社会行动者不一定是遵循理性的，但总是'合情合理'的"②。

---

① 见王宁对嵌入式理论的解读，他进而谈到消费全球化中的所谓消费"再嵌"，指的是外来消费品、生活方式要素或消费符号在进入本地社会时与本地文化相互影响和交融，从而整合到本地文化中的过程。王宁：《消费全球化：视野分歧与理论重构》，《学术研究》2012年第8期。

② 〔法〕皮埃尔·布迪厄、〔美〕华康德：《实践与反思：反思社会学导引》，李猛、李康译，邓正来校，中央编译出版社，1998，第175页。

　　在当下的阿卡社会，比起所谓传统的"不变"和现代性的"变"作划分外更常见的是，传统与现代的糅合，一方面，看似传统中已经融入现代，即所谓的"不变中有变"；另一方面，看似是橡胶引入带来的新实践却是传统基础上的创造物，即所谓的"变中有不变"。随着橡胶的大规模扩张，阿卡人传统的生计方式发生了变化，过去作为山地民族生产方式之一的狩猎和采集成为新的休闲娱乐方式被人们精妙地穿插到生活生产中；同时传统刀耕火种的生产惯习则被人们实践到看似全新的橡胶种植中，形成一套不同于标准化、科学化的阿卡特色橡胶种植模式，但无论生产方式的形式如何变迁，其实质还是为了维护作为人性的生产和成全"做人"的愿景。同样地，在橡胶的村寨贸易体系中，当地人通过对"干含"这一新概念的操控，使得现代市场经济中的价格机制难以发挥作用，而将贸易实践回归到亲属关系的原则上进行运作，同时在传统亲属关系之外延伸出了新的关系网络，通过当下不断变化的实践必然又再创造出新社会结构。

　　实践，其本身就是沟通个人需要和社会文化制度的逻辑，无论在传统或现在，在不同的历史时代或者文化中，可以创造出不同的社会结构，然而，人与其所处的现实环境之间关系的本质是不会变的，这就是"实践的逻辑"。可以说，透过实践，不仅可以理解一个社会生产过程本身得以被生产的缘由及其所遵循的原则，而且可以用于说明这些"变"与"不变"背后的作用机制，即橡胶与地方社会连接背后的文化逻辑又是如何运作的，当下阿卡社会的生产与再创造是如何得以实现的。

　　不仅如此，我们可以重新思考所谓的传统与现代。所谓的传统，"并不是我们继承的来的一宗现成之物，而是我们自己把它生产出来的，因为我们理解着传统的进展并且参与在传统的进展之中，从而就靠我们自己进一步地规定了传统。因此，传统不只是'过去的已经固定的东西'"[①]。正如布迪厄把历史看成"社会再生产"的具体过程，实质上是生活在其中的人们实践和日常生活的历史，并非学者们建构出的从过去到现在、从传统到现代的历史。

　　而所谓的现代性，也非我们想象的那么不证自明，在资本主义已经成熟的西方社会，劳动及其产品都被转化成为商品，生产和交换的目的在于商品的价值最大化，而货币则是衡量价值的唯一量度工具，这套逻辑已经完成了对自身存在合理性的证明。这一旦被看作自然的而不是社会的产物，认识论自身就会

---

① 甘阳：《传统、时间性与未来》，《读书》1986 年第 2 期。

掩盖对社会秩序的理解。① 反而，正是在阿卡这样还没有完全接纳资本主义生产逻辑的边陲社会，更能凸显各种异化现象的本质。在现代社会被物化了的各种观念和范畴，如时间可以计算、货币能增值、劳动力可以被出卖等我们习以为常的现实，在这种社会中就会变得不自然。在这种情境下，重新面对西方所谓的"经济理性"可以发现，所谓的理性只是文化的一种表述，是一种围绕经济行为的意义体系。在阿卡社会，无论是橡胶生产，还是橡胶贸易，其目标很难被简约为经济价值的最大化，甚至阿卡人对橡胶的期望也并不仅仅在于经济利益，而且扩大到更大的生活愿景和社会目标——实现作为人的生活理想和作为阿卡社会的整合。同时在不断的变迁中，社会结构得以再生产，传统社会秩序得以延续。同时，在一个更宏观的层面上，现代性也好，资本主义经济也好，其活力并不仅仅在于其经济的概念和结构，更在于其结合了地方性的文化，作为一种文化形式而产生作用。资本主义的生产方式并没有以整齐划一的方式在全球复制，而是出现更多地方化、多样化的新实践的挑战和抗争。从某种程度上说，这正回应了本书开篇在资本主义经济带来的"变"与"不变"之外的可能。

三　社会继替：裂中有续的阿卡社会

尽管以传统和现代二分法来理解社会转型的确存在很多问题，但无法回避的是：较之于传统社会，现代性生成后的社会确实发生了前所未有的巨大变化。更多的研究者倾向于认为现代社会不再是传统的延续和社会组织生长的连续过程，而是一种社会延续性的断裂，是新的社会生活方式和新的社会组织方式的产生。② 吉登斯的"非连续性的现代史观"就将现代性视作一种与先前所有各类社会秩序都有巨大差异的社会，"断裂"是现代性的基本特征，现代社会变迁的速度、范围和深刻性都是以往社会无法比拟的。③

对于这一过程，早期的美国人类学家通常使用涵化（acculturation）、同化（assimilation）概念，英国人类学界则习惯用文化接触（cultural contact）。尤其对于现代西方社会对传统社会的冲击或影响，可能会出现文化取代（substitution）、综摄（syncretism）、增添（addition）、抗拒（reaction）或是本

---

① 杨春宇：《鬼魅的渊薮，鬼魅的力量——从三本民族志看人类学鬼魅研究的特点》，《中国农业大学学报》（社会科学版）2007年第2期。

② 童星：《发展社会学与中国现代化》，社会科学文献出版社，2005，第235页。

③ 〔英〕安东尼·吉登斯：《现代性的后果》，田禾译，译林出版社，2000，第4~6页。

土运动（nativism）和文化复新（revitalization）的结果。这些概念的使用和理论的提出或者强调了一种单一方向的变迁过程，或者侧重于地方社会变迁的一个概化的结果，人类学在非西方的各种经验性材料呈现出现代性体系生成过程的多样性和地方性并没有得到充分重视。近年来，随着现代性的全球扩张，传统与现代的对立愈加深化，边陲地方社会的剧烈变革被视作一种割裂传统的现代形态，忽略了延续的文化传统在变迁过程中的重要意义。正因为如此，在本书中，我通过"社会继替"这一概念，来尝试诠释现代性生成过程的另一种可能。

所谓的社会继替，最初是费孝通提出的，指在微观层面，个体和家庭如何来完成社会的"新陈代谢"这一过程的。而后，麻国庆重提了这一概念，将其扩展到更为宏观层面对社会转型的描述："其特点考虑到社会的继承性，同时也考虑到社会的替代性，但即使是替代也是在继承基础上的替代。在整体社会的层面上，我们会看到处于不同阶段的社会并存的现象。"① 在本书中，社会继替不仅是现象，社会继替还提供可以深入、动态地认识和理解阿卡社会变迁的方法和视角。

首先，社会继替既呈现了传统社会与现代性体系之间复杂多面的互动过程，又揭示社会变迁的机制。在阿卡社会现实日常生活图景中，随着生计方式的改变，以及货币、市场等一套现代性体系的进入，传统社会文化中的很多元素被替代。但这种替代依然是在继承的基础上，按照地方性文化逻辑的替代。即便是在生计领域，橡胶种植完全替代了刀耕火种，但面对一片橡胶林，我们依然可以轻易区分出其中的传统元素——阿卡特色的橡胶依然保留了刀耕火种的痕迹；同时，传统与现代的交叉、结合，这几乎存在于人们日常生活的各个方面，包括传统与现代的交互作用：阿卡传统的驱鬼和招魂仪式正是在橡胶经济带来收入水平提高，以及人们对于橡胶侵略传统生活的恐惧的交互作用下得以复兴。甚至在某些时候，传统与现代也出现了互置的现象：阿卡人一方面将传统基于家族谱系的亲属关系应用到本应该是现代市场价格机制发挥作用的橡胶贸易中；另一方面又将橡胶贸易中扩展的新的社会关系网络套用到传统的年节、飨宴和仪式祭祀中。最终，阿卡的社会和文化处于一种"裂中有续"的状态。所谓的"裂"，不是戛然而止的中止和断裂、过去传统社会的东西完全消失的意思；所谓的"续"，也并非简单的、一成不变的传统延续。更准确地

---

① 麻国庆：《家族伦理与延续的纵式社会：家族化公民社会的基础——人类学与儒学的对话》，《学术研究》2007 年第 8 期。

说，是一种社会再生产基础上的再创造。

其次，社会继替连接了个体与社会，凸显人对社会变迁的主体能动性。社会继替的关键在于人。在费孝通那里的社会继替，是指社会不断地预备新人等着去接替旧人死亡和退伍所发生的缺位，简言之，就是人在社会结构中的流动。在传统社会，这一社会结构是固定的，人在其中就这样生死无常地不停流动着，社会新陈代谢。而当下卷入现代性的地方社会，这一社会结构本身就是变动的，被卷入的过程本身是被动的，但其中的人在极速变化的情境中的适应问题，已不只是一个被动的过程，而且是一个主动调整的过程，即更有策略地来适应新的环境，而传统的社会文化惯习，对于策略的选择，则起到非常重要的作用，也就是不同社会中文化自主性和主体能动性得以彰显的过程。在这个意义上，社会继替，始于人，也归结于人。阿卡人既是橡胶活动的载体，也是有主观作用的实体，本书看似一直在讲人与作为物的橡胶的关系，最终回归到的是人与人的关系，社会继替将社会结构与人有机联系起来，不仅可以看到社会变动，而且看到了社会变动中的人，看到相应的人如何思想、怎么感觉和如何打算，即人们精神世界中的喜忧哀乐、情感、愿景和追求，这也是当下的现代性转型中不可回避的核心问题。

最后，社会继替是理解全球化背景下中心与边缘对话和共生的关键。伴随着橡胶的进入带来作物更替，资本、技术、劳动力、商品等流动日益频繁，不仅迅速渗透到阿卡人的生活方式、社会结构和思想观念中，而且随着经济作物使得土地价值被放大，甚至带来局部地区的资源争夺和冲突，几乎颠覆了这一地区传统的族群关系，这一区域内的各文化社会事项的流动和碰撞也不断加剧。然而，地方社会并没有沿着这一趋势越走越远，相反，在我结束为写博士学位论文而做田野后的近十年，尤其近几年，从橡胶到香蕉、甘蔗、坚果、火龙果、药材，地里种植的作物愈加频繁地更替，土地利用方式又开始呈现多样化。与此同时，社会生活中的其他方面并没有说完全被动地从属于生计转型，而是在流动和变化中暗含着某种稳定的深层结构。比起更容易捕捉到的更多商品的涌入，以及传统服饰、房屋、道路及交通工具这些显著的变化，这一区域在社会交往和历史文化基础上的多元共生的网络体系则更为内在和稳定。这一多元共生的体系实质上就是地方性，是社会继替中的规则、逻辑和秩序的运作。在边缘社会经历不断地适应和调整的过程中，这一体系也不断流动和扩展，甚至反作用于区域社会生活的其他方面。因此，社会继替不仅是区域社会整合和延续的基础，而且是理解全球化背景下地方社会重建的关键，也是探索多元文化对话和共生的路径。

参考文献

一 档案文献

陈凤平、云南农垦志资料丛书编辑小组：《云南农垦纪略》，1990。

《哈尼族民间故事》，云南人民出版社，1984。

红河哈尼族彝族自治州人民政府编《哈尼族口传文化译注全集第 1 卷·窝果策尼果》，云南民族出版社，2009。

刘辉豪、阿罗编《哈尼族民间故事选》，上海文艺出版社，1989。

勐海县民族事务委员会编《西双版纳哈尼族民间故事集成》，云南少年儿童出版社，1989。

勐腊档案馆，勐润区档案资料。

勐腊县档案馆，勐腊县林业局档案。

《勐腊县橡胶技术推广站 20 年工作纪实》，内部资料，2009。

勐腊县志编纂委员会：《勐腊县志》，云南人民出版社，1994。

《民族问题五种丛书》编辑委员会编《傣族社会历史调查（西双版纳之一）》，云南民族出版社，1983。

《民族问题五种丛书》编辑委员会编《傣族社会历史调查（西双版纳之二）》，云南民族出版社，1983。

《民族问题五种丛书》编辑委员会编《傣族社会历史调查（西双版纳之三）》，云南民族出版社，1983。

《民族问题五种丛书》编辑委员会编《傣族社会历史调查（西双版纳之四）》，云南民族出版社，1983。

《民族问题五种丛书》编辑委员会编《傣族社会历史调查（西双版纳之十）》，云南民族出版社，1987。

《民族问题五种丛书》编辑委员会编《哈尼族社会历史调查》，云南民族出版社，1982。

农垦志云南省地方志编纂委员会：《民营橡胶云南省志》，云南人民出版社，1998。

施达、阿海译，景洪县民委编《雅尼雅嘎赞嘎》，云南人民出版社，1992。

《西双版纳傣族自治州概况》，云南民族出版社，1986。

肖家坤：《云南农垦历年统计资料汇编——天然橡胶专辑 1955-2006》，云南省农垦集团有限责任公司，2007。

新纂《云南通志》第九〇册卷一六三。

雍正《景东府志·夷民种类》（抄本）。

云南省勐腊县志编纂委员会：《勐腊县志》，云南人民出版社，1994。

《云南省志·农垦志》，云南人民出版社，1998。

恽奉世、黄纪英、黄文成：《中国农垦天然橡胶四十三年纪事（1950-1993）》，1994。

中华人民共和国农业部农垦局、农业部发展南亚热带作物办公室编《中国天然橡胶五十年》，中国科学技术出版社，2004。

二 中文著作

苍铭：《云南边地移民史》，民族出版社，2004。

陈翰笙：《解放前西双版纳土地制度》，中国社会科学出版社，1984。

陈序经：《猛史漫笔——西双版纳历史释补》，中山大学出版社，1994。

方国瑜：《方国瑜文集》（第二辑），云南教育出版社，2003。

费孝通：《费孝通文集》，群言出版社，1999。

费孝通：《乡土中国》，人民出版社，2008。

费孝通：《生育制度》，商务印书馆，2004。

高立士：《高立士傣学研究文选》，云南民族出版社，2006。

高宣扬：《布迪厄的社会理论》，同济大学出版社，2004。

郭家骥：《云南民族关系调查研究》，中国社会科学出版社，2010。

贺雪峰：《新乡土中国》（修订版），北京大学出版社，2013。

黄兴球：《老挝族群论》，民族出版社，2006。

黄应贵：《反景入深林》，台北三民书局，2008。

〔美〕黄宗智：《华北的小农经济与社会变迁》，中华书局，2000。

〔美〕黄宗智：《长江三角洲小农家庭与乡村发展》，中华书局，1992。

江应樑：《傣族史》，四川民族出版社，1983。

柯佑鹏、过建春、张赛丽：《世界天然橡胶经济研究》，经济科学出版社，2010。

李少军：《诗性的智慧——哈尼族传统哲学思想研究》，民族出版社，2006。

李霞：《娘家与婆家——华北农村妇女的生活空间和后台权力》，社会科学文献出版社，2010。

刘尧汉、严汝娴、黄惠焜、索文清、王尔松：《哈尼族简史》，云南人民出版社，1985。

毛佑全、李期博：《哈尼族》，民族出版社，1989。

谭同学：《桥村有道——转型乡村的道德权力与社会结构》，生活·读书·新知三联书店，2010。

童星：《发展社会学与中国现代化》，社会科学文献出版社，2005，第235页。

王尔松：《哈尼族文化研究》，中央民族大学出版社，1994。

王铭铭：《西方人类学思潮十讲》，广西师范大学出版社，2005。

谢世忠：《Sipsong Panna 王国八百年——1181？～1956·傣泐——西双版纳的族群现象》，台北：自立晚报社，1993。

谢世忠：《国族论述：中国与北东南亚的场域》，台北：台大出版中心，2004。

杨六金：《红河哈尼族谱牒》，民族出版社．2005。

杨忠明：《西双版纳哈尼族简史》，西双版纳州政协提案法制委内部资料，2004。

《云南各族古代史略》编写组：《云南各族古代史略》，云南人民出版社，1978。

尹绍亭：《人与森林——生态人类学视野中的刀耕火种》，云南教育出版社，2000。

尹绍亭：《一个充满争议的文化生态系统——云南刀耕火种研究》，云南人民出版社，1991。

尤中：《中国西南民族史》，云南人民出版社，1985。

张雨龙：《从边境理解国家：哈尼/阿卡人橡胶种植的人类学研究》，社会科学文献出版社，2018。

朱德普：《泐史研究》，云南人民出版社，1993。

三 译著及论文

〔法〕爱弥尔·涂尔干:《宗教生活的基本形式》,渠东、汲喆译,上海人民出版社,2006。

〔美〕埃里克·沃尔夫:《欧洲与没有历史的人民》,赵丙祥、刘传珠、杨玉静译,上海人民出版社,2006。

〔英〕安东尼·吉登斯:《现代性的后果》,田禾译,译林出版社,2000.

〔日〕白鸟芳郎编著《东南亚山地民族志》,黄来钧译,喻翔生校,云南省历史研究所东南亚研究室,1980。

〔法〕布罗代尔:《文明史纲》,肖昶等译,广西师范大学出版社,2003。

〔法〕布歇里:《哈尼族和阿卡人的父子连名制》,谢国先译,《首届哈尼族文化国际学术讨论会论文集》,1993。

〔英〕C. A. 格雷戈里:《礼物与商品》,姚继德、杜杉杉、郭锐译,云南大学出版社,2001。

〔美〕F. V. 格朗菲尔德:《泰国密林中的游迁者——阿卡人》,《民族研究译丛》(5),云南民族研究所编印,1983。

〔美〕詹姆斯·C. 斯科特:《国家的视角——那些试图改善人类状况的项目是如何失败的》,王晓毅译,社会科学文献出版社,2012。

〔美〕詹姆斯·C. 斯科特:《农民的道义经济学:东南亚的反叛与生存》,程立显、刘建等译,译林出版社,2004。

〔美〕珍尼·理查森·汉克斯:《文化的解读:美国及泰国部族文化研究》,刘晓红主译,云南大学出版社,2002。

〔美〕乔治·彼得、默多克:《社会结构》,许木柱等译,台北:台湾洪叶文化事业有限公司.1996。

〔英〕卡尔·波兰尼:《大转型:我们时代的政治与经济起源》,冯钢、刘阳译,浙江人民出版社,2007。

〔英〕卡尔·波兰尼:《巨变——当代政治经济的起源》,黄树民译,社会科学文献出版社,2013。

〔德〕卡尔·马克思:《机器、自然力和科学的应用》,汤一介译,人民出版社,1987。

〔美〕赫伯特·马尔库塞:《单向度的人:发达工业社会意识形态研究》,刘继译,上海译文出版社,2006。

〔英〕利奇：《缅甸高地诸政治体系》，杨春宇、周歆红译，商务印书馆，2010。

〔法〕克洛德·列维-斯特劳斯：《结构人类学》，张祖建译，中国人民大学出版社，2006。

〔美〕马歇尔·萨林斯：《石器时代经济学》，张经纬、郑少雄、张帆译，生活·读书·新知三联书店，2009。

〔美〕马歇尔·萨林斯：《文化与实践理性》，赵炳祥译，张宏明校，上海人民出版社，2002。

〔法〕孟德拉斯：《农民的终结》，李培林译，社会科学文献出版社，1991。

〔法〕莫斯：《礼物——古式社会中交换的形式与理由》，汲喆译，上海人民出版社，2002。

美国科学促进协会：《面向全体美国人的科学》，中国科学技术协会译，科学普及出版社，2001。

〔法〕皮埃尔·布迪厄、〔美〕华康德：《实践与反思：反思社会学导引》，李猛、李康译，邓正来校，中央编译出版社，1998。

〔法〕皮埃尔·布迪厄：《实践感》，蒋梓骅译，译林出版社，2003。

〔美〕斯科特：《农民的道义经济学：东南亚的反叛与生存》，程立显等译，译林出版社，2001。

〔英〕韦伯：《新教伦理与资本主义精神》，康乐、简惠美译，广西师范大学出版社，2007。

〔美〕西奥多·舒尔茨：《改造传统农业》，梁小民译，商务印书馆，2006。

四 中文论文

（一）期刊论文

陈观胜、庄孔韶：《哈尼族支系僾尼人的社会与风俗》，《中央民族学院学报》1984年第3期。

陈柏峰：《土地流转对农民阶层分化的影响——基于湖北省京山县调研的分析》，《中国农村观察》2009年第4期。

陈成文、罗忠勇：《土地流转：一个农村阶层结构再构过程》，《湖南师范大学社会科学学报》2006年第7期。

陈成文：《论促进农村土地流转的政策选择》，《湖南社会科学》2012年第

2 期。

邓大才：《效率与公平：中国农村土地制度变迁的轨迹与思路》，《经济评论》2000 年第 5 期。

段颖：《区域网络、族群关系与交往规范——基于中国西南与东南亚田野经验的讨论》，《广西民族大学学报》（哲学社会科学版）2016 年第 7 期。

冯小：《资本下乡的策略选择与资源动用——基于湖北省 S 镇土地流转的个案分析》，《南京农业大学学报》（哲学社会科学版）2014 年第 1 期。

冯华：《防范土地"非粮化""非农化"》，《人民日报》2014 年 2 月22 日。

高立士：《西双版纳宣慰使司分封领主的土地制度》，《德宏师范高等专科学校学报》2010 年第 4 期。

高立士：《西双版纳宣慰使司领主制度下的农民土地占有形式》，《德宏师范高等专科学校学报》2012 年第 2 期。

高启杰：《农业技术推广中的农民行为研》，《南方农村》1999 年第 5 期。

郭金丰：《乡村振兴战略下的农村土地流转：市场特征、利益动因与制度改进——以江西为例》，《求实》2018 年第 3 期。

郭静伟、吴昊：《多民族杂居背景下的西双版纳州阿卡人的族群认同》，《思想战线》2011 年人文社会科学专辑（37）。

郭于华：《"道义经济"还是"理性小农"重读农民学经典论题》，《读书》2002 年第 5 期。

韩俊：《从"两权分离"到"三权分离"》，《经济研究参考》1999 年第75 期。

何明、陶琳：《国家在民族民间仪式中的"出场"及效力——基于僾尼人"嘎汤帕"节个案的民族志分析》，《开放时代》2007 年第 4 期。

黄宗智：《认识中国——走向从实践出发的社会科学》，《中国社会科学》2005 年第 1 期。

黄应贵：《历史与文化》，《历史人类学学刊》2004 年第 10 期。

黄应贵：《作物、经济与社会：东埔社布农人的例子》，《广西民族学院学报》（哲学社会科学版）2005 年第 6 期。

黄季焜、胡瑞法、孙振玉：《让科学技术进入农村的千家万户——建立新的农业技术推广创新体系》，《农业经济问题》2000 年第 4 期。

金星：《新土地抛荒的经济学视角》，《农村经济》2013 年第 3 期。

刘成玉、熊红军：《我国工商资本下乡研究：文献梳理与问题讨论》，《西部论坛》2015 年第 6 期。

李文棋：《土地流转：中国农村土地使用权制度变迁的必然选择》，《台湾农业探索》2002 年第 3 期。

李少军：《哈尼族连名谱系的哲学解读》，《中央民族大学学报》2006 年第 1 期。

李一鲲：《云南民菅橡胶的发展及对其的认识和建议》，《热带农业科技》2010 年第 1 期。

刘拥华：《布迪厄的"终生问题"》，《社会学研究》2008 年第 4 期。

刘志松：《民间规则中的舅权——以我国少数民族为中心》，《时代法学》2006 年第 1 期。

麻国庆、张亮：《进步与发展的当代表述：内蒙古阿拉善的草原生态与社会发展》，《开放时代》2011 年第 2 期。

麻国庆：《费孝通先生的第三篇文章：全球化与地方社会》，《开放时代》2005 年第 4 期。

麻国庆：《分家：分中有继也有合——中国分家制度研究》，《中国社会科学》1999 年第 1 期。

麻国庆：《家族伦理与延续的纵式社会：家族化公民社会的基础——人类学与儒学的对话》，《学术研究》2007 年第 8 期。

麻国庆：《开发、国家政策与狩猎采集民社会的生态与生计》，《学海》2007 年第 1 期。

麻国庆：《类别中的关系：家族化的公民社会的基础——从人类学看儒学与家族社会的互动》，《文史哲》2008 年第 4 期。

麻国庆等：《中国非正规经济》（下），《开放时代》2011 年第 2 期。

马翀炜、潘春梅：《仪式嬗变与妇女角色——元阳县箐口村哈尼族"苦扎扎"仪式的人类学考察》，《民族研究》2007 年第 5 期。

马翀炜、张雨龙：《跨境橡胶种植对民族认同和国家认同的影响——以中老边境两个哈尼族（阿卡人）村寨为例》，《思想战线》2011 年第 3 期。

马流辉：《"脱嵌"的土地流转——实现机制与社会效应》，《内蒙古社会科学》（汉文版）2016 年第 5 期。

毛丹、王萍：《村级组织的农地调控权》，《社会学研究》2004 年第 6 期。

毛佑全：《评哈尼族族源四说》，《思想战线》1992 年第 5 期。

强舸：《发展嵌入传统：藏族农民的生计传统与西藏的农业技术变迁》，《开放时代》2013 年第 2 期。

宋军、胡瑞法、黄季焜：《农民的农业技术选择行为分析》，《农业技术经济》1998 年第 6 期。

唐仕华：《天然橡胶生产大国计划生产和出口限额》，《世界热带农业信息》2002 年第 1 期。

田素妍、李玉清：《试析我国农业技术推广主体行为及对策建议》，《农业经济》2009 年第 4 期。

王宁：《消费全球化：视野分歧与理论重构》，《学术研究》2012 年第 8 期。

王燕玲：《浅析刀耕火种民族社会中生态环境对土地私有制的影响》，《经济史论丛》（一），2005。

王瑞静：《整合药礼：阿卡医疗体系的运作机制》，《社会》2020 年第 1 期。

汪秀玲、李伯川、诸锡斌：《西双版纳傣族传统土地制度研究》，《云南农业大学学报》2009 年第 12 期。

文婷：《1952 年"中苏橡胶协定"与 20 世纪 50 年代的云南农垦》，《当代中国史研究》2011 年第 3 期。

温铁军：《农村政策的底线是不搞土地私有化》，《中国市场》2008 年第 1 期。

吴振南：《生态人类学视野中的西双版纳橡胶经济》，《广西民族研究》2012 年第 1 期。

邢广洲：《泌阳县农村土地流转现状、存在问题及发展对策》，《河南农业》2014 年第 19 期。

杨春宇：《鬼魅的渊薮，鬼魅的力量——从三本民族志看人类学鬼魅研究的特点》，《中国农业大学学报》（社会科学版）2007 年第 2 期。

杨德爱：《试谈人类学理论中的实践理论——以布迪厄〈实践理论大纲〉和萨林斯〈历史之岛〉为例》，《重庆文理学院学报》2011 年第 9 期。

杨六金：《国际哈尼/阿卡历史源流探究》，《红河学院学报》2011 年第 12 期。

杨筑慧：《橡胶种植与西双版纳傣族社会文化的变迁：以景洪市勐罕镇为例》，《民族研究》2010 年第 5 期。

杨华：《农村土地流转与社会阶层的重构》，《重庆社会科学》2011 年第 5 期。

叶敬忠、吴惠芳、许惠娇、蒋燕：《土地流转的迷思与现实》，《开放时代》2016 年第 5 期。

叶敬忠：《乡村振兴战略：历史沿循、总体布局与路径省思》，《华南师范大学学报》（社会科学版）2018 年第 2 期。

闫小欢、霍学喜：《农民就业、农村社会保障和土地流转——基于河南省479 个农户调查的分析》，《农业技术经济》2013 年第 7 期。

赵树冈：《族群互动的历史隐喻：菲律宾南吕宋岛的凯萨赛圣母》，《开放时代》2012 年第 12 期。

赵俊臣：《云南省民族地区土地林地流转研究》，《中国财经信息资料》2011 年第 29 期。

赵丽萍：《山西省阳泉市农村土地流转的调查》，《山西农经》2014 年第 3 期。

张静：《土地使用规则的不确定：一个解释框架》，《中国社会科学》2003 年第 1 期。

张孝直：《中国农村地权的困境》，《战略与管理》2000 年第 5 期。

张红宇：《从"两权分离"到"三权分离"——我国农业生产关系变化的新趋势》，《人民日报》2014 年 1 月 14 日。

张红宇：《中国农村土地制度变迁的政治经济学分析》，西南农业大学博士学位论文，2001。

张竞文：《对粮食主产区土地流转效果的调查分析——以安徽省为例》，《现代农业科技》2015 年第 2 期。

郑宇：《箐口村哈尼族丧礼献祭礼物的象征性交换》，《民族研究》2009 年第 4 期。

钟涨宝、汪萍：《农地流转过程中的农户行为分析——湖北、浙江等地的农户问卷调查》，《中国农村观察》2003 年第 6 期。

钟卫华：《少数民族乡村土地流转的制约因素及对策》，《三明学院学报》2018 年第 5 期。

周建新：《跨国民族"和平跨居"模式再讨论——以中国南方与大陆东南亚跨国民族地区为例》，《中南民族大学学报》2005 年第 6 期。

周建新：《跨国民族类型与和平跨居模式讨论》，《广西民族学院学报》

2002 年第 4 期。

周雷：《西双版纳的胶林危机：一种植物身上的政策轮回》，《生态经济》2008 年第 6 期。

庄雅仲：《书评：The Art of Not Being Governed：An Anarchist History of Upland Southeast Asia〔不被统治的艺术：高地东南亚一段无政府主义的历史〕by James C. Scott〔詹姆士·史考克〕》，《台湾民主季刊》（第七卷第一期）2010 年第 3 期。

（二）文集论文

陈志勤：《费孝通的小城镇研究与日本的内发型发展论》，引自《文化主体性与历史的主人》，上海人民出版社，2010。

杜玉亭：《超禁式应用研究——西双版纳橡胶种植业的双重经济结构问题》，引自《民族田野五十年——中国特色民族学的足迹》，云南教育出版社，2009。

杜玉亭：《柔性应用研究——原始酒文化的现代迷失性错位》，引自《民族田野五十年——中国特色民族学的足迹》，云南教育出版社，2009。

郭家骥：《澜沧江下游的稻作文化及其变迁——以西双版纳州曼远村傣族为例》，引自《发展的反思——澜沧江流域少数民族变迁的人类学研究》，云南人民出版社，2008。

何翠萍：《生命、季节和不朽社会的建立：论景颇、载瓦时间的建构与价值》，引自《时间、历史与记忆》，台北："中央研究院"民族学研究所，1999。

黄应贵：《物的认识与创新：以东浦社布农人的新作物为例》，引自《物与物质文化》，台北："中央研究院"民族学研究所，2004。

李期博：《哈尼族丧俗刍议》，引自《哈尼族研究文集》，云南大学出版社，1991。

李期博：《哈尼族原始宗教探析》，引自《红河民族研究文集》，2003。

林璋：《浅析汉文化对哈尼/阿卡文化的影响》，引自《西双版纳文史资料》（十一），成都科技大学出版社，1994。

麻国庆：《全球化与文明对话中的周边的边缘民族：狩猎采集民的"自立"与"苦恼"》，引自《全球化下的中国与日本：海内外学者的多元思考》，社会科学文献出版社，2003。

《勐腊县橡胶技术推广站成立 20 周年材料之六》，引自《勐腊县橡胶技术推广站 20 年工作纪实》（内部资料），2009。

许建初、裴盛基、陈三阳等：《西双版纳轮歇农业生态系统的分类》，引自《生物多样性研究论文报告集》，云南教育出版社，1997。

王建华：《从谱系看哈尼族和阿卡人的形成》，引自《第六届国际哈尼/阿卡文化学术讨论会论文集》，云南人民出版社，2010。

（三）学位论文

卢成仁：《群观：娃底傈僳人的人群结合与观念研究》，博士学位论文，中山大学，2011。

朱伟：《交换、互助与关系建构——以四川平武三个白马村寨为例》，硕士学位论文，中山大学，2008。

张雨龙：《橡胶种植与社会文化变迁——以中老边境地区两个哈尼/阿卡人村寨为例》，硕士学位论文，云南大学，2011。

五　英文文献

A. F. Bottral, "Evolution of Irrigation Associations in Taiwan," *Agricultural Administration*, Vol. 4, 1977.

Austin Coates, *The Commerce in Rubber*: *The First* 250 *Years*, New York: Oxford University Press, 1987.

Barbara Weinstein. *The Amazon Rubber Boom 1850 - 1920*, Stanford: Stanford University Press, 1983.

Bradford L. Barham and Oliver T. Coomes, "Reinterpreting the Amazon Rubber Boom: Investment, the State, and Dutch Disease," *Latin American Research Review*, Vol. 29, No. 2 (1994).

Burkhalter, S. Brian, and Robert F. Murphy, "Tappers and Sappers: Rubber, Gold and Money Among the Mundurucú," *American Ethnologist*, 1989: 16 (1).

C. E. Akers, *Report on the Amazon Valley*: *Its Rubber Industry and Other Resources*, London: Waterlow and Sons, 1912.

Campbell, Constance E. Forest, "Field and Factory: Changing Livelihood Strategies in Two Extractive Reserves in the Brazilian Amazon," University of Florida, Gainesville, 1996.

Casement Commission, "Correspondence Respecting the Treatment of British

Colonial Subjects and Native Indians Employed in the Collection of Rubber in the Putumayo District," House of Commons Sessional Papers (Session Feb. 14, 1912– Mar. 7, 1913), Vol. 68, misc. no. 8.

Clifford Geertz, *Agricultural Involution: The Process of Ecological Change in Indonesia*, Berkeley: University of California Press, 1963.

C. Geertz, "Organization of the Balinese Subak," in Coward, E. (ed.), *Irrigation and Agricultural Development in Asia: Perspectives from the Social Sciences*, Ithaca: Cornell University Press, 1980.

Collier, Richard, *The River That God Forgot: The Story of the Amazon Rubber Boom*, New York: Dutton, 1968.

Dean, *Brazil and the Struggle for Rubber: A Study in Environmental History*, New York: Cambridge University Press, 1987.

Eric B. Ross, "The Evolution of the Amazon Peasantry," *Journal of Latin American Studies* 10: 2 (1978).

Andre G. Frank, *Capitalism and Underdevelopment in Latin America: Historical Studies of Chile and Brazil*, New York: Monthly Review Press, 1967.

Clifford Geertz, *Peddlers and Princes: Social Development and Economic Change in Two Indonesian Towns*, Chicago: The University of Chicago Press. 1963.

George M. Foster, *Tzintzuntzan: Mexican Peasants in a Changing World*, Boston: Little, Brown and Company, 1967.

W. E. Hardenburg, *The Devil's Paradise*, London: T. F. Unwin, 1912.

Yujiro Hayami, Kikuchi. *Masao, Asian Village Economy at the Crossroads*, Tokyo: University of Tokyo Press, 1980.

Howard Wolf and Ralph Wolf, *Rubber: A Story of Glory and Greed*, New York: Covici Friede, 1936.

James Scott, *The Art of Not Being Governed: An Anarchist History of Upland Southeast Asia*, Yale University Press, 2009.

John Hemming, *Amazon Frontier: The Defeat of the Brazilian Indians*, Cambridge: Harvard Univ. Press, 1987.

Joseph F. Woodroffe, Harold H. Smith, *The Rubber Industry of the Amazon, and How Its Supremacy Can Be Maintained*, London: J. Bale, Sons and Danielsson, 1915.

Kammerer, Cornelia Ann, "Territorial Imperatives: Akha Ethnic Identity and Thailand's National Integration," in *Ethnicities and Nations: Processes of Interethnic Relations in Latin America, Southeast Asia, and the Pacific*, Remo Guidien, Francesco-Pellizzi & Stanley J. Tambiah eds., Austin: University of Texas Press, 1988.

C. Lawrence, *The World's Struggle with Rubber, 1905 - 1931*, New York: Harper Bros., 1931.

Lewis Paul & Elaine Lewis, *People of the Golden Triangle*, N. Y.: Thames and Hudson. 1984.

M. D. Sahlins, B. F. Hoselitz, "Review of Sociological Aspects of Economic Growth," *American Anthropologist*, 1962.

Michael Edward Stanfield, *Red Rubber Bleeding Trees: Violence, Slavery, and Empire in Northwest Amazonia, 1850 - 1933*, Albuquerque: University of New Mexico Press, 1998.

Michael R. Dove, Living Rubber, Dead Land, and Persisting Systems in Borneo: Indigenous Representations of Sustainability, Bijdragen tot de Taal-, Land- en Volkenkunde. 1998, 1: 20-54, http://www.kitlv-journals.nl.

Michael R. Dove, "Rice-Eating Rubber and People-Eating Governments: Peasant versus State Critiques of Rubber Development in Colonial Borneo," *Ethnohistory*, Vol. 43, No. 1 (Winter, 1996).

Michael Taussig, *The Devil and Commodity Fetishism in South America*, Chapel Hill: University of North Carolina Press, 1980, 10-14.

Michael Taussig, *Shamanism, Colonialism, and the Wild Man: A Study in Terror and Healing*, Chicago: The University of Chicago Press, 1987.

Michael Taussig, "Culture of Terror-Space of Death," Vicent, Joan. (ed.), *The Anthropology of Politics: A Reader in Ethnography, Theory and Critique*, Malden/ Oxford: Blackwell, 2002.

Oliver T. Coomes and Bradford L. Barham, "The Amazon Rubber Boom: Labor Control, Resistance, and Failed Plantation Development," *The Hispanic American Historical Review*, Vol. 74, No. 2 (May, 1994).

Paul Rabinow, "Studies in the Anthropology of Reason," *Anthropology Today*, 8 (5), 1992.

R. Murphy and J. Steward. "Tappers and Trappers: Parallel Process in Acculturation," *Economic Development and Cultural Change* 4: 4 (1956).

Richard Collier, *The River That God Forgot: The Story of the Amazon Rubber Boom*, London: Collins, 1968.

Richard Hood Wallace, "The Effect of Wealth and Markets on Rubber Tapper Use and Knowledge of Forest Resources in Acre, Brazil," Doctor's Thesis, Gainesville: University of Florida. 2004.

Mashall Sahlins, "Cosmologies of Capitalism: The Trans-Pacific Sector of 'The World System'," in *Culture in Practice: Selected Essays*, New York: Zone Books. 2000.

Lauriston Sharp, "Steel Axes for Stone-age Australians," *Human Organization*, Vol. 11, 1952.

Stephen G. Bunker, *Underdeveloping the Amazon: Extraction, Unequal Exchange, and the Failure of the Modern State*, Chicago: The University of Chicago Press, 1988.

Mika Toyota, "Trans-national Mobility and Multiple Identity Choices: The Case of Urban Akha in Chiang Mai, Thailand," paper presented at the 7th International Conference on Thail Studies, University of Amsterdam.

Immanuel Wallerstein, *The Capitalist Word-Economy: Essays*, Cambridge: Cambridge University Press, 1979.

Barbara Weinstein, *The Persistence of Precapitalist Relations of Production in a Tropical Export Economy: The Amazon Rubber Trade, 1850 – 1920*. New York: Greenwood Press, 1986.

Barbara Weinstein, "Capital Penetration and Problems of Labor Control in the Nineteenth-Century Amazon," Meeting of the Latin American Studies Association, 1980.

Barbara Weinstein, *The Amazon Rubber Boom: 1850 – 1920*. Stanford, CA: Stanford University Press, 1983.

Bin Yang, "Between Winds and Clouds: the Making of Yunnan (Second century BCE-twentieth Century CE)," Unpublished Ph. D. Dissertatio.

附　录

附录一　勐腊县历年民营橡胶种植和生产情况

单位：吨，亩

年份	当年新增	累计实存	开割面积	干胶产量	年份	当年新增	累计实存	开割面积	干胶产量
1964	85.3	85.3			1987	27756	125997	4510	206.2
1965	271	356			1988	18437	144787	5338	259.4
1966	480	736			1989	36930	175314	7945	329
1967	717	1553			1990	23159	199939	10531	438
1968	471	2024			1991	5967	202534	12829	580
1969		1290			1992	4323	209352	24609	931
1970		1186			1993	4362	214829	43296	1709
1971		985			1994	9218	221496	81163	3534
1972		820			1995	30935	251615	89430	5813
1973	85	1264			1996	59225	312153	116965	8039
1974	65	939			1997	102250	402019	109168	8700
1975	500	1508	257	9.0	1998	43348	460375	116371	8859
1976	1976	1483	378	9.2	1999	27040	479374	134937	11673
1977	120	1657	568	14.8	2000	6073	465317	138347	11828
1978	435	1962	462	20.8	2001	8108	475432	160685	12714
1979	1571	4335	622	20.8	2002	17160	492333	177229	17622
1980	5183	9125	569	41.8	2003	42839	536414	193239	22499
1981	2421	11226	669	49.8	2004	47467	608712	214583	23147
1982	3150	14449	746	60.3	2005	65517	674400	243062	32403
1983	9350	19975	1273	85.1	2006	69979	742652	281066	36616
1984	4710	23382	1320	102.1	2007	67289	890821	323963	41046
1985	41333	64339	2241	128.0	2008	35953	942709	361133	42130
1986	38247	101184	2766	159.6					

附录二 地名释义

	地名	释义
1	嘛伞样	"嘛伞"即黄竹；"样"即地。黄竹山，种甘蔗也叫甘蔗山
2	回南呀	是指山上一流水箐沟的名字
3	罗读踏妹	罗读，指水井；踏妹，指上部。即水井往上的地方
4	老坝腊干吗	坝腊是寨子名，原来在山上的时候和扎松板在一起，后下坝后搬到勐满。"干吗"即路边
5	海说样伞	海说，指人名，是寨子里说通的爸爸。样伞，指干过劳动以后荒掉的地。指海说家的轮歇地
6	阿皮阿刀捞都	"阿皮"即奶奶；"阿刀"指人的外号；"捞都"即水井
7	烟皮罗国国着	"烟皮"指外号，本人真名叫呀汉，是则黑的爷爷的兄弟，喜好抽鸦片烟，故得名；"罗国"水沟；"国着"即群山。指以前呀汉住的地方
8	回尖捞捌	"捞捌"是河，这里指曼回尖水库
9	勐满国界	与勐满的交界处。只要是两家地的分界都通称国界
10	九队干吗	勐满农场五分场九队，"干吗"即路边
11	罗波波呀	意为茶叶地
12	妇女林地	寨旁边的黑心树林，后因村寨女性集体开发成橡胶地得名
13	阿包捞普	"阿包"即爷爷，"捞普"是汉话"老福"的音译，以前有个姓福的湖南的汉族。即他所住的地方
14	手先先秧	"手先"指树名，以前这个地方长了很多这种树
15	兰白南竜	"兰白"即汉族，即汉族小孩在的地方
16	沙白拉玛	"沙白"指人名，沙黑家爸爸的哥哥。"拉玛"即水塘。合作社之前他家在那里种地
17	二社跌玛	"跌玛"即水田。合作社的时候，二社的水田所在地
18	三社跌玛	合作社的时候，三社的水田所在地
19	猪食沟	克扎、则海家下面的水沟，合作社的时候在那里煮猪食
20	大河边	指南涧河边，一般指从老寨到新寨一段的南涧河岸边
21	拉玛兰律	"拉玛"即水塘，"兰律"即沼泽。那里以前是沼泽地，人、牛都不敢进去，会陷下去，后用泥填后才成为水田
22	兰妹兰国	兰国"树藤编成的凳子"

	地名	释义
23	草莓都阿捞	"草莓"即汉话"小麦"的译音，"阿捞"即平地。以前那里种过小麦故得名
24	黑秧都	"黑"是阿黑，名字。"都"即挖、埋，"秧"即小孩。指那里曾经埋了个叫阿黑的小孩
25	黑些呀	"黑些"人名，寨子里的黑先。"呀"即地。黑先家的地
26	拖拉机干旦	"干旦"即河水浅的地方，指刚好可以过拖拉机。在现在农场一队旁的南润河边
27	沙腊腊样	"沙腊"是所有佐料的统称，"样"地。种佐料的地方
28	格都普路	"格都""普路"都是凸起之意，即不平的小山包
29	坟山边地	在坟山旁边的橡胶地

附录三　橡胶低频刺激割胶新技术

该技术是以乙烯利刺激为手段，以减刀、浅割、增肥、产胶动态分析、全程连续递进刺激割胶、低浓度短周期刺激割胶、复方乙烯利刺激割胶为主要内容的新割胶技术体系。该技术通过化学刺激和其他配套措施，降低割胶频率，大幅度提高割胶劳动生产率，提高单产从而增加综合经济效益。

（一）割胶制度符号（国际采胶制度符号）

1. 割线数目、形式和长度及割胶频率

割线的条数、形式和长度是以分数来表示的。分子用大写字母，表示割线形式；割线长度用割线投影占树周水平长度的比例来表示，它不是割线的实际长度；分母前面的数字表示割线的数目。如：

S=全螺旋割线。

S/2 =一条半螺旋割线。

S/4 =一条 1/4 螺旋割线。

V = V 字形割线。

C =全树周割线，割线形式不定。

vC/2 =一条半树周割线（类型不定）。

当向下割阳刀时，不必标出割胶方向的符号。向上割阴刀，则需在割线符

号之后标出向上符号（↑）。当橡胶树有两个割胶方向时，则在割线符号之后同时标出向上和向下的符号（↑↓）。如：

S/2↑＝一条向上割（阴刀）的半螺旋割线。

2×S/4↑↓＝两条阴阳刀1/4的螺旋割线。

割胶频率和割胶周期用分数或系列分数表示。分子表示割胶期和单位，分母表示割胶周期长度。第一个分数表示"现行频率"，后一个分数表示"实际频率"。d＝日，w＝周，m＝月，y＝年。

d/1＝每日割，d/2＝隔日割，d/3＝三日割。

6m/9＝割六个月后休割三个月。

2. 割面轮换

割胶可在同一割日一个割面或一组割面上进行。也可隔日或一个割胶期在几个割面或几组割面轮换割胶。后一种方法称为"换割制度"，并在括号内用数字和英文字母表示每个割面轮换的周期，括号内第一个数字表示第一割面轮换的周期，第二数字表示第二割面轮换的周期。

（t，t）＝双割线，每条割线每割日换割一次。

（4m，4m）＝双割线，每条割线割四个月轮换。

（w，3w）＝双割线，第一割线割一星期后转第二割线割三星期。

3. 混合割胶

在同一株橡胶树上的两条割线，可以同日或隔日割胶。

同日割：两条割线的长度符号用（+）连接起来。如：

S/4↑+S/2＝一条1/4向上阳割线和一条1/2向下阳割线，同日割。

隔日割：两条割线的长度符号用逗号分开。如：

S/2↑，S/2＝一条1/2向上阳割线和一条1/2向下阳割线，隔日割。

割胶制度的制定和选择要因地制宜。传统的割胶制度（S/2，d/2），因耗皮量大、工效低，易死皮，目前已不用。使用刺激剂后，根据多年的生产实践经验总结及试验研究，云南植胶区将生产上的橡胶树品种划分为以RRIM600为代表的不耐刺激的Ⅰ类品种和以PR107代表的较耐刺激的Ⅱ类品种，云研277—5、海垦2、云研1号（有性系）等列为Ⅰ类品种，GT1、PB86、云研77-2、云研77-4等列为Ⅱ类品种，并特制定出了不同割龄的割胶制度，参见表1、表2。

表 1　橡胶树 d/3 割制不同割龄的割胶制度及 ET 施用浓度

割胶制度	割龄段	ET 浓度（%）	
		Ⅰ类品种	Ⅱ类品种
S/2d/3	1~3	0	0
	4~5	0.3	0.5
	6~7	0.5	1.0
	8~11	1.0	1.5
	12~15	1.5	2.0
	16~19	2.0	2.5
（S/2+S/4↑）d/3	20~24	2.0	2.5
	25~29	2.5	3.0
	30~34	3.0	3.5
	35~39	3.5	4.0
（S/2+S/2↑）d/3	40~41	4.0	4.5
（2S/2+S/2↑）d/3 或（S/2+2S/2↑）d/3	42~43	4.5	5.0

表 2　橡胶树 d/4 割制不同割龄的割胶制度及 ET 施用浓度

割胶制度	割龄段	ET 浓度（%）	
		Ⅰ类品种	Ⅱ类品种
S/2d/4	1	0	0
	2~3	0	0.5
	4~5	0.5	1.0
	6~8	0.8	1.5
	9~12	1.1	2.0
	13~16	1.5	2.5
	17~20	2.0	3.0
（S/2+S/4↑）d/4	21~24	2.0	3.0
	25~28	2.5	3.5
	29~32	3.0	4.0
	33~36	3.5	4.5
	37~40	4.0	5.0
（S/2+S/2↑）d/4	41~43	4.5	5.5
（2S/2+S/2↑）d/4 或（S/2+2S/2↑）d/4	44~45	5.0	6.0

附录四　扎松板老寨土地流转（卖出）详情

编号	姓名	面积（亩）	时间	期限	金额（万元）	买家	备注说明
1	帕黑	21.40（35）	2000 年	永久	0.30	本寨查海	老坝腊处。荒地
		13.17（20）	2008 年	2038 年	8.00	勐满农场五分场二队	回南呀处。定植 2 年的橡胶地
2	帕次	31.10	2003 年	2033 年	1.00	勐满农场九分场一队	勐满国界处。荒橡胶地
		2.45（4）	2007 年	永久	1.50	本寨次桑（儿子）	坟山头处。定植 5 年的橡胶地，100 多棵
		4.16（6）	2008 年	2042 年	2.00	勐满农场五分场独立排	已开割 2 年的橡胶地
		1.85（4）	2012 年	永久	0.16	本寨呀哦	阿波捞都处（鱼塘旁）。荒地
3	周黑	53.60（97）	2004 年	2029 年	29.00	勐满农场七分场八队	勐满国界处。已定植 4 年的橡胶地
4	帕切	4.48（10）	2003 年	永久	1.30	本寨帕沙	阿包捞普处
		16.50（30）	2005 年	2030 年	0.50	勐满农场中学教师	九队干吗处。荒橡胶地
5	查海	21.40	2003 年	2028 年	9.00	勐满农场六分场	勐满国界处。荒橡胶地补种后卖。2007 年转卖勐满农场车队
6	争扎/小	39.30	2003 年	2028 年	2.80	勐满农场五分场四队	勐满国界处。荒橡胶地补种后卖
		9.53	2004 年	永久	0.96	本寨先则	嘛伞样国着。已定植 2 年的橡胶地，350 棵
		12.50	2005 年	2028 年	3.50	勐满农场五分场水果队	已定植 5 年的橡胶地

续表

编号	姓名	面积（亩）	时间	期限	金额（万元）	买家	备注说明
7	欧沙	47.50	1999 年	2024 年	8.00	勐满农场五分场	勐满国界处。荒橡胶地
		12.16	2009 年	2039 年	14.00	非本地人	思茅人，在邮电局上班
8	支扎	38.30	2001 年	2028 年	2.40	勐满农场种植场三队	勐满国界处。荒橡胶地
9	克捌	21.10（50）	2010 年	2040 年	55.00	勐满农场机务队	坝腊山处。已开割 1 年的橡胶地
10	国桑	4.11（20）	1997 年	2028 年	0.70	曼贺南寨傣族	九队干吗处，林权证上实际面积 6 亩，旁边又开出 14 亩。荒橡胶地。2003 年被转卖给五分场八队，价格 8 万元
		15.00	2010 年	2050 年	16.00	勐润街上个体户	四川人，以前在寨子间卖馒头，现在街上开小卖部。老坝腊处，已开割 2 年的橡胶树 500 棵
		9.83	2011 年	2061 年	15.00	勐满农场五分场基建队	老坝腊处。刚开割的橡胶树 300 棵
11	争桑	22.20	2005 年	2028 年	2.00	勐满农场五分场	勐满国界处。荒橡胶地
12	攀老	5.94（12）	1998 年	2038 年	0.50	勐满农场五分场九队	九队干吗处。开割十多年的橡胶地，是 1985 年最早种下
		69.90（110）	2000 年	2028 年	2.50	勐满农场三分场场部	回南呀处。已定植 6~7 年的橡胶地，45 亩
			2006 年	2028 年	13.30	勐满农场五分场退休点	回南呀处。已定植 6~7 年的橡胶地，1211 棵，65 亩
		7.38（16）	2008 年	2038 年	9.60	新联汉族村	手先先秧处。定植 3~4 年的橡胶地

续表

编号	姓名	面积（亩）	时间	期限	金额（万元）	买家	备注说明
13	戈门	114.20（140）	2003 年	2028 年	5.40	老寨办厂	办厂。勐满国界处。荒橡胶地，30 亩，按 180 元/亩卖出
					3.50	老寨办厂	办厂。勐满国界处。橡胶地 11 亩
					24.00	勐满农场机务队	勐满国界处。橡胶地 100 亩
		4.11（8）	2005 年	2035 年	4.00	勐满农场五分场九队	九队干吗处。220 棵，已定植 5 年的橡胶地
		7.91（11）	2006 年	永久	6.00	本寨（妹戈成英）	罗读踏妹处
		4.19（10）	2010 年	2040 年	12.00	老寨办厂	办厂宗三。老坝腊干吗处。已定植 5 年的橡胶地
14	支聪	24.10	2004 年	2034 年	8.00	勐满农场医院	勐满国界处。刚开割的橡胶地
		3.01	2006 年	2036 年	2.50	新联汉族村澜沧人	大路边。橡胶地，180 棵。2011 年 10 万元转卖曼勒龙，傣族
		2.35	2007 年	2037 年	1.90	新联汉族村澜沧人	沙布了吗处。橡胶地 200 多棵
15	争说	24.20	1997 年	2032 年	0.45	岔路口公职人员	此前是种植山谷的田地
16	则海	25.40	1998 年	2028 年	0.70	勐满农场种植场	荒橡胶地
		8.57	2009 年	2039 年	12.60	勐满农场五分场学校	罗读踏妹处。已定植 3 年的橡胶地，按 300 元/棵，共 420 棵
17	窝俄	54.80	2000 年	2030 年	4.50	勐满农场场部	勐满国界处。荒橡胶地，存活 200 棵
18	克扎	69.70（120）	2005 年	2028 年	16.00	勐满农场场部	勐满国界处。荒橡胶地

编号	姓名	面积（亩）	时间	期限	金额（万元）	买家	备注说明
19	则查	无					
20	先布	无					
21	梅争	49.10（60）	2006 年	2036 年	46.80	岔路口处英茂糖厂	勐满国界处。刚开割的橡胶地，按 260/棵，1800 棵算
22	梭帕	无					
23	汉扎	27.80（60）	2000 年	2028 年	1.68	勐满农场种植场三队	勐满国界处。荒橡胶地。按 280/亩
		23.90	2008 年	2036 年	13.00	勐满农场五分场八队	回南呀处。其中 400 棵开割六七年，剩下 1999 年补种
24	梭差	12.90	2007 年	2028 年	8.90	勐满农场场部	回尖捞捌处。已开割三四年的橡胶地
		77.30	2012 年	2042 年	170.00	勐满农场五分场五队	勐满国界处。已开割 2000 棵，另有 1000 多棵没开
25	梭住	无					
26	标窝	3.80	2006 年	永久	0.80	本寨克扎	手先先秧处。荒地
27	飘的	无					
28	门桑	40.90	2004 年	2034 年	3.90	新寨办厂	勐满国界处。寒害后补种，定植 4 年卖
29	罗松	69.40	2003 年	2028 年	1.40	勐润卫生所	勐满国界处。定植 2 年的橡胶地。2006 年转勐满农场，20 万元
30	先扎	无					
31	先则	63.40	2000 年	2028 年	12.00	勐捧农场场部	勐满国界处。荒橡胶地，补种后卖掉
32	飘扎	6.21（10）	1997 年	永久	1.50	本寨标黑	回南呀处。荒橡胶地
		52.60	2003 年	2028 年	10.00	勐捧农场四分场	勐满国界处。荒橡胶地。已定植 5 年的橡胶地

编号	姓名	面积（亩）	时间	期限	金额（万元）	买家	备注说明
33	攀周	29.70（50）	2000年	2028年	3.70	勐满农场五分场九队	老坝腊处。已定植2年的橡胶地
		1.68	2002年	2028年	0.30	勐满农场五分场九队	阿波阿刀捞都处。荒地
		14.40（25）	2004年	2028年	5.00	勐满农场医院	回南呀处。已定植1年的橡胶地
		22.60（45）	2005年	2028年	7.20	勐满农场综合场	镇沅人。烟皮罗国着处。一半荒地，一半已定植2年
		20.00	2006年	2036年	8.00	原勐润粮管所	汉族。勐满国界处。荒橡胶地，林权证上71.4亩中的20亩
		3.96	2012年	2042年	33.00	曼降寨旁的砖瓦厂	镇沅人，汉族。新寨路边。刚开割的橡胶地
		3.75					
34	先仓	18.00（30）	2001年	2028年	3.40	勐满农场种植场办厂	老坝腊处。已定植两三年的橡胶地
		8.81	2007年	2028年	11.60	勐满农场五分场学校	九队干吗处。马上可以开割的橡胶地
		1.71（3.4）	2008年	永久	2.50	本寨门干	罗读踏妹处。已定植6年的橡胶地，115棵，按220元/棵计
		1.77（3）	2009年	永久	2.70	本寨支康	妇女林地处。已定植3年的橡胶地100棵
35	帕则	55.20（90）	2001年	2028年	2.00	勐满农场九分场四队	勐满国界处。荒橡胶地
36	攀扎	98.50（140）	2003年	2028年	6.00	勐满农场五分场九队	老坝腊处。荒橡胶地
		44.90（70）	2003年	2028年	3.00	勐满农场五分场九队	九队干吗处。荒橡胶地
		3.16（8）	2004年	2028年	2.00	新寨办厂	大河边。定植6年的橡胶地

编号	姓名	面积（亩）	时间	期限	金额（万元）	买家	备注说明
37	则索	61.20	2004 年	2039 年	9.00	勐满农场保卫科	勐满国界处。荒橡胶地，存活 300 多棵
38	攀桑	66.50	2002 年	2028 年	8.00	勐满农场场部	勐满国界处。荒橡胶地
39	先妹	43.30	2001 年	2028 年	6.00	勐捧农场场部	勐满国界处。荒橡胶地
40	俄师	63.90	2008 年	2038 年	40.00	勐捧农场场部	勐满国界处。未开割的橡胶地
41	次桑	11.60（20）	2003 年	2033 年	2.00	勐润中心小学	荒橡胶地。定植 2 年后，2005 年 8 万转卖给本寨杨追
42	海处	无					
43	仓军	此人目前不在，据说好赌成性，已经将所有土地（398.8 亩）全部卖完，大部分卖给农场，具体情况不详					
44	窝桑	26.10	2003 年	2033 年	1.80	勐满农场场部	勐满国界处。荒橡胶地，按 600/亩卖出
45	杨追	7.50	2000 年	2028 年	0.50	勐满农场五分八队	坟山旁。荒地
		18.00（30）	2007 年	2037 年	8.60	勐满农场五分八队	老坝腊处。已定植 6 年的橡胶地，林权证上 107.7 亩中的
46	胡捌	无					
47	龙门	5.04	2006 年	永久	1.50	本寨梭差	回南呀处。荒橡胶地
48	李扬发	39.70	2001 年	2036 年	7.50	岔路口公职人员	一半荒地，一半橡胶地。后 2011 年石发高调到勐腊后转卖五分场九队，40 万元，分给他 2000 元
		12.30	2001 年	2028 年	0.40	本寨标黑	荒橡胶地
49	益海	10.60	2002 年	2028 年	0.30	老寨办厂	回南呀处。荒橡胶地
		24.90	2003 年	2038 年	1.00	勐满农场五分场机务队	老坝腊处。荒橡胶地
		1.59（3.2）	2005 年	永久	0.35	本寨欧沙	嘛伞样处。荒地

编号	姓名	面积（亩）	时间	期限	金额（万元）	买家	备注说明
50	欧培	13.60（30）	1998 年	2023 年	4.00	勐润街个体商户	湖南人
		11.32（17）	2010 年	2040 年	16.00	勐满农场五分场	刚定植一年的橡胶地
51	布哩	80.00	2006 年	2036 年	24.70	勐满农场五分场	勐满国界处。荒橡胶地。林权证上为 116.6 亩，卖其中 80 亩
52	沙黑	15.00（25）	1998 年	2008 年	0.70	勐满农场五分场九队	荒橡胶地
		39.60	2005 年	2028 年	2.00	勐满农场五分场九队	荒橡胶地
		32.90	2005 年	2028 年	1.50	勐满农场二分场	荒橡胶地
53	窝张	32.30	2004 年	2034 年	3.00	勐满农场场部	勐满国界处。荒橡胶地，按 900 元/亩卖出
54	克罗	102.10（130）	2003 年	2028 年	28.00	勐满农场场部	勐满国界处。荒橡胶地
		67.80（100）	2001 年	2025 年	6.00	勐捧农场场部	与克扎家合并卖。荒橡胶地，存活 300 棵
		4.00（10）	2010 年	2040 年	35.00	勐满农场机务队	承包克扎家土地 60 亩。开割后得 20 亩，加自有 10 亩一起卖
55	央鹊	15.10	2000 年	2028 年	0.30	勐满农场五分场九队	回尖捞捌处。荒橡胶地
		61.60	2002 年	2028 年	15.00	勐腊 4 公里处村寨	从墨江迁来的汉族寨子。荒橡胶地，存活 1000 棵
56	标黑	无					
57	车龙	7.31（15）	2004 年	永久	1.00	本寨先仓	嘛伞呀处。荒地
		11.29	2007 年	2032 年	5.60	勐满农场五分场八队	海说样伞处。已开割 300 多棵的橡胶地，一年后以 12 万元被转卖

续表

编号	姓名	面积（亩）	时间	期限	金额（万元）	买家	备注说明
58	绝海	59.30（80）	2007 年	2037 年	20.00	勐满农场六分场场部	勐满国界处。已定植 7 年的橡胶地
		15.57（30）	2012 年	2042 年	40.00	勐满农场三分场四队	回南呀处。刚刚开割的橡胶地，开割面积 20 亩
59	门张	10.90（17）	1997 年	2028 年	0.13	老寨办厂	回南呀处。12 亩荒橡胶地
			2008 年	2038 年	1.50	本寨杨追	回南呀处。5 亩刚定植的橡胶地
		5.95（8）	2008 年	2038 年	1.60	勐满农场五分场九队	定植 2 年的橡胶地
60	争攀	108.30	2002 年	2032 年	69.00	勐捧农场综合场	勐满国界处。已定植 4 年的橡胶地。此前承包给老寨办厂，对半分成，卖后平分 69 万，林权证不变
61	帕沙	32.60（58）	1998 年	2028 年	0.30	岔路口公职人员	老坝腊处。荒橡胶地。38 亩
				永久	0.20	本寨康生福（侄女婿）	老坝腊处。荒橡胶地。22 亩
		12.50（22）	2006 年	2031 年	4.00	勐润中学教师	老坝腊处。已定植 3 年的橡胶地
62	查桑	52.30（80）	2006 年	2030 年	30.00	非本地人	勐满国界处。定植 6 年的橡胶地，20 亩已开割。勐捧农场二分场介绍的浙江人。2010 年 57 万元转卖勐满农场电工
63	龙者	60.30	1997 年	2028 年	2.00	勐满农场三分场一队	勐满国界处。荒橡胶地
		4.73（7）	2006 年	永久	不详	本寨攀桑（姑父）	嘛伞呀处。已开割橡胶地 200 多棵
		18.00	2007 年	永久	1.20	本寨龙争	回南呀处。荒橡胶地

编号	姓名	面积（亩）	时间	期限	金额（万元）	买家	备注说明
64	帕包	42.20	2002 年	2028 年	1.20	勐满农场九分场七队	回南呀处。荒橡胶地，按 290 元/亩计
		17.40	2006 年	永久	8.00	本寨攀黑	大青树处。荒橡胶地
65	友三	8.26（13）	1994 年	2028 年	1.00	勐满农场五分场九队	九队干吗处。荒地。原集体橡胶林，更新后卖给个人
		114.30（130）	2005 年	2028 年	57.00	勐满农场场部医院	回南呀处。刚开割的橡胶地
		3.43	2011 年	2041 年	5.00	勐满农场五分场场部	已开割 2 年的橡胶地
66	争扎/大	44.50	2004 年	2028 年	24.70	勐捧农场卫生院	勐满国界处。已开割的橡胶地
67	番梭	34.60（60）	2006 年	2036 年	22.70	勐满农场七分场场部	勐满国界处。其中 300 棵已开割 2 年，剩下为 2000 年补种
		21.75（35）	2006 年	2036 年	15.50	勐满农场三分场场部	回南呀处。已定植 7 年的橡胶地，未开割
68	扎车	73.20	2000 年	2028 年	2.00	勐满农场种植场	三家，墨江人，汉族。勐满国界处。荒橡胶地
69	汉飘	16.00（23）	2002 年	2028 年	2.00	勐满农场种植场四队	老坝腊处。荒橡胶地，林权证上 39.4 亩中的 16 亩
		2.46（6）	2009 年	2039 年	7.00	勐满农场五分场退休点	老坝腊处。已定植 2 年的橡胶地
70	扎康	7.10（16）	2001 年	2028 年	0.36	国防阿卡寨	家族亲戚，阿卡人。嘛伞样处。荒橡胶地
		32.90（54）	2003 年	2028 年	1.08	勐满农场五分场七队	勐满国界处。荒橡胶地，按 200 元/亩
71	帕梭	无					
72	帕尤	无					

续表

编号	姓名	面积（亩）	时间	期限	金额（万元）	买家	备注说明
73	窝桑	35.30	2001 年	2028 年	1.20	勐满农场九分场机务队	勐满国界处。荒橡胶地
		3.20	2007 年	永久	4.40	本寨标黑	已定植 4 年的橡胶地，但管理不好。按照 220 棵，200 元/棵算
74	龙说	37.30	2002 年	2028 年	1.40	勐满农场综合场	勐满国界处。荒橡胶地
		4.94（10）	2007 年	2028 年	5.30	勐满农场五分场退休点	嘛伞样处。已定植 4~5 年的橡胶地
75	先门	13.47（20）	1998 年	2028 年	1.30	勐捧农场场部	老坝腊处，共有 22.9（34）亩。剩下 8 亩开割，6 亩未开割
		16.70（35）	1998 年	2028 年	3.40	勐润公职人员	景洪人。荒橡胶地。其调走后 2000 年以 12.3 万元转卖勐润，小学教师；2001 年 15 万元转卖橡胶场一队（办厂）；2011 年 27 万元转卖勐润街个体，收杂胶的阮某
76	车扎	5.77	2008 年	2038 年	3.00	勐满农场五分场九队	老坝腊处。已定植 5 年的橡胶地
77	扎飘	31.60	2010 年	2028 年	34.00	勐润信用社	勐海人。勐满国界处。此前承包给三分场，卖前付给 10 万元
78	欧克	21.70	1997 年	2028 年	12.00	勐满农场五分场机务队	已定植 5~6 年的橡胶地
		17.50	2004 年	2028 年	1.50	勐满农场五分场机务队	荒橡胶地
79	尚明田	43.50	2004 年	2028 年	21.00	勐满农场场部医院	勐满国界处。已开割 1 年的橡胶地
		10.00	2006 年	2051 年	0.80	非本地人	镇沅人，是来本寨上门的康生福的弟弟。荒橡胶地

编号	姓名	面积（亩）	时间	期限	金额（万元）	买家	备注说明
80	飘梭	82.40	2003年	2028年	9.50	勐满农场五分场九队	勐满国界处。荒橡胶地，按荒地250元/亩，树50元/棵算。2006年57万元转卖外省人，在岔路口收废铁的
		18.50	2006年	2031年	13.00	勐满农场场部	回南呀处。已开割2年的橡胶地，按200元/棵计
81	攀黑	91.60（115）	1999年	2028年	1.50	勐满农场九分场七队	勐满国界处。40亩。荒橡胶地
			2007年	2028年	34.20	勐满农场八分场九队	勐满国界处。47亩。刚刚开割的橡胶地。是勐满农场八分场九队和思茅做生意的老板合伙出资
						非本地人	
			2009年	2039年	10.00	非本地人	勐满国界处。28亩。定植6年的橡胶地。红河人，他家割胶工
		2.18	2005年	永久	0.80	本寨攀周	罗波波呀处。荒地
82	龙哥	41.90（65）	2002年	2028年	9.50	勐满农场四分场四队	烟皮罗过国着处。刚定植橡胶树2000多棵
83	周于	52.10	2003年	2028年	13.20	勐捧农场场部	勐满国界处。荒橡胶地，存活一半
84	康生福	20.10	2010年	2035年	27.00	勐满农场二分场二队	回南呀处。已定植6年的橡胶地
85	呀甲	33.80（60）	2004年	2028年	8.50	勐满农场五分场九队	老坝腊处。已定植2年的橡胶地
		13.50（30）	2004年	2028年	3.80	勐润计生办	老坝腊处。已定植2年的橡胶地
		11.90（20）	2004年	2028年	0.80	勐满农场五分场九队	老坝腊处。荒橡胶地

续表

编号	姓名	面积（亩）	时间	期限	金额（万元）	买家	备注说明
86	门飘	27.60（30）	1999 年	2028 年	2.10	勐满农场场部	老坝腊处。荒橡胶地
		19.30（38）	2000 年	2028 年	2.70	勐满农场七分场场部	勐满国界处。荒橡胶地，存活一半
87	飘张	38.00	2005 年	永久	6.00	本寨攀周	勐满国界处。刚定植的橡胶地
88	益秧	5.99（10）	1994 年	2028 年	0.30	勐满农场五分场七队	九队干吗处。荒橡胶地
		35.70（70）	1998 年	2028 年	0.78	原勐润中学校长	老坝腊处。荒橡胶地。后调到岔路口，2002 年 25 万转勐满农场四分场二队，分给其 1 万元
89	黑先	11.90（18）	2001 年	2028 年	0.30	勐润小学教师	荒地
		23.80	2004 年	2028 年	2.00	勐润小学教师	荒地
		40.90（80）	2003 年	2028 年	1.20	勐满农场五分场九队	包括黑先、胖三、胖四三家，分别为 40 亩（300 元/亩）、13 亩（200 元/亩）、35 亩（290 元/亩）一起卖
		1.09	2010 年	永久	2.50	本寨支聪	嘛伞呀
90	周先	31.20（50）	1997 年	2035 年	0.80	勐满农场种植场	老坝腊处。荒地。其父亲当时为护林员，砍坝后卖给对方定植
		23.80（34）	1997 年	永久	0.80	本寨黑先	回南呀处。荒橡胶地
91	则汉	23.40（40）	2005 年	2028 年	3.50	勐满农场五分场机务队	荒橡胶地
92	戈扎	25.60	1999 年	2028 年	1.00	勐润中学办厂	老坝腊处。荒橡胶地。每年给 3000 元，三年支付完
		36.40	2002 年	2028 年	4.00	勐捧农场三分场	回南呀处。定植 1 年的橡胶地
		1.80（3）	2011 年	永久	11.00	本寨支聪	罗读踏妹处。已开割 2 年的橡胶地 100 多棵

续表

编号	姓名	面积（亩）	时间	期限	金额（万元）	买家	备注说明
93	门干	43.50	2004 年	2034 年	7.50	勐润信用社	勐满国界处。已定植 5 年的橡胶地。2006 年 17 万元转勐捧农场
94	周扎				无		
95	飘当	9.58（13）	1994 年	2028 年	0.60	勐满农场五分场九队	九队干吗处。荒地。原为最早的集体橡胶林，更新后卖给个人
		46.90（80）	1999 年	2039 年	3.00	岔路口公职人员	回尖捞捌处。荒橡胶地，存活 900 棵
		12.75（20）	2006 年	2036 年	14.00	勐满农场五分场场部	回南呀处。定植 2 年的橡胶地
		2.95	2006 年	永久	1.00	本寨梭帕	阿波阿刀捞都处。荒地
		1.66	2009 年	永久	0.12	本寨捌歌	阿波阿刀捞都处。荒地
		6.22（14）	2012 年	2042 年	27.00	新寨办厂澜沧队	嘛伞呀处。刚开割的橡胶地
96	呀飘	16.00（23）	2003 年	2033 年	1.15	勐润街上个体户	镇沅人，汉族。原在勐润开车拉客，后在街上开店。老坝腊处。林权证上 24.1 亩中的 16 亩。荒橡胶地
		21.60（27）	2005 年	2035 年	1.35	勐满农场九分场	老坝腊处。荒橡胶地
		1.35（3）	2008 年	永久	0.60	本寨攀老	罗波波呀处。已定植 3 年的橡胶地 100 多棵
97	门扎	14.13（25）	2005 年	永久	2.50	本寨门干	烟皮罗国国着。分家时候兄弟各 20 多亩，卖给已嫁出去的妹

编号	姓名	面积（亩）	时间	期限	金额（万元）	买家	备注说明
98	友差	12.68（20）	1999年	2028年	0.50	勐满农场三分场九队	老坝腊处。荒橡胶地，存活300多棵
		34.80	2003年	2028年	8.00	勐捧农场场部	勐满国界处。刚开割的橡胶地
		（3）	2004年	永久	1.00	本寨标黑	烟皮罗国着处。刚定植的橡胶地100棵
		9.03（15）	2008年	2038年	5.70	勐满农场四分场	回南呀处。刚定植的橡胶地
99	龙争	18.00	2007年	2037年	4.20	勐满农场四分场一队	回南呀处。荒橡胶地。从龙争1.2万元买来一星期后转卖
100	秧车	57.40（80）	2001年	2040年	5.60	勐满农场场部	勐满国界处。荒橡胶地，存活一半
		4.83	2006年	永久	3.00	本寨周黑	罗读踏妹处。已开割2年的橡胶地
		8.73	2004年	永久	6.00	本寨标黑	烟皮罗国着处。已定植2年的橡胶地，按200元/棵计
101	支康	24.80	2003年	永久	0.45	本寨克罗	老坝腊处。荒橡胶地
		14.80	2004年	2028年	3.00	勐满农场种植场办厂	勐满国界处。荒橡胶地，存活300多棵
102	周憨	14.20（27）	2002年	2027年	2.30	勐捧农场场部	荒橡胶地
		4.73	2008年	永久	1.30	本寨攀桑	已开割3年的橡胶地
103	捌歌	51.50（106）	2002年	2028年	2.40	勐满农场九分场场部	勐满国界处。96亩。荒橡胶地，存活很少
			2011年	2041年	6.80	勐满农场种植场二队	勐满国界处。20亩。寒害后保存较好的更新后卖掉

编号	姓名	面积（亩）	时间	期限	金额（万元）	买家	备注说明
104	飘胡	5.36（8）	2001年	2028年	1.00	勐满农场五分场九队	九队干吗处。定植1年的橡胶地
		74.70（90）	2010年	2035年	40.80	非本地人	思茅人。勐满国界处。2002年老寨办厂的墨江人承包，8年后分得30亩，2028年收回。卖掉的60亩中，1500棵已开割
105	则黑	72.90（82）	2003年	2028年	2.00	勐满农场种植场	勐满国界处。荒橡胶地，20亩
					6.60	勐捧农场场部	勐满国界处。荒橡胶地，60亩。2005年转卖其亲戚，8万元
		7.84	2006年	永久	0.80	本寨争攀	回南呀处。荒橡胶地
106	海倒	11.50（20）	1993年	2033年	不详	勐满农场五分场九队	夫死后，其兄标窝帮卖价格不详
		5.80（10）	2005年	永久	0.66	本寨标黑	回南呀处。荒橡胶地
107	龙学	1.90	2007年	永久	1.50	本寨攀周	罗波波呀处。已定植1~2年的橡胶地110棵
		3.40	2007年	永久	1.50	勐满农场四分场	坟山旁。已定植5年的橡胶地210棵
		18.90（25）	2010年	2040年	6.70	勐满农场五分场场部	阿波捞普处。总计31.05（41）亩，另剩16亩自留。刚定植/定植2年的橡胶地
			2012年		16.00	本寨梭差	

续表

编号	姓名	面积（亩）	时间	期限	金额（万元）	买家	备注说明
108	飘夺	3.20（5）	1999年	永久	1.00	本寨标黑	烟皮罗国着。更新后的荒地，按150元/树位计
		2.28（4.5）	2003年	永久	0.80	本寨央鹊	罗波波呀处。荒地

注：

1. 从土地流转时间上，一部分土地流转的期限多取20年、25年，或者30年这样的整数，大部分则是直接转让到2028年，这是扎松板第二轮土地延包到期的时间。在期限一栏还有"永久"一项，仅出现于村寨内部的流转，是指由于土地所有权都属于同一个村集体的情况下，不仅转让了土地的使用权，也转让了土地的承包权。

2. 从土地流转的面积上，统一采取了林权证上的面积。由于采取GPS定位来测量土地面积，实际上是采用了投影的方式转换成平面坐标，在此过程中不同的地形测定过程中会存在一定的误差。尤其对于扎松板周围地形陡峭的山体来说，其投影面积会远远小于山体起伏不平的表面积，使得某些地块的测量面积大大小于实际面积，有时离谱的会有成倍差距。在民间更常见的采取数（橡胶）株数的方式（按照每亩33棵的标准，但实际有的也疏密不均）来估量地块面积。考虑到很多地块在流转的时候还是荒地，无法估算株数，在此统一采用了林权证上GPS测量面积，其中部分用括号标注出实际面积，便于读者对两者的差距有一个更直观的对比。以主观感受而言，大体上，像勐满国界、老坝腊等地山势起伏较大的测量面积与实际面积出入也较大，相比村寨附近的罗读踏妹、嘛伞样地势较为平坦，误差相对较小。

3. 从土地流转的植被状况上看，包括：荒地、荒橡胶地和橡胶地。其中荒地是指没有种植过橡胶或者种植橡胶完全没有存活的土地，这样的土地在栽种橡胶之前还需要有砍坝、翻带、挖坑等工序；荒橡胶地则大多是由于自然灾害或者管理不善，部分胶树或者僵死、不出胶，其中有些依据当事人记忆记录了存活棵数；橡胶地也具体区分了定植时间或已开割时间，按现在的市场行情来看，由于定植到开割之间的时间为8~10年，只有投入（橡胶苗和肥料、农药等资金投入多，劳动投入主要是除草、施肥，相对较少）而无产出，开割后的前几年由于割胶劳动投入增加，但产出较少。直到开割三四年后胶水猛增，此时的橡胶地价值最高。

附录五　扎松板各家族谱系（自送米窝为始41代起）

1.邦郭阿谷

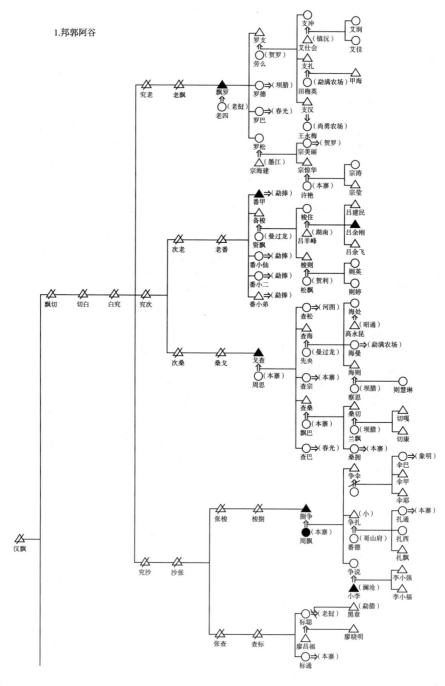

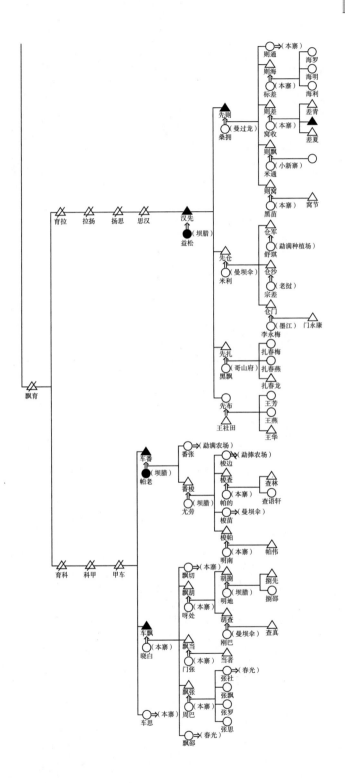

239

2.威扎阿谷

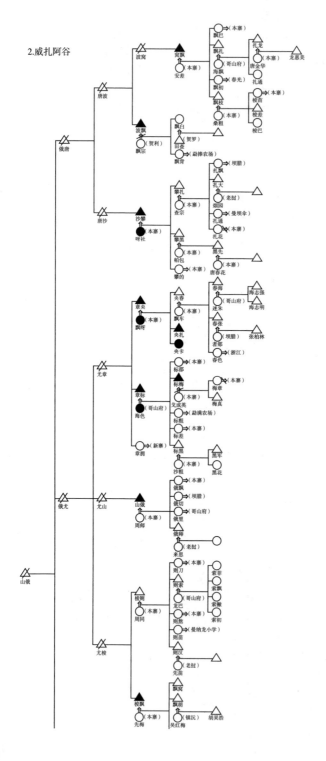

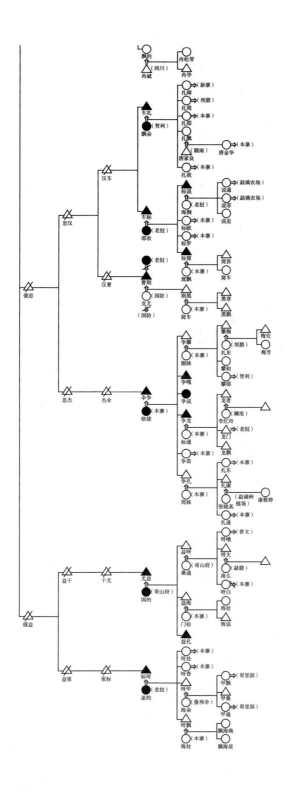

241

3.威昌阿谷

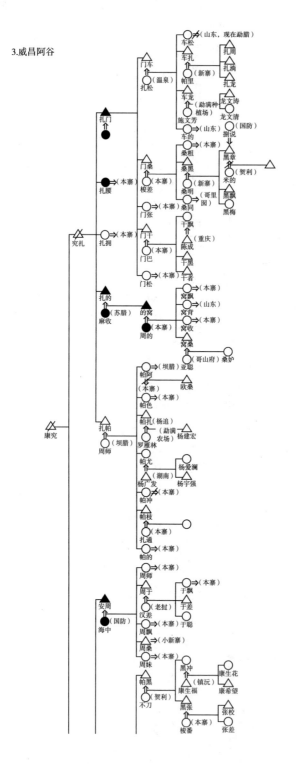

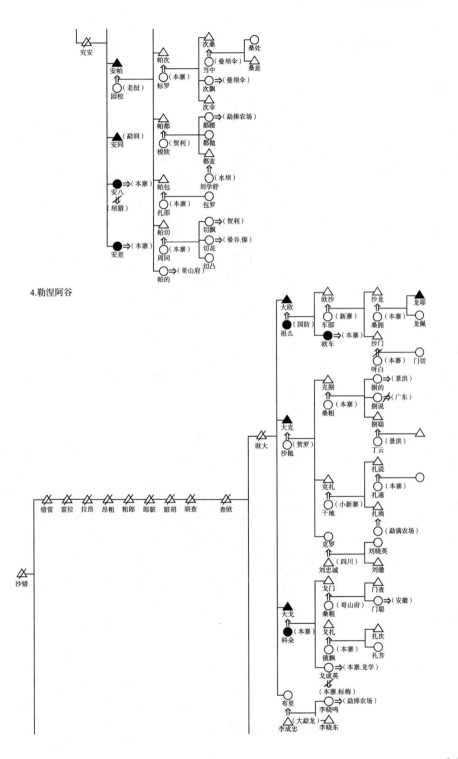

4.勒涅阿谷

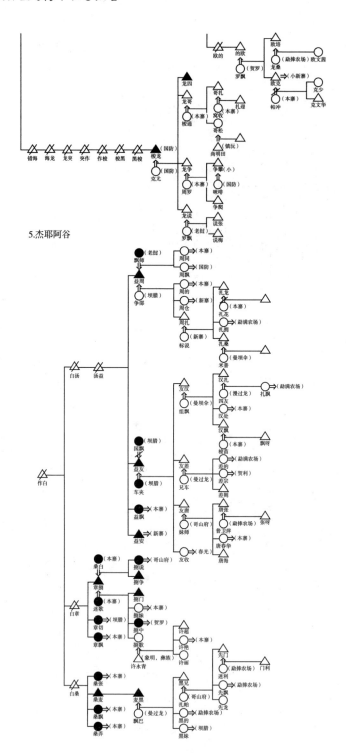

5.杰耶阿谷

6.内喝阿谷

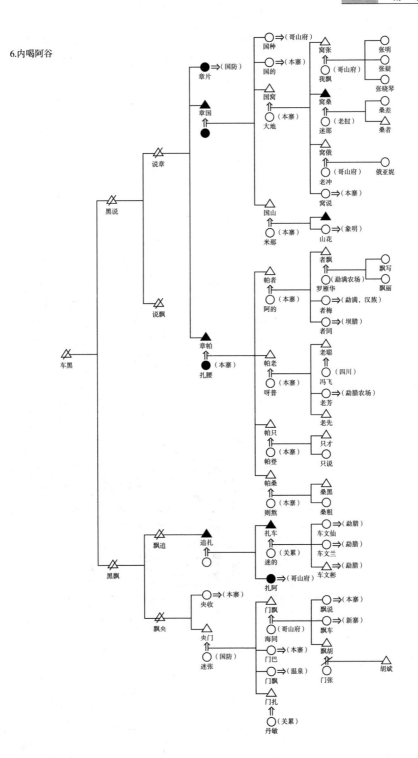

7.玛尤阿谷

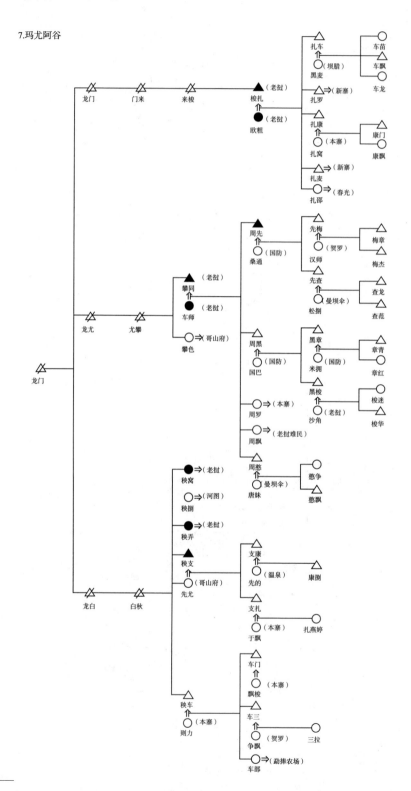

8.普的阿谷

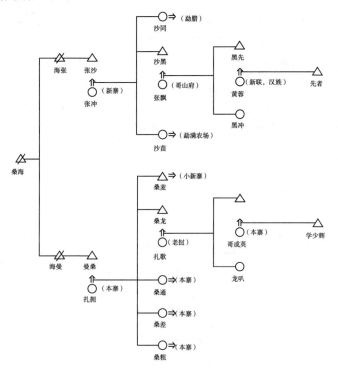

9.木邦阿谷

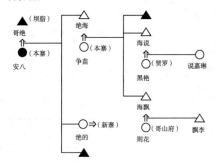

10.处些阿谷

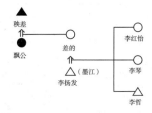

附录六　扎松板老寨橡胶地占有明细

单位：亩

编号	姓名	地一	地二	地三	地四	地五	地六	地七	地八	地九	地十	十一	十二	十三	合计
1	帕黑	0.54	13.17	27.9											41.61
2	帕次	4.16	1.85	4.48	2.45	31.1									44.04
3	周黑	1.33	5.76	1.47	4.83	19.90	13.8	53.6							100.69
4	帕切	0.71	0.10	16.5											17.31
5	查海	7.35	4.91	6.77	11.70	18.8	15.7	62.3	21.4	14.3					163.23
6	争扎/小	0.36	4.41	8.62	0.98	0.36	4.00	12.5	39.3						70.53
7	欧沙	1.59	12.16	4.57	1.46	6.10	26.65	0.37	19.0	47.5					119.40
8	支扎	14.1	10.7	37.6	38.3										100.70
9	克捌	6.98	12.79	0.94	18.5	74.5	21.1								134.81
10	国桑	9.83	1.06	4.11	15.0										30.00
11	争桑	2.57	9.20	0.77	22.2										34.74
12	攀老	5.94	1.40	3.13	1.11	7.38	3.75	6.84	69.9						99.45
13	戈门	2.34	4.19	1.71	7.91	2.94	4.11	34.9	114.2						172.30
14	支聪	2.35	6.39	8.87	3.01	24.1									44.72

续表

编号	姓名	地一	地二	地三	地四	地五	地六	地七	地八	地九	地十	十一	十二	十三	合计
15	争说	4.17	2.92	41.80	24.20										73.09
16	则海	1.07	7.28	8.57	2.64	0.75	6.84	0.80	0.40	25.40					53.75
17	国篾	5.75	1.65	9.07	11.90	54.80									83.17
18	克扎	8.31	10.74	1.50	3.20	10.60	11.00	69.70							115.05
19	则查	9.94	6.06	1.98	4.64	1.74	51.50								75.86
20	先布	16.20	14.60	48.30											79.10
21	梅争	5.85	15.81	6.52	49.10										77.28
22	说胖	2.95	6.64	3.28	0.90	2.51	37.90								54.18
23	汉扎	3.90	3.91	2.30	6.86	1.12	12.80	27.80	23.90						82.59
24	梭查	6.55	1.60	5.04	25.77	5.89	6.90	77.30	12.90						141.95
25	梭住	10.80													10.80
26	拉山	3.80	4.90	14.10											22.80
27	飘的	23.10													23.10
28	门柔	3.05	0.66	0.53	4.58	3.73	29.43	40.90	34.60						117.48
29	罗松	1.90	1.07	0.53	13.80	20.70	49.60	69.40							157.00
30	先扎	6.05	1.00	2.27	37.70	15.40	38.30								100.72
31	先则	7.61	11.52	9.53	6.54	3.11	63.40								101.71

续表

编号	姓名	地一	地二	地三	地四	地五	地六	地七	地八	地九	地十	十一	十二	十三	合计
32	飘扎	3.21	8.66	15.68	5.08	52.60	24.50	7.80							117.53
33	攀周	2.18	1.68	3.96	1.90	3.75	29.70	71.40	14.40	22.60	75.50	19.20			227.07
34	先仓	1.09	8.81	0.95	1.77	1.71	0.50	3.01	7.31	0.30	1.71		18.00		64.36
35	帕则	2.37	5.00	2.57	55.20	20.70	12.70								98.54
36	攀扎	3.16	9.48	1.97	3.11	9.83	32.60	98.50	44.90						203.55
37	则索	2.61	3.77	7.29	2.94	61.20	36.30								114.11
38	攀桑	4.73	39.47	13.41	8.31	5.88	66.50	16.00							154.30
39	先妹	6.32	26.27	43.30	28.50	4.20									108.59
40	俄师	4.32	4.23	63.90	12.90	12.80									98.15
41	次桑	0.95	9.40	11.60											21.95
42	海处	1.34	0.75	19.70											21.79
43	仓牢	199.00	199.80												398.80
44	窝桑	4.53	26.10	10.60											41.23
45	杨追	7.50	6.30	107.70											121.50
46	胡捌	2.29	18.07	24.20	3.10										44.56
47	龙门	1.93	2.90	2.80	3.10										10.73
48	李扬发	1.44	11.70	10.98	12.30	39.70									76.12

续表

编号	姓名	地一	地二	地三	地四	地五	地六	地七	地八	地九	地十	十一	十二	十三	合计
49	益海	8.56	10.60	24.90											44.06
50	欧培	8.79	11.32	3.65	9.29	11.90	46.90	13.60							105.45
51	布哩	4.65	9.88	5.38	116.60	20.30	9.20	3.40							169.41
52	沙黑	27.07	1.34	4.24	32.90	39.60	15.00								120.15
53	窝张	2.36	32.30	8.60											43.26
54	克罗	19.79	9.54	7.75	1.07	4.00	102.10	24.80	67.80						236.85
55	央鹊	1.02	10.04	0.21	2.28	3.67	4.80	9.80	13.80	15.10	7.90	61.10			129.72
56	标黑	10.73	13.15	8.73	3.20	10.40	99.0								145.21
57	车龙	4.52	11.29	11.60	67.70										95.11
58	绝海	2.10	7.05	2.01	8.58	4.78	3.27	15.57	0.90	59.30	18.50				122.06
59	门张	5.95	0.30	5.20	10.90	7.60									29.95
60	争攀	1.95	7.84	1.02	6.14	0.90	4.70	20.53	3.38	108.30	35.60				190.36
61	帕沙	4.48	1.19	7.50	12.50	32.60									58.27
62	查桑	3.30	2.97	4.35	2.81	8.95	4.85	2.40	52.30	15.40	23.20				120.53
63	龙者	8.77	60.30	11.70											80.77
64	帕包	1.41	42.40	3.30	2.60	3.30	1.25								53.01
65	友三	8.26	3.18	16.30	38.43	0.84	1.25	3.43	11.41	11.67	11.97	114.30	51.00		272.04

续表

编号	姓名	地一	地二	地三	地四	地五	地六	地七	地八	地九	地十	十一	十二	十三	合计
66	争扎/大	8.19	5.84	4.50	5.47	9.81	9.04	44.50	11.60						98.95
67	番梭	1.71	21.75	1.54	4.60	2.29	34.60								66.49
68	扎车	2.57	8.37	0.90	10.80	73.20									95.84
69	汉飘	2.46	6.18	39.40											48.04
70	扎康	3.50	7.10	12.90	32.90										56.40
71	帕梭	15.92	1.09	3.21	1.35	47.90									69.47
72	帕尤	5.87	1.49	9.71	19.30										36.37
73	笆桑	3.83	2.00	9.35	1.63	35.30	15.30								67.41
74	龙说	3.60	8.00	4.94	1.59	37.30									55.43
75	先门	1.27	22.90	16.70											40.87
76	车扎	3.74	5.77	1.25	23.50	3.50	25.00								62.76
77	扎飘	2.33	1.36	31.60	42.10										77.39
78	笆科	4.12	9.90	21.70	17.50										53.22
79	尚明田	2.03	1.88	3.74	7.53	23.40	43.50								82.08
80	飘梭	1.16	2.40	5.10	18.40	82.40	18.50	19.40	7.70						155.06
81	攀黑	1.56	4.40	91.60	13.00	17.40	12.30								140.26
82	龙哥	7.10	10.93	6.72	1.50	2.01	41.90	10.40							80.56

续表

编号	姓名	地一	地二	地三	地四	地五	地六	地七	地八	地九	地十	十一	十二	十三	合计
83	周余	15.72	4.23	4.37	16.61	7.08	1.35	52.10	14.50	15.60					131.56
84	康生福	2.61	1.51	5.00	3.01	1.82	0.37	7.03	20.10	6.70	13.60	24.50	44.20	24.40	154.85
85	呀甲	6.60	13.50	33.80	11.90										65.80
86	门飘	6.21	1.38	0.70	2.75	26.20	22.50	19.30	27.60						106.64
87	飘张	1.08	4.43	5.27	2.13	10.12	8.70	19.90	69.70						121.33
88	益秋	3.29	3.09	5.99	0.72	35.70	9.70	9.60							68.09
89	黑先	8.38	1.09	3.63	2.77	11.90	23.80	40.90							92.47
90	周先	9.80	14.00	31.20											55.00
91	则汉	2.28	4.10	5.30	7.80	23.20									42.68
92	戈扎	4.01	10.20	1.74	1.57	0.50	4.44	1.80	4.86	45.20	36.40	25.60			136.32
93	门干	2.10	1.46	0.80	14.13	3.25	5.20	28.00	43.50						98.44
94	周扎	7.13	3.82	0.78	1.95	9.45	3.37	13.20	53.10						92.80
95	飘当	9.58	12.75	6.22	44.50	46.90									119.95
96	呀飘	4.44	24.10	21.60											50.14
97	门扎	3.87	4.22	2.51	2.94	13.40	39.80								66.74

续表

编号	姓名	地一	地二	地三	地四	地五	地六	地七	地八	地九	地十	十一	十二	十三	合计
98	友差	12.40	9.03	12.68	35.20	34.80									104.11
99	龙争	18.00	2.19	1.63	10.80	56.20									88.82
100	秋车	9.90	34.10	57.40											101.40
101	支康	2.75	2.50	1.30	1.87	14.80	27.00								50.22
102	周懋	3.32	6.86	14.20											24.38
103	捌歌	1.07	1.66	22.70	1.65	51.50									78.58
104	飘胡	3.89	40.80	2.34	4.08	3.52	5.36	74.70							134.69
105	则黑	31.20	2.66	72.90											106.76
106	海朗	1.56	0.67	17.30											19.53
107	龙学	3.40	31.05	7.63											42.08
108	飘车	4.09													4.09
														总计	9926.32
														平均	91.91

附件七　扎松板老寨农田占有情况

单位：亩

编号	姓名	地块一	地块二	地块三	地块四	地块五	地块六	总计
1	帕黑	2.29	5.21					7.50
2	帕次	4.16						4.16
3	周黑	4.20	7.45					11.65
4	帕切	1.30	1.20					2.50
5	查海	9.47	3.00	3.00				15.47
6	争扎/小	11.94						11.94
7	欧沙	6.45	4.50	0.70	1.40	2.50	0.20	15.75
8	支扎	3.64	4.20	0.27				8.11
9	克捌	10.06	0.77	7.02				17.85
10	国桑	1.01	2.20					3.21
11	争桑	0.96	5.90					6.86
12	攀老	5.20	0.75					5.95
13	戈门	5.01	7.40	3.82				16.23
14	支聪	2.57						2.57
15	争说	5.18	2.03	0.64				7.85
16	则海	1.02	2.14	3.34				6.5
17	国窝	1.71	5.45	0.50				7.66
18	克扎	4.89						4.89
19	则查	1.00	3.00	2.36	2.54			8.90
20	先布	4.00						4.00
21	梅争	6.25						6.25
22	说胖	4.35						4.35
23	汉扎	0.38	2.20	1.20				3.78
24	梭查	11.59	4.60	0.96				17.15
25	梭住	3.00						3.00
26	拉山	1.01	1.63	1.20	3.80			7.64

编号	姓名	地块一	地块二	地块三	地块四	地块五	地块六	总计
27	飘的	2.00	2.00					4.00
28	门桑	3.22	11.74	1.01				15.97
29	罗松	1.90	1.40	4.94				8.24
30	先扎	5.50	12.80					18.30
31	先则	3.11	5.00	8.68				16.79
32	飘扎	10.41	5.33	0.80				16.54
33	攀周	4.00	8.35	2.70				15.05
34	先仓	8.65	0.92	3.80	1.71	0.75		15.83
35	帕则	7.00	3.22					10.22
36	攀扎	13.74	1.49					15.23
37	则索	10.61	0.76					11.37
38	攀桑	2.80	1.34	2.50	1.45			8.09
39	先妹	8.89	0.80					9.69
40	俄师	7.47	0.98	0.99	2.81			12.25
41	次桑	0.73	1.90	1.29				3.92
42	海处	4.41						4.41
43	仓军	0						0
44	窝桑	3.62						3.62
45	杨追	3.17						3.17
46	胡捌	4.58						4.58
47	龙门	2.90	0.40					3.30
48	李扬发	0.34	0.53	2.36	3.83			7.06
49	益海	1.20	3.74					4.94
50	欧培	6.52	0.17					6.69
51	布哩	4.41						4.41
52	沙黑	2.00	2.63	5.47				10.10
53	窝张	1.10	4.20					5.30
54	克罗	3.06	1.86					4.92
55	央鹊	9.28	0.86	0.82				10.96

续表

编号	姓名	地块一	地块二	地块三	地块四	地块五	地块六	总计
56	标黑	1.95	11.77	0.52				14.24
57	车龙	11.57	1.36					12.93
58	绝海	9.27						9.27
59	门张	7.51	1.60					9.11
60	争攀	19.18	0.74					19.92
61	帕沙	4.00						4.00
62	查桑	1.50	1.09	9.49	5.31			17.39
63	龙者	3.00	4.53					7.53
64	帕包	1.15	1.77					2.92
65	友三	8.30	5.53					13.83
66	争扎／大	4.60	6.20					10.80
67	番梭	6.06						6.06
68	扎车	0.63	9.17					9.80
69	汉飘	8.05						8.05
70	扎康	4.50	4.50	1.00				10.00
71	帕梭	5.05						5.05
72	帕尤	2.87						2.87
73	窝桑	2.99	1.06	5.74				9.79
74	龙说	2.83						2.83
75	先门	1.01	3.11					4.12
76	车扎	6.07						6.07
77	扎飘	2.13						2.13
78	窝科	2.47	1.67	1.51				5.65
79	尚明田	2.42	3.40					5.82
80	飘梭	1.52	2.21	1.09	2.26	1.80	3.20	12.08
81	攀黑	7.00	5.70	5.97	3.06	2.73		24.46
82	龙哥	8.67	0.60	0.80				10.07
83	周余	12.56	0.95					13.51
84	康生福	1.45	2.33					3.78

编号	姓名	地块一	地块二	地块三	地块四	地块五	地块六	总计
85	呀甲	1.63	1.02	3.50				6.15
86	门飘	4.00	2.50	1.14				7.64
87	飘张	1.49	0.28	0.50	0.59	0.50		3.36
88	益秧	3.60	8.03					11.63
89	黑先	14.28	4.20					18.48
90	周先	6.95						6.95
91	则汉	4.82	5.00					9.82
92	戈扎	4.01	10.2	1.74				15.95
93	门干	2.74	5.00					7.74
94	周扎	3.10	2.20	7.58	0.81			13.69
95	飘当	2.53	2.00	3.50	2.26	0.90		11.19
96	呀飘	5.70	1.35					7.05
97	门扎	8.07	4.28	1.20				13.55
98	友差	7.00	5.42					12.42
99	龙争	0.57	6.00	1.10	2.50			10.17
100	秧车	3.74	3.01					6.75
101	支康	5.00	5.48					10.48
102	周憨	4.52						4.52
103	捌歌	0.95	1.80	8.55				11.30
104	飘胡	9.54	2.49	1.10				13.13
105	则黑	7.58	6.00					13.58
106	海倒	8.23						8.23
107	龙学	1.67	12.96					14.63
108	飘夺	10.38	0.24					10.62
							总计	979.78
							平均	9.07

注：主要是指在农田证上的土地面积，主要是水田，也包括一部分离村寨较近的旱地，即现在的橡胶地。其中阴影部分是指水域（主要是鱼塘）的面积。

附录八　曼回尖橡胶地占有明细

单位：苗

编号	姓名	地一	地二	地三	地四	地五	地六	地七	地八	地九	地十	十一	十二	十三	十四	合计
1	波坎应	0.72	0.48	0.47	7.18	2.23	0.96	5.1	9.2							26.34
2	波玉旺	1.51	2.55	5.85	4.04	2.48	8.0	23.5								47.93
3	咪温尖	2.03	1.71	1.70	0.23	5.1	8.0	27.2								45.97
4	岩光	0.43	1.83	3.8												6.06
5	波依坦	0.57	6.75	0.70	1.71	6.75	2.81	0.81	4.1	11.2	0.8	8.4	12.1			56.70
6	波南汉	3.61	2.76	1.03	1.55	1.7	9.7									20.35
7	波玉冯	2.10	0.47	0.57	3.71	0.21	0.49	10.2	13.4							31.15
8	咪依金	0.45	1.72	1.53	2.42	1.16	1.93	6.0	8.9							24.11
9	咪依罗囡	5.75	0.87	2.70	1.83	1.7	6.2	15.7								34.75
10	波香里	0.49	2.47	0.84	0.97	1.5	1.5	6.2	15.5	2.9						32.37
11	波依温	5.21	6.71	1.98	3.0	6.2	5.4									28.50
12	波玉摆	0.86	2.73	0.71	10.6	2.6	21.5									39.00
13	波岩温	9.83	1.17	3.86	1.69	10.84	0.72	1.05	1.12	0.91	9.4	8.9	9.1			58.59
14	波岩万	0.41	1.08	0.81	7.04	0.74	3.6	3.9	20.3							37.88
15	波香万	1.16	2.79	1.76	0.90	0.85	10.2	10.9	5.2							33.76

续表

编号	姓名	地一	地二	地三	地四	地五	地六	地七	地八	地九	地十	十一	十二	十三	十四	合计
16	波依章	0.56	2.43	1.87	1.15	4.11	2.30	2.02	3.0	3.8	12.9					34.14
17	岩仓	5.13	4.21	0.72	1.4	1.8	7.6									20.86
18	波玉燕	0.62	4.69	4.75	4.00	2.55	1.60	1.82	1.75	8.6	11.8					42.18
19	岩姜	0.75	3.84	0.39	2.00	5.57	0.87	0.23	1.70	2.55	6.2	5.0	5.1			34.20
20	波岩坎丙	1.13	2.37	1.04	0.35	0.24	1.52	0.23	0.93	2.12	0.56	0.73	0.13	5.4	7.5	24.25
21	波依娄	0.82	2.56	1.82	1.20	0.56	0.79	5.7	3.1	19.6						36.15
22	波玫香	0.21	0.78	0.28	0.85	1.15	0.47	2.90	0.38	3.58	9.8	5.6	14.6			40.60
23	波依波	1.47	0.20	4.56	0.76	4.3	15.8									27.09
24	波应罕	1.51	0.10	2.91	1.11	0.74	0.27	3.1	8.2							17.94
25	波依勐	2.99	0.26	0.10	1.90	0.49	0.24	2.25	0.63	0.65	5.9	12.1				27.51
26	波玉万坦	2.69	1.44	3.43	1.64	1.9	6.1	11.7								28.90
27	咪岩养	0.41	2.68	1.92	3.79	1.77	1.57	0.62	3.6	15.3	4.8	2.9				39.36
28	岩应	1.18	3.20	0.65	0.23	0.34	2.66	1.48	15.7							25.44
29	岩务	3.63	3.76	0.8	6.3	10.0	13.1									37.59
30	波玉对	1.57	1.00	2.13	0.75	2.4	12.8	3.5								24.15
31	波依为	2.26	1.59	1.28	1.45	0.80	7.13	1.83	7.3	6.9						30.54
32	波玉央	2.19	2.29	1.56	5.18	0.47	5.2	11.2								28.09
33	波岩坎访	0.90	4.44	0.88	1.19	4.6	6.4									18.41
34	波应润	0.48	0.83	3.55	2.6	3.3	7.7	2.7								21.16

续表

编号	姓名	地一	地二	地三	地四	地五	地六	地七	地八	地九	地十	十一	十二	十三	十四	合计
35	岩广	1.18	0.75	1.05	1.29	0.51	7.6									12.38
36	波应万润	1.71	0.97	3.55	0.49	0.61	3.5	11.7								22.53
37	波依涛	4.21	0.70	4.98	4.10	30.5										44.49
38	波玉温	1.15	1.32	0.61	1.29	2.18	1.43	0.47	3.2	14.8	21.2					47.65
39	波在光	2.50	1.80	0.10	0.47	1.07	10.7	6.8	8.6							32.04
40	岩叫	0.92	0.40	5.23	3.19	4.27	1.35	8.2	5.6	10.4						29.16
41	波罗降	2.87	0.86	1.98	1.14	1.29	2.7	0.9	3.2	10.4						25.34
42	波头降	3.40	0.28	5.34	0.82	2.00	9.2	7.2								28.24
43	波玖罗	1.00	2.22	0.78	1.68	0.59	1.95	7.6	9.6							25.42
44	波岩糯才	2.00	3.41	1.14	4.29	1.33	13.1									25.27
45	波岩燕安	9.00	3.63	1.71	1.69	4.1	2.5	4.9	15.7							43.23
46	波头安	0.88	1.51	0.95	11.0											14.34
47	波依波	0.95	2.09	0.19	7.10	1.33	2.59	2.31	6.6	16.3						39.46
48	波玉金竜	0.95	7.76	3.64	2.56	4.16	14.3	18.2								51.57
49	波依甩	3.43	1.32	1.50	9.8	7.2										23.25
50	波旺叫	1.61	2.37	1.47	5.1	5.3	1.6									17.45
51	波依妻	0.71	1.41	2.47	8.3	11.3										24.19
52	波岩温	0.84	0.56	2.66	0.95	1.85	1.16	0.39	1.66	4.2	2.6	8.4				25.27
53	波岩光	0.97	0.83	2.07	2.12	4.97	1.03	0.39	12.0	13.6						37.98

续表

编号	姓名	地一	地二	地三	地四	地五	地六	地七	地八	地九	地十	十一	十二	十三	十四	合计
54	波岩叫	1.71	1.02	1.14	1.24	44.9										50.01
55	波依叫	1.89	0.30	4.93	2.07	0.91	5.5	7.3	20.7							43.60
56	波依的	1.78	3.80	5.57	3.0	7.1										21.25
57	波玉双	2.77	2.30	1.63	0.45	1.96	1.21	0.10	5.2	7.6	2.6					31.82
58	波岩帕	1.24	2.34	2.58	2.40	0.38	0.81	1.8	1.8	20.5	20.1					53.95
59	岩卖温	2.54	1.43	2.07	1.47	2.09	4.6	7.5								21.70
60	依哈	0.19	0.57	1.85	0.56	22.4										25.57
61	波依也	0.62	1.18	2.91	1.14	5.0	7.3	20.6								38.75
62	波依燕	0.24	3.0	9.4	4.2	5.5										22.34
63	岩牧宝	0.29	0.88	1.16	0.38	2.0	5.9	1.6				6.0				12.21
64	岩养	1.45	0.29	2.59	3.89	1.30	5.1	4.6	12.1							31.32
65	波依旺香	1.18	5.10	0.69	3.6	11.1	4.0	12.7								38.37
66	波依床	1.03	0.15	3.36	0.97	2.23	13.1	1.2								22.04
67	咪坎为	0.66	3.08	1.03	2.53	1.20	13.0	3.3								24.80
68	波依应	1.22	0.63	6.8	7.1											15.75
															总计	2104.76
															平均	30.95

附录九　曼回尖农地占有情况

单位：亩

编号	姓名	地块一	地块二	地块三	地块四	地块五	地块六	总计
1	波坎应	3.00	7.00					10.00
2	波玉旺	10.00	6.30					16.30
3	咪温尖	1.00	5.00					6.00
4	岩光	4.50	8.60					13.10
5	波依坦	12.00	4.30					16.30
6	波南汉	10.00	6.00	5.78	2.46	1.02		25.26
7	波玉冯	17.50						17.50
8	咪依金	3.89						3.89
9	咪依罗囡	1.70	6.00	5.00	2.00	4.36		19.06
10	波香里	9.00						9.00
11	波依温	3.77	16.00	1.00				20.77
12	波玉摆	9.20	7.30					16.50
13	波岩温	13.20						13.20
14	波岩万	14.30	6.00	2.90	1.56			24.76
15	波香万	12.56	5.90					18.46
16	波依章	16.60	4.40					21.00
17	岩仑	10.33						10.33
18	波玉燕	20.83	0.80	0.98	3.27			25.88
19	岩轰	3.50	4.00	3.50	2.00	5.50	0.7	19.20
20	波岩坎丙	2.00	3.00	1.00	13.00			19.00
21	波依轰	5.00	6.70	3.08	1.40			16.18
22	波坎香	7.00	2.10	6.00				15.10
23	波依波	15.00						15.00

编号	姓名	地块一	地块二	地块三	地块四	地块五	地块六	总计
24	波应罕	4.70	8.20	3.00	1.81			17.71
25	波依勐	2.70	12.00					14.70
26	波玉万坦	8.47	2.30	4.40				15.17
27	咪岩养	9.00	3.70	2.70	2.76			18.16
28	岩应	3.50	3.00	1.80	2.53	5.58		16.41
29	岩务	4.10	7.38	1.20				12.68
30	波玉对	3.20	1.80	2.50	2.37			9.87
31	波依为	9.00	1.00					10.00
32	波玉央	14.00	4.50					18.50
33	波岩坎访	2.00	4.40					6.40
34	波应润	3.70	5.00	4.00	1.80			14.50
35	岩广	11.20						11.20
36	波应万润	3.20	9.60					12.80
37	波依涛	18.00	2.66					20.66
38	波玉温	7.20						7.20
39	波在光	11.00	3.30					14.30
40	岩叫	1.00						1.00
41	波罗降	7.00	8.00					15.00
42	波尖降	4.38	3.20					7.58
43	波坎罗	11.52	2.0					13.52
44	波岩糯才	5.10	4.50					9.60
45	波岩燕安	3.00	10.03					13.03
46	波务安	2.00	5.50	5.50				13.00
47	波依波	18.52	0.65	3.20				22.37
48	波玉金竜	6.06	2.00	4.60	2.20	12.17		27.03
49	波依甩	4.00	2.78					6.78

编号	姓名	地块一	地块二	地块三	地块四	地块五	地块六	总计
50	波旺叫	12.00						12.00
51	波依轰	3.20	11.00	3.20	1.43			18.83
52	波岩温	2.22	1.50	1.50				5.22
53	波岩光	11.00	3.20					14.20
54	波岩叫	13.55	7.19					20.74
55	波依叫	13.29						13.29
56	波依的	6.00	3.20					9.20
57	波玉双	6.00	1.20	1.60				8.80
58	波岩帕	0.67	3.80					4.47
59	岩卖温	3.00	14.99					17.99
60	依哈	1.40	3.60	1.50	3.20			9.70
61	波依也	1.70	7.00					8.70
62	波依燕	1.00	3.00	4.00	1.00			9.00
63	岩坎宝	1.00	1.50	1.90	3.00	3.24	4.12	14.76
64	岩养	3.20	0.80	4.92	1.00	1.67		11.59
65	波依旺香	3.30	3.00	2.00				8.30
66	波依床	12.00	2.17					14.17
67	咪坎为	2.00	3.60					5.60
68	波依应	0.80	1.00	5.00	2.90	3.00	10.00	22.70
							总计	950.22
							平均	13.97

注：主要是指在农田证上的土地面积，主要是水田，也包括一部分离村寨较近的旱地，即现在的橡胶地。其中阴影部分是指水域（主要是鱼塘）的面积。

附录十　扎松板新寨橡胶地占有情况

单位：亩

编号	姓名	地块一	地块二	地块三	地块四	地块五	地块六	地块七	地块八	地块九	合计
1	安先	15.3	20.7	1.6	0.9	12.4	8.2				59.1
2	车飘	15.6	31.5	262.8	53.9	31.7	20.8				416.3
3	车加	34.5	39.2	16.5	14.0						104.2
4	扎尚	11.8	6.4	55.8	14.2	1.8					90.0
5	扎统	22.9	14.2								37.1
6	张桑	28.2	13.5	6.2	5.0	23.5	5.0	4.9	24.4	30.1	140.8
7	车的（一）	24.2	110.8	17.8	9.4	16.8	3.5	2.7			185.2
8	张查	31.0	16.7	10.6	9.7						68.0
9	胖梭	6.6	12.8	17.3	9.2	11.1	39.2	11.5	2.0		109.7
10	车三	8.5	11.5	10.6	38.4	7.5					76.5
11	游四华	7.8	30.2	29.6							67.6
12	胖秧	9.2	14.1	43.6	7.3	67.6	2.9	1.6			146.3
13	黄昌国	16.3									16.3
14	飘的	13.5	7.7	10.9	14.0	8.9	3.7				58.7
15	姜妹	14.0	28.6	10.2	2.0	10.1					64.9
16	争甲	81.8	36.4	10.0							128.2
17	车的（二）	2.0	6.8								8.8
18	芝梅	13.3	5.5								18.8
19	李松	12.6	14.9								27.5
20	说梅	20.3	1.9								22.2
21	游新强	13.1									13.1

编号	姓名	地块一	地块二	地块三	地块四	地块五	地块六	地块七	地块八	地块九	合计
22	游星李	13.1	10.8								23.9
23	的巴	32.3	19.4								51.7
24	安黑	16.7	4.5	12.5	19.7	65.4	6.7				125.5
25	扎龙	14.1	23.1	23.0	9.4	2.8					72.4
26	胖争	20.9	131.2	11.4	11.5	3.8	1.4	17.2			197.4
27	胖老	63.6	21.8	3.7							89.1
28	胖芝	10.4	25.7	8.4	29.9	4.5	1.5	4.2	2.7		87.3
29	胖甲	27.3	10.3	34.0	9.5	13.7					94.8
30	说车	56.3	7.5	17.9	3.2	1.7	51.9				138.5
										总计	2739.9
										平均	91.33

后 记

只有在写后记这样总结回顾的时刻，才惊觉时光荏苒。一直以来，人类学都被我奉为一门如《礼记·大学》所说，可以修身齐家治国平天下的大学问。我从本科迈入人类学门槛，至今已二十载光阴。虽自知与齐家治国平天下的远大抱负相去甚远，但从修身的角度来看，自觉从中却也是受益匪浅。人生在世，大多数的人只可选择一条道路，过一种生活，日复一日。若不是结缘于人类学，又如何得以有机会窥探世间百态，学着从他者的故事中"见自己、见天地、见众生"。

更为有幸的是，在这过程中，始终伴有师长的教导与学友的相随。首先要感谢我的博士导师麻国庆教授，他将自己的经验心得倾囊相授，他对于日常生活的睿智思考和敏锐的洞察力一直是我追寻的方向，无奈自己未能继承老师衣钵之皮毛而感到深深惭愧。

中山大学的诸位老师见证了我的成长，感谢周大鸣、张应强、王建新、张振江、何国强、邓启耀、刘昭瑞、刘志扬、郭立新等老师的悉心教导，以及谭同学、夏循祥、段颖等老师亦师亦友的帮助。同时，作为博士学位论文基础上的成书，感谢当年博士学位论文答辩委员中央民族大学的丁宏，暨南大学的马建春，中山大学的刘祖云、刘晓春，以及人类学系的刘昭瑞和郭立新等老师提出的宝贵建议。

云南省社会科学院也为我的学习提供了支持，尤其是杜娟老师，她既如师长、慈母，更似忘年之交，对我的照顾和对本书的帮助远超出其职责，让我感激涕零。此外郭净、申旭等老师言传身教也让我从学术思考上获益良多。还有我漫长求学期间的学友们和仔仔屋的同门们，青春时代共同经历的学习生活，以及相互砥砺的成长是我最珍贵与温暖的回忆。感谢云南大学的周睿老师为我的博士学位论文提供了不可替代的技术支持。

感谢我的父母，此时此刻也愈加怀念我的爷爷和奶奶，他们无条件、无保留地支持我，包容我的任性，体谅我无法承担的责任。而我的丈夫何海狮，我们相互陪伴走过了本书写作的艰难过程，在本书修改期间，我们正因突如其来的新冠肺炎疫情分隔中美两地，时逢动荡，他独自一人担负着照顾年幼女儿的责任的同时，还不断鼓励和催促着我修改书稿，我唯有愧疚感激。

对于本是萍水相逢的田野中的人们，他们接纳我、信任我，并待我如同亲人。他们的善良、纯朴与坚韧，使我收获的不仅是学识更是人生感悟，最终，这里也成为我魂牵梦萦的半个故乡。

太多需要感谢的人难以一一提及，唯将铭记于心。

图书在版编目（CIP）数据

橡胶种植与阿卡社会继替／欧阳洁著. -- 北京：
社会科学文献出版社，2021.6
（民族与社会丛书／麻国庆主编）
ISBN 978-7-5201-7887-7

Ⅰ.①橡…　Ⅱ.①欧…　Ⅲ.①哈尼族-社会发展-研
究-云南②哈尼族-民族文化-研究-云南　Ⅳ.
①K285.4

中国版本图书馆 CIP 数据核字（2021）第 026348 号

·民族与社会丛书·

橡胶种植与阿卡社会继替

著　　者／	欧阳洁
出 版 人／	王利民
责任编辑／	孙燕生　赵慧英　周　琼

出　　版／社会科学文献出版社·政法传媒分社（010）59367156
　　　　　地址：北京市北三环中路甲 29 号院华龙大厦　邮编：100029
　　　　　网址：www. ssap. com. cn
发　　行／市场营销中心（010）59367081　59367083
印　　装／三河市尚艺印装有限公司

规　　格／开本：787mm×1092mm　1/16
　　　　　印张：18.75　字数：335 千字
版　　次／2021 年 6 月第 1 版　2021 年 6 月第 1 次印刷
书　　号／ISBN 978-7-5201-7887-7
定　　价／98.00 元

本书如有印装质量问题，请与读者服务中心（010-59367028）联系